POESÍA

FORM 19

POESÍA

©Editores Mexicanos Unidos, S.A.
Luis González Obregón 5-B
C.P. 06020 Tels: 521-88-70 al 74
Miembro de la Cámara Nacional
de la Industria Editorial. Reg. No. 115
La presentación y composición tipográficas
son propiedad de los editores

ISBN 968-15-0274-4

9a. Edición Abril 1992

Impreso en México
Printed in Mexico

Tesoro del declamador universal

POESÍA

editores mexicanos unidos

El Verbo, la Palabra, es un don que Dios ha puesto al alcance del hombre, para ennoblecer su condición por encima de todas las formas animadas. Y el hombre viene obligado a utilizar ese don divino de la manera más depurada posible, siquiera para agradecer al Creador habérselo dado.

Y este deber se hace más imperioso cuando se trata de penetrar en los dominios de la palabra-arte, es decir, no la simple expresión adocenada y rutinaria de los sentimientos cotidianos, sino la palabra convertida en Poesía, la más sutil y quintaesenciada de las formas de expresión. Aquel que pronuncia en verso, ante un auditorio, sus obras rimadas, o las ajenas, debe poseer facultades para ello que no todo el mundo posee.

Pero esto no quiere decir que mediante un estudio apropiado no podamos adquirir las condiciones precisas para lo que llamamos declamación, es decir el arte de "hablar en escena", con arreglo a modos establecidos. Una misma palabra, pronunciada en la casa, o en mitad de la calle, requiere sobre la escena una modulación o acento especiales que forman parte del arte a que nos referimos.

"Hablar en escena no quiere decir, necesariamente, que se interprete un papel dentro de cualquier comedia o drama. Con frecuencia se utilizan las "tablas" —como el argot teatral denomina al

5

piso del escenario—, para recitar sobre ellas las obras cumbres de la literatura mundial, o aquellas otras que sin llegar a tal altura poseen atributos suficientes para emocionar, edificar o divertir a un auditorio. En tales casos se hace indispensable "declamar" en debida forma ya que de no ser así perderá todo interés lo que el público escucha.

Estas constataciones no se contraen a la poesía de un modo exclusivo; ni se entiende siempre por poesía tan solo lo que se haya compuesto en verso. Existen obras en prosa, cuya delicadeza excluye la imprescindible necesidad de la rima. En ocasiones, las obras se clasifican como prosa rimada. En otras, el orador, es decir, el declamador, puede pronunciar extensos parlamentos no literarios, como el abogado en el foro o el ministro en la tribuna. No obstante, sus piezas oratorias perderán una cantidad considerable de vigor persuasivo, si no están bien " declamadas". Un orador de cualquier clase que no enfatice de manera conveniente lo que habla, que no distribuya las pausas como es debido ni señale con adecuadas inflexiones de voz los párrafos salientes, adormecerá de seguro al auditorio, como los relatores de juzgado que dan lectura a un inventario o cosa parecida.

Elementos decisivos en la buena declamación de los textos son:

LA VOZ: Factor importantísimo para los efectos que se desean producir, es la musicalidad, la resonancia de la voz. Una tonalidad chillona, sorda, carraspeante, quita eficacia a lo que se dice, molesta el tímpano del auditor y suele impedir que las *frases sean recogidas debidamente e interpretadas en justicia. Esto exige firme voluntad para eliminar tales defectos y no es imposible obtener buenos resultados si se sigue el ejemplo de los hombres y mujeres que educan su voz para el canto.*

LA DICCION: Hemos dicho antes de ahora que conviene "enfatizar" las frases para infundir lucimiento a determinados pasajes de la oración. Esto no quiere decir que una enfatización exagerada o inoportuna añada mérito a la labor declamatoria, sino todo lo contrario. Ocurre como en determinados guisos, en los que si se exagera el condimento que los hace apetitosos, resultan por el contrario repulsivos.

La dicción debe ser ante todo clara. Los vocablos deben ser pronunciados con absoluta seguridad. El cambio de una letra es susceptible de transformar el sentido de toda una frase. Un acento mal interpretado es capaz de volver cómico un efecto trágico. Para ello no estará de más que el aspirante a declamador revise y perfeccione sus conocimientos en prosodia y ortografía.

Si se ha conseguido educar la voz, desembarazándola de sus defectos antes aludidos, se halla el aspirante en buen camino para el logro de sus propósitos. Una vez poseedor de una voz agradable —no es preciso que garantice registros, agudos o bajos, como los divos de ópera—, y ejercitada la dicción mediante el empleo de pacientes prácticas, aparece otra circunstancia muy digna de ser tenida en cuenta. Nos referimos a la emisión.

En el estudio del canto, que en muchos aspectos se asemeja al de la declamación, los profesores cuidan mucho la emisión de la voz, tan luego como han conseguido impostarla. La impostación, para el declamador, no reviste la misma trascendencia que para el cantante, pero sí la emisión. Es muy conveniente tener en cuenta que el aire es el vehículo en que la voz viaja por el espacio y se hace necesario dosificarlo en relación con la práctica oratoria.

Antes de comenzar el discurso, poema o sermón, o la intervención en el diálogo escénico, no estará por demás llenar debidamente de aire los pulmones, con lo cual la entonación de lo que se diga ganará en rotundidad y su eco resonará satisfactoriamente en los ámbitos de un local cerrado. De igual modo habrá que cuidar de que no se agote nunca la provisión de aire, puesto que nada es más ridículo que la sensación de ahogo al final de una frase altisonante o de una tirada de endecasílabos sonoros.

Resueltas satisfactoriamente estas dificultades, el declamador viene obligado a tomar muy en cuenta sus gestos y actitudes. Se han dado casos en que oradores, declamadores y artistas de teatro, han afeado sus buenas cualidades de voz, entonación y emisión, a causa de gestos fuera de lugar, a veces voluntarios, pero equivocados siempre. Debe tenerse muy en cuenta lo preciso que se hace aunar lo que se está diciendo, con el modo de decirlo. Y no adoptar, por ejemplo, empaque de emperatriz si se declama una pastorela, o de virgen de retablo, cuando se profiere con indignado acento una diatriba social.

Tampoco es cosa de descuidar la mímica propiamente dicha. Esto difiere de los gestos simples, por el hecho de que no se concreta a acompañar la música vocal del poema recitado, sino que forma parte del mismo, estrechamente asociada al arte oratorio, del cual es mejor que auxiliar, propulsor. La mímica del que recita debe manifestarse prudente siempre, pero no demasiado si la intensidad del recital es trágica o patética. Es muy difícil establecer reglas infalibles, puesto que todo depende, por lo general de la disposición y la intuición del que actúa. Del mismo modo que quien maneja un automóvil debe resolver en una fracción de segundo la maniobra que se impone para evitar un choque fatal, el declamador no puede detenerse a pensar qué mímica empleará para subrayar la frase que sigue a la que ya tiene en boca. Debe adoptarla por una especie de mecanismo intuitivo análogo al del automovilista en forma tal que acierte, sin vacilación, con el gesto, actitud o postura que hacen falta.

Por lo que hace esta última, se evitará siempre caer en lo desproporcionado tanto como en lo tímido. No es posible decir a los interesados: "hagan esto o lo otro". Cada persona posee su figura y le "van" gestos que no le "van" a otra. La práctica, el estudio y la vocación son los mejores mentores al respecto.

La declamación debe ser dosificada. Comenzar con mesura y acentuar gradualmente la intensidad. De vez en cuando, si el texto lo requiere, se pueden marcar un fortíssimo, un stacato o lo que convenga marcar. Pero siempre con seguridad, sin alharacas innecesarias, ni retorcimientos de poseído. Manos y brazos deben estar al servicio de lo que se declama y la inteligencia hará el resto.

Quien aspire a declamar, debe dedicarse a ello, tanto como estudiar la técnica declamatoria. El nadador no aprenderá nunca ni aun a sostenerse, sino empieza por arrojarse al agua y trata de moverse en ella. Más tarde será hora de perfeccionar cuanto llevamos dicho en materia de voz, gesto y dicción, como el nadador afina su braza, su respiración y su estilo.

Y si de lo que se trata es de ser lo que podríamos denominar un declamador autodidacta, lo más aconsejable es que, una vez leídos con recogimiento los poemas que contiene este tratado, el aspirante escoja aquéllos que mejor se acomoden con su temperamento personal. Una vez aprendidos de memoria, pasará a ensayar repetidas veces las inflexiones del tono y los ademanes complementarios. Esto de acuerdo con su buen sentido, que nunca le hará sonreír describiendo un entierro ni llorar recitando versos bufos.

Se organizará el "debut". El público es indispensable para perder el apocamiento. En principio será papá, mamá, los hermanitos. El círculo se ampliará con los amigos de la casa y el principiante no tardará en advertir si el efecto que produce es positivo o negativo. El parecer, eventual, de algún experto no estará nunca de más, para limar resabios y tics, pero sin carácter de profesor permanente. El mejor profesor es uno mismo a poco que acierte a interpretar las reacciones del auditorio, el buen criterio asesorado por la lógica y la vocación.

No debemos olvidar que los públicos más difíciles son los más próximos a nosotros, como los familiares y los amigos. Por aquello de la confianza se permiten chanzas e interrupciones en que no incurriría un extraño. No importa. La música domestica las fieras —dicen—, el talento, cuando lo hay; llega a impresionar y emocionar a los peores auditorios domésticos. Domeñados éstos, no tema el declamador habérselas con un "Auditorium" repleto.

NOCTURNO

Acuña, Manuel

I

¡Pues bien! yo necesito
    decirte que te adoro,
decirte que te quiero
    con todo el corazón;
que es mucho lo que sufro,
    que es mucho lo que lloro,
que ya no puedo tanto,
    y al grito con que imploro
te imploro y te hablo en nombre
    de mi última ilusión.

II

Yo quiero que tú sepas
    que ya hace muchos días
estoy enfermo y pálido
    de tanto no dormir;
que ya se han muerto todas
    las esperanzas mías,
que están mis noches negras,
    tan negras y sombrías
que ya no sé ni dónde
    se alzaba el porvenir.

III

De noche, cuando pongo
　　mis sienes en la almohada
y hacia otro mundo quiero
　　mi espíritu volver,
camino mucho, mucho,
　　y al fin de la jornada
las formas de mi madre
　　se pierden en la nada
y tú de nuevo vuelves
　　en mi alma a aparecer.

IV

Comprendo que tus besos
　　jamás han de ser míos,
comprendo que en tus ojos
　　no me he de ver jamás
y te amo, y en mis locos
　　y ardientes desvaríos
bendigo tus desdenes,
　　adoro tus desvíos,
y en vez de amarte menos
　　te quiero mucho más.

V

A veces pienso en darte
　　mi eterna despedida,
borrarte en mis recuerdos
　　y hundirte en mi pasión;
mas si es en vano todo
y el alma no te olvida,

¿qué quieres tú que yo haga,
    pedazo de mi vida?
¿qué quieres tú que yo haga
    con este corazón.

VI

Y luego que ya estaba
    concluido tu santuario,
la lámpara encendida,
    tu velo en el altar,
el sol de la mañana
    detrás del campanario,
chispeando las antorchas,
    humeando el incensario,
y abierta, allá a lo lejos,
    la puerta del hogar...

VII

¡Qué hermoso hubiera sido
    vivir bajo aquel techo,
los dos unidos siempre

    y amándonos los dos;
tú siempre enamorada,
    yo siempre satisfecho,
los dos una sola alma,
    los dos un solo pecho,
y en medio de nosotros
    ¡mi madre como un Dios!

VIII

Figúrate qué hermosas
    las horas de esa vida.
¡Qué dulce y bello viaje
    por una tierra así!
Y yo soñaba en eso,

mi santa prometida;
y al delirar en ello,
    con alma entristecida,
pensaba yo en ser bueno
    por ti, no más por ti.

IX

Bien sabe Dios que ese era
    mi más hermoso sueño
mi afán y mi esperanza,
    mi dicha y mi placer;
bien sabe Dios que en nada
    cifraba yo mi empeño,
sino en amarte mucho
    bajo el hogar risueño,
que me envolvió en sus besos
    cuando me vio nacer.

X

Esa era mi esperanza;
    mas ya que a sus fulgores
se opone el hondo abismo
    que existe entre los dos,
adiós por la vez última,
    amor de mis amores,
la luz de mis tinieblas,
    la esencia de mis flores,
la lira del poeta,
    mi juventud, ¡adiós!

ESPERANZA

Mi alma, la pobre mártir
de mis sueños dulces y queridos,
la viajera del cielo, que caminas

con la luz de un delirio ante los ojos,
no encontrando en tu paso más que abrojos
ni sintiendo en tu frente más que espinas,
sacude y deja el luto
con que la sombra del dolor te envuelve,
y olvidando el gemir de tus cantares
deja la tumba y a la vida vuelve.

Depón y arroja el duelo
de tu tristeza funeral y yerta,
y ante la luz que asoma por el cielo
en su rayo de amor y de consuelo,
saluda al porvenir que te despierta.

Transforma en sol la luna
de tus noches eternas y sombrías;
renueva las sonrisas que en la cuna
para hablar con los ángeles tenías
y abrigando otra vez bajo tu cielo,
de tus horas de niña la confianza,
diles tu último adiós a los dolores,
y engalana de nuevo con tus flores
las ruinas del altar de tu esperanza.

Ya es hora de que altivas
tus alas surquen el azul como antes;
ya es hora de que vivas,
ya es hora de que cantes;
ya es hora de que enciendas en el ara
la blanca luz de las antorchas muertas,
y de que abras tu templo a la que viene
en nombre del amor ante tu puerta.

¡Bajo el espeso y pálido nublado
que enluta de tu frente la agonía,
aún te es dado que sueñes, y aún te es dado

vivir para tus sueños todavía!...
¡Te lo dice su voz, la de aquel ángel
cuya memoria celestial y blanca
es el solo entre todos tus recuerdos
que ni quejas ni lágrimas te arranca!...
¡Su voz dulce y bendita
que cuando tu dolor aún era niño,
bajaba entre tus cánticos de muerte!
mensajera de amor, a prometerte
la redención augusta del cariño!...

Y yo la he visto, ¡mi alma!, desgarrando
del manto de la bruma el negro broche
y encendiendo a la luz de su mirada,
esas dulces estrellas de la noche
que anuncian la alborada!...
¡Yo he sentido el perfume voluptuoso
del crespón virginal que la **envolvía,**
y he sentido sus besos, y he sentido
que al acercarse a mí se estremecía!...

¡Si, mi pobre cadáver, desenvuelve
los pliegos del sudario que te **cubre,**
levántate, y no caves
tu propia tumba en un dolor eterno!...
La vuelta de las aves
te anuncia ya que terminó el invierno;
saluda al sol querido
que en el Levante de tu amor asoma,
y ya que tu paloma vuelve al nido,
reconstrúyele el nido a tu paloma.

CINCO DE MAYO

Acuña, Manuel

I

Tres eran, mas la Inglaterra
volvió a lanzarse a las olas,
y las naves españolas
tomaron rumbo a su **tierra.**
Sólo Francia gritó: "¡Guerra!"
soñando ¡oh patria! en vencerte,
y de la infamia y la suerte
sirviendose en su provecho
se alzó erigiendo en derecho
el derecho del más fuerte.

II

Sin ver que en lid tan sangrienta
tu brazo era más pequeño,
la lid encarnó en su empeño
la redención de tu afrenta.
Brotó en luz amarillenta
la llama de sus cañones,
y el mundo vio a tus legiones
entrar al combate rudo,
llevando por solo escudo
su escudo de corazones.

III

Y entonces fue cuando al grito
lanzado por tu denuedo,
tembló la Francia de miedo
comprendiendo su delito.
Cuando a tu aliento infinito
se oyó la palabra *sea*,
y cuando al ver la pelea
terrible y desesperada
se alzó en tu mano la espada
y en tu conciencia la idea.

IV

Desde que ardió en el oriente
la luz de ese sol eterno
cuyo rayo puro y tierno
viene a besarte en la frente,
tu bandera independiente
flotaba ya en las montañas,
mientras las huestes extrañas
alzaban la suya airosa,
que se agitaba orgullosa
del brillo de las hazañas.

V

Y llegó la hora, y el cielo
nublado y oscurecido
desapareció escondido
como en los pliegues de un velo.
La muerte tendió su vuelo
sobre la espantada tierra
y entre el francés que se aterra
y el mexicano iracundo,
se alzó estremeciendo al mundo
tu inmenso grito de guerra.

VI

Y allí el francés, el primero
de los soldados del orbe,
el que en sus glorias absorbe
todas las del mundo entero,
tres veces pálido y fiero
se vio a correr obligado,
frente al pueblo denodado
que para salvar tu nombre,

re dio un soldado en cada hombre
¡ y un héroe en cada soldado!

VII

¡Tres veces! y cuando hundida
sintió su fama de guerra
contemplando su bandera
manchada y escarnecida,
la Francia, viendo perdida
la ilusión de su victoria
y a despecho de su anhelo,
vio asomar sobre otro cielo
a despecho de su historia
y en otro mundo, la gloria.

VIII

Que entre la niebla indecisa
que sobre el campo flotaba,
y entre el humo que se alzaba
bajo el paso de la brisa,
su más hermosa sonrisa
fue para tu alma inocente,
su canción más elocuente
para entornarla a tu huella,
y su corona más bella
para ponerla en tu frente,

IX

¡Sí, patria!, desde ese día
tú no eres ya para el mundo
lo que en su desdén profundo
la Europa se suponía,
desde entonces, **patria mía**,
has entrado a nueva era,

la era noble y duradera
de la gloria y del progreso,
que bajan hoy, como un beso
de amor, sobre tu bandera.

X

Sobre esa insignia bendita
que hoy viene a cubrir de flores
la gente que en sus amores
en torno suyo se agita,
la que en la dicha infinita
con que en tu suelo la clava,
te jura animosa y brava,
como ante el francés un día,
morir por ti, patria mía,
primero que verte esclava.

ROMANCE DE LA HIJA DEL REY DE FRANCIA

Anónimo Español

De Francia partió la niña,
de Francia la bien guarnida:
íbase para París,
do padre y madre tenía.
Errado lleva el camino,
errada lleva la vía:
arrimárase a un roble
por esperar compañía.
Vio venir un caballero
que a París lleva la guía.
La niña desque lo vido
desta suerte le decía:

—Si te place, caballero,
llévesme en tu compañía.
—Pláceme, dijo, señora,
pláceme, dijo, mi **vida**—.
   Apeóse del caballo
por hacedle cortesía;
puso la niña en las ancas
y él subiérase en la silla.
En el medio del camino
de amores la requería.
La niña desque lo oyera
díjole con osadía:
—Tate, tate, caballero,
no hagáis tal **villanía**,
hija soy de un malato
y de una malatía;
el hombre que a mí llegase
malato se **tornaría**—.
Con temor el caballero
palabra no respondía,
y a la entrada de París
la niña se sonreía.
—¿De qué vos reís, señora?
¿de qué vos reís, mi vida?
—Ríome del caballero,
y de su gran cobardía,
¡tener la niña en el campo
y catarle cortesía!—
Con vergüenza el caballero
estas palabras decía:
—Vuelta, vuelta, mi señora,
que una cosa se me olvida.—
La niña como discreta
dijo: —Yo no volvería,

ni persona, aunque volviese,
en mi cuerpo tocaría;
hija soy del rey de Francia
y la reina Constantina,
y el hombre que a mí llegase
muy caro le costaría.

SANCHO PANZA CONTEMPORANEO

Arevalo Martínez, Rafael

Hoy Sancho Panza se disfraza con disfraces diversos:
Sancho Panza hace crítica; **Sancho Panza hace versos**;
su apostura es de dómine; su locución dogmática;
de dos muletas cuelga su gran panza pletórica;
las infantilidades tiene de la Gramática,
y las adolescencias ama de la Retórica.

Si ropas modernistas visten al ideal,
en él hinca su incisiva gramatical.
Hace el soneto clásico, acude al estrambote,
y ríe socarronamente de don Quijote.
Y es lo curioso y triste que el Quijote demente
en las tierras ignotas abre un nuevo sendero;
y cuando está trillado, por él holgadamente,
pasa la campanuda facha de su escudero.
Ha dejado su rucio; viste ropajes finos
y grita con voz recia por ventas y caminos:
—Gloriad conmigo a todos los que la lengua
                                        innoven—
yo abrí senderos nuevos para la gente joven.
Nunca precisar pude por qué extraños acuerdos,
a la zaga de un loco marchan siempre cien cuerdos.
Sancho, buen Sancho, admiro tu **rústica** cordura
y no puedo negarte que tienes, en grande, un
sentido de la vida que burla a la locura
y es de cien mil Sanchos el sentido común.

Toda, entera ella toda, tu socarronería
ríe las aventuras de la caballería;
mas cuando la paz viene, después de las batallas,
escuchas los denuestos de tu Señor y callas.
Para los hombres-bolas siempre la vida es bella,
porque si está pendiente saben rodar por ella.
¡Oh redondo escudero de alma holgada y rostro ancho!,
¿sin don Quijote el bueno, qué sería de Sancho?
Tu amo yerra cien veces; pero una vez acierta:
y vale esta vez sola más que tu vida muerta.
Abriendo a las conciencias hermético sendero,
así forma la historia la pareja divina:
delante, el Señor, flaco remolca a su escudero;
y atrás el criado gordo, ríe, pero camina.

LA PLEGARIA DE LOS NIÑOS

Altamirano, Ignacio M.

"En la campana del puerto
¡tocan, hijos, la oración...!
¡De rodillas!, y roguemos
a la madre del Señor
por vuestro padre infelice,
que ha tanto tiempo partió,
y quizás esté luchando
de la mar con el furor.
Tal vez, a una tabla asido,
¡no lo permita el buen Dios!
náufrago, triste y hambriento,
y al sucumbir sin valor,
los ojos al cielo alzando
con lágrimas de aflicción,
dirija el adiós postrero
a los hijos de su amor.

24

¡Orad, orad, hijos míos,
la virgen siempre escuchó
la plegaria de los niños
y los ayes del dolor!"

En una humilde cabaña,
con piadosa devoción,
puesta de hinojos y triste
a sus hijos así habló
la mujer de un marinero,
al oír la santa voz
de la campana del puerto
que tocaba la oración.

Rezaron los pobres niños
y la madre, con fervor;
todo quedóse en silencio
y después sólo se oyó,
entre apagados sollozos,
de las olas el rumor.

. . . .

De repente en la bocana
truena lejano el cañón:
"¡Entra buque!", allá en la playa
la gente ansiosa gritó.
Los niños se levantaron;
mas la esposa, en su dolor,
"no es vuestro padre, les dijo:
tantas veces me engañó
la esperanza, que hoy no puede
alegrarse el corazón"

Pero después de una pausa
ligero un hombre subió

por el angosto sendero,
murmurando una canción.

Era un marino... ¡Era el padre!
La mujer palideció
al oírle, y de rodillas,
palpitando de emoción,
dijo: "¿Lo veis, hijos míos?
La Virgen siempre escuchó
la plegaria de los niños
y los ayes del **dolor**."

LIED

Arrieta, Rafael A.

Eramos tres hermanas. Dijo una:
"vendrá el amor con la primera estrella..."
Vino la muerte y nos dejó sin ella.

Eramos dos hermanas. Me decía:
"vendrá la muerte y quedarás tú sola..."
Pero el amor llevóla.

Yo clamaba, yo clamo: "¡Amor o muerte!"
"¡Amor o muerte quiero!"
Y todavía espero...

BOHEMIA
(1865...)

Arciniegas Enrique Ismael

26

Llegaron mis amigos de colegio
y absortos vieron mi cadáver frío.
"Pobre", exclamaron y salieron todos:
ninguno de ellos un adiós me dijo.

Todos me abandonaron. En silencio
fuí conducido al último recinto;
ninguno dio un suspiro al que partía,
ninguno al cementerio fue conmigo.

Cerró el sepulturero mi sepulcro;
me quejé, tuve miedo y sentí frío,
y gritar quise en mi cruel angustia,
pero en los labios expiró mi grito.

El aire me faltaba y luché en vano
por destrozar mi féretro sombrío,
y en tanto... los gusanos devoraban,
cual suntuoso festín, mis miembros rígidos.

"Oh, mi amor, dije al fin, ¿y me **abandonas?**.
pero al llegar su voz a mis oídos
sentí latir el corazón de nuevo,
y volví al triste mundo de los vivos.

Me alcé y abrí los ojos. ¡Cómo hervían
las copas de licor sobre los libros!
El cuarto daba vueltas, y dichosos
bebían y cantaban mis amigos.

A MI MADRE

Amicis, Edmundo de

Amo el nombre gentil, amo la honesta
aurora del rostro que del pecho arranca;
amo la mano delicada y blanca
que mi lloro a secar acude presta;
los brazos donde yo doblo la testa,

que a mi trabajo sirven de palanca;
amo la frente pura, abierta, franca
donde toda virtud se manifiesta.
Pero amo mucho más la voz sencilla
que el ánimo conforta, entristecido,
convenciendo y causando maravilla;
la voz que cariñosa hasta mi oído
llega al alba a decirme dulce y bajo:
hijo mío, es la hora del trabajo.

ANTE UN CADAVER

Acuña. Manuel

¡Y bien! aquí estás ya... sobre la plancha
donde el gran horizonte de la ciencia
la extensión de sus límites ensancha.

Aquí donde la rígida experiencia
viene a dictar las leyes superiores
a que está sometida la existencia.

Aquí donde derrama sus fulgores
ese astro a cuya luz desaparece
la distinción de esclavos y señores.

Aquí donde la fábula enmudece
y la voz de los hechos se levanta
y la superstición se desvanece.

Aquí donde la ciencia se adelanta
a leer la solución de ese problema

cuyo sólo enunciado nos espanta.

Ella que tiene la razón por lema
y que en tus labios escuchar ansía
la augusta voz de la verdad suprema.

Aquí estás ya... tras de la lucha impía
en que romper al cabo conseguiste
la cárcel que al dolor te retenía.

La luz de tus pupilas ya no existe,
tu máquina vital descansa inerte
y a cumplir con su objeto se resiste.

¡Miseria y nada más!, dirán al verte
los que creen que el imperio de la vida
acaba donde empieza el de la muerte.

Y suponiendo tu misión cumplida
se acercarán a ti, y en su mirada
te mandarán la eterna despedida.

Pero, ¡no!... tu misión no está acabada,
que ni es la nada el punto en que nacemos
ni el punto en que morimos es la nada.

Círculo es la existencia, y mal hacemos
cuando al querer medirla le asignamos
la cuna y el sepulcro por extremos.

La madre es sólo el molde en que tomamos
nuestra forma, la forma pasajera
con que la ingrata vida atravesamos.

Pero ni es esa forma la primera
que nuestro ser reviste, ni tampoco
será su última forma cuando muera.

Tú sin aliento ya, dentro de poco
volverás a la tierra y a su seno

que es de la vida universal el foco.

Y allí, a la vida en apariencia ajeno,
el poder de la lluvia y del verano
fecundará de gérmenes tu cieno.

Y al ascender de la raíz al grano,
irás del vegetal a ser testigo
en el laboratorio soberano;

Tal vez, para volver cambiado en trigo
al triste hogar donde la triste esposa
sin encontrar un pan sueña contigo.

En tanto que las grietas de tu fosa
verán alzarse de su fondo abierto
la larva convertida en mariposa;

Que en los ensayos de su vuelo incierto,
irá al lecho infeliz de tus amores
a llevarle tus ósculos de muerto.

Y en medio de esos cambios interiores
tu cráneo lleno de una nueva vida,
en vez de pensamientos dará flores,

en cuyo cáliz brillará escondida
la lágrima, tal vez, con que tu amada
acompañó el adiós de tu partida.

La tumba es el final de la jornada,
porque en la tumba es donde queda muerta
la llama en nuestro espíritu encerrada.

Pero en esa mansión a cuya puerta
se extingue nuestro aliento, hay otro aliento
que de nuevo a la vida nos despierta.

Allí acaban la fuerza y el talento,

allí acaban los goces y los males,
allí acaban la fe y el sentimiento.

Allí acaban los lazos terrenales,
y mezclados el sabio y el idiota
se hunden en la región de los iguales.

Pero allí donde el ánimo se agota
y **perece** la máquina, allí **mismo**
el ser que muere es otro ser que brota.

El poderoso y fecundante abismo
del antiguo organismo se apodera
y forma y hace de él otro organismo.

Abandona a la historia justiciera
un nombre sin cuidarse, indiferente,
de que ese nombre se eternice o muera.

El recoge la masa únicamente,
y cambiando las formas y el objeto
se encarga de que viva eternamente.

La tumba sólo guarda un esqueleto,
mas la vida en su bóveda mortuoria
prosigue alimentándose en secreto.

Que al fin de esta existencia transitoria
a la que tanto nuestro afán se adhiere,
la materia, inmortal como la gloria,
cambia de formas, pero nunca muere.

EPIGRAMAS

Acuña de Figueroa, Francisco

MADURECES

—Ansioso un higo comía—
cuenta ágil el viejo Arbelo—
y ¡tris!, saltó un diente al suelo
de sólo tres que tenía.
—Es bien raro este accidente
estando maduro el higo.
Y aquél contestóle: —Amigo,
más maduro estaba el diente.

A UN ENEMIGO SIN MOTIVO

Sé que es un ingrato Bruno,
pero ese odio que me tiene
no sé de donde le viene,
pues no le hice bien ninguno.

EL ORDEN DE SAN BERNARDO

Contemplando Andrés atento,
de una iglesia el frontispicio,
llega y dícele un novicio:
—¿Que tal? ¿Os gusta el convento?
Ved que frontis tan gallardo:
Del orden corintio es.
—¡Cómo! —Replicóle Andrés—
¿Pues no es el de San Bernardo?

EL ASNO LEYENTE

—Mi amigo lee y es erudito—,
decía Perico a Pablo;
y, por prueba, en el establo
púsole un papel escrito.

—¡Hombre, no mientas así!
yo no le oigo leer ni jota.
—¿Qué has de oír? ¿No ves. idiota.
que él lee sólo para sí?

A UNA FLAQUISIMA TUERTA

Aquí yace Estefanía,
flaca y aguda mujer,
que bien pudo aguja ser,
pues solo un ojo tenía.
Momia, esqueleto de alambre,
en torno a sus huesos vanos,
yacen también los gusanos,
porque se murieron de hambre.

A UN GENERAL QUE SE HALLO CON
UNA VICTORIA SIN SABER COMO

Celio, imbécil general,
zopenco de tomo y lomo,
obtuvo sin saber cómo
una victoria campal.
Por más que digan y digo
que tal hombre no ganó
la tal victoria sino
que la perdió el enemigo.

DONDE APRENDIO LATIN
EL POETA HORACIO

—El latinista mejor
fue Horacio... ¡Qué poesía
y qué sátira! —decía

a don Serapio un doctor.
—¡Oh! —respondió don Serapio,
rascándose el peluquín—
debió de estudiar latín
con algún padre escolapio.

UN ESCRIBANO DANDO FE

Un notario sorprendiendo
a un quidam con su mujer,
armó una de Lucifer
y al reo ante el juez llevó.
Allí, confuso el fulano,
dijo: —Mi culpa confieso:
¡Cómo negar..., si el suceso
pasó por ante escribano?

PROPOSICION DE UN GASTRONOMO

—Para poderse comer
un pichón a cualquier hora
—decía Bruno a Isadora—
dos al menos deben ser.
—¿Para tan parca ración
no es muy bastante con uno?
—Dos deben ser, dijo Bruno:
el que come y el pichón.

ESTANCIAS

F. A. de Icaza

En aquel muro y en la ventana
que tiene un marco de enredadera,
dejé mis versos una mañana,

34

una mañana de primavera.

Dejé mis versos en que decía
con frase ingenua cuitas de amores;
dejé mis versos que al otro día
su blanca mano pagó con flores.

Este es el huerto, y en la arboleda,
en el recodo de aquel sendero,
ella me dijo con voz muy queda:
"Tú no comprendes lo que te quiero."

Junto a las tapias de aquel molino,
bajo la sombra de aquellas vides,
cuando el carruaje tomó el camino,
gritó llorando: "¡Que no me olvides!"

Todo es lo mismo: ventana y yedra,
sitios umbrosos, fresco emparrado
gala de un muro de tosca piedra;
y aunque es lo mismo todo ha cambiado.

No hay en la casa seres queridos;
entre las ramas hay otras flores,
hay nuevas hojas y nuevos nidos
y en nuestras almas nuevos amores.

RELIQUIA

En la calle silenciosa
resonaron mis pisadas;
al llegar frente a la reja
sentí abrirse la ventana...

¿Qué me dijo? ¿Lo sé acaso?
Hablábamos con el alma...
como era la última cita,
la despedida fue larga.

Los besos y los sollozos

completaron las palabras
que de la boca salían
en frases entrecortadas.

"Rézale cuando estés triste,
dijo al darme una medalla,
y no pienses que vas solo
si en tus penas te **acompaña**."

Le dije adiós muchas veces ,
sin atreverme a dejarla,
y al fin, cerrando los ojos,
partí sin volver la cara.

No quiero verla, no quiero,
será tan triste encontrarla
con hijos que no son míos
durmiendo sobre su falda!

¿Quién del olvido es culpable?
Ni ella ni yo: la distancia. . .
¿Qué pensará de mis versos?
Tal vez mucho, quizá nada.

No sabe que en mis tristezas,
frente a la imagen de plata,
invento unas oraciones,
que suplen las olvidadas.

¿Serán buenas? ¡Quién lo duda !
Son sinceras, y eso basta;
yo les rezo a mis recuerdos
frente a la tosca medalla.

y se iluminan mis sombras,
y se alegra mi nostalgia,
y cruzan nubes de incienso

el santuario de mi alma.

LA APARICION

Anónimo Español (Romancero)

En la ermita de San José
una sombra obscura vi:
El caballo se paraba,
ella se acercaba a mí.
—¿Adónde va el soldadito

a estas horas por aquí?
—Voy a ver a mi esposa
que ha tiempo que no la vi.
—La tu esposa ya se ha muerto:
Su figura vesla aquí.
—Si ella fuera la mi esposa,
ella se abrazara a mí.
—Brazos con que te abrazaba,
la desgraciada de mí,
ya me los comió la tierra;
La figura vesla aquí.
—Si vos fueráis la mi esposa,
no me mirárais así.

—Ojos con que te miraba,
la desgraciada de mí,
ya me los comió la tierra;
Su figura vesla aquí.

—Yo venderé mis caballos
y diré misas por ti.
—No vendas los tus caballos,
ni oigas misas por mí,
que por tus malos amores,
agora peno por ti.
La mujer con quien casares,

no se llamará Beatriz;
cuantas más veces la llames,
tantas me llames a mí.
¡Si llegas a tener hijas,
tenlas siempre junto a ti.
No te las engañe nadie
como me engañaste a mí!

SONETO AL CRUCIFICADO

De Guevara, Fr. Miguel

No me mueve mi Dios para quererte
el cielo que me tienes prometido,
ni me mueve el infierno tan temido
para dejar por eso de ofenderte.
Tú me mueves, Señor; muéveme al verte
clavado en una cruz y escarnecido;
muéveme ver tu cuerpo tan herido.
Muévenme tus afrentas y tu muerte.
Muéveme, en fin, tu amor de tal manera,
que aunque no hubiera cielo, yo te amara,
y aunque no hubiera infierno te temiera.
No me tienes que dar porque te quiera,
pues aunque lo que espero no esperara,
lo mismo que te quiero te quisiera.

CANCION

Alcázar, Baltasar d

Tres cosas me tienen preso
de amores el corazón:
La bella Inés y el jamón
y berenjenas con queso.
Una Inés amante es.____

38

Quien tuvo en mí tal poder
que me hizo aborrecer
todo lo que no era Inés:
Trájome un año sin seso,
hasta que en una ocasión
me dio a merendar jamón
y berenjenas con queso.
Fue de Inés la primera palma,
pero ya juzgarse ha mal
entre todos ellos **cuál**
tiene más parte en mi alma.
En gusto, medida y peso
no les hallo distinción;
Ya quiero Inés, ya jamón,
ya berenjenas con queso.
Alega Inés su beldad;
el jamón que es de Aracena;
el queso y la berenjena,
su andaluza antigüedad.
Y está tan en fiel el peso,
que, juzgando sin pasión,
todo es uno: Inés, jamón
y berenjenas con queso;
servirá este nuevo trato
de estos mis nuevos amores
para que Inés sus favores
no los venda más baratos.
Pues tendré por contrapeso,
si no hiciera razón,
una lonja de jamón
y berenjenas con queso.

CIENCIA DE AMOR

No sé. Sólo me llega, en el venero

de tus ojos, la lóbrega noticia
de Dios; sólo en tus labios la caricia
de un mundo en mies, de un celestial granero.
¿Eres limpio cristal o ventisquero
destructor? No, no sé... de esta delicia
yo sólo sé su cósmica avaricia,
el sideral latir con que te quiero.
Yo no sé si eres muerte o si eres vida,
si toco rosa en ti, si toco estrella,
si llamo a Dios o a ti cuando te llamo.
Junco en el agua o sorda piedra herida,
solo sé que la tarde es ancha y bella,
solo sé que soy hombre y que te amo.

LOS INSECTOS

Me están doliendo extraordinariamente los insectos,
porque, no hay duda, estoy desconfiando de los
                                        [insectos,
de tantas advertencias, de tantas patas, cabezas y
                                        [esos ojos
oh, sobre todo esos ojos.
Que no me permiten vigilar el espanto de las noches,
la terrible sequedad de las noches, cuando zumban
                                        [los insectos
de las noches de los insectos,
cuando me pregunto: ¿Ah, es que hay insectos?
cuando zumban y zumban y zumban los insectos,
cuando me duelen los insectos por toda el alma,
con tantas patas, con tantos ojos, con tantos mundos
                                        [de mi vida
que me habían estando doliendo en los insectos,
cuando zumban, cuando vuelan, cuando se chupan
                                        [el agua,

¡Ah!, cuando los insectos.
Los insectos devoran la ceniza y me roen las noches,
porque salen de tierra y de mi carne de insectos los
[insectos.

¡Disecados, disecados los insectos!
Eso: Disecados los insectos que zumbaban, que
que roían, que se chapuzaban en el agua.   [comían,
Ah cuando la creación, el día de la creación,
cuando roían las hojas de los insectos, de los árboles,
[de los insectos,
y nadie, nadie veía a los insectos que roían, que roían
[el mundo,
el mundo de mi carne y la carne de los insectos.
los insectos del mundo de los insectos roían,
y estaban verdes, amarillos y de color de dátil, de
[color de tierra seca los insectos
ocultos, sepultos, fuera de los insectos y dentro de mi
dentro de los insectos y fuera de mi alma   [carne,
disfrazados de insectos.
y con ojos que se reían y con caras que se reían y
[patas
(y patas que no se reían), estaban los insectos
[metálicos,
royendo, royendo y royendo mi alma, la pobre,
zumbando y royendo el cadáver de mi alma, que no
[zumbaba y que no roía,
royendo y zumbando mi alma, la pobre, que no
[zumbaba,
eso no, pero que por fin roía (roía dulcemente).
Royendo y royendo este mundo metálico y estos
[insectos metálicos
que me están royendo el mundo de pequeños insectos
que me están royendo el mundo y mi alma,

41

que me están royendo mi alma, toda hecha de
                    [pequeños insectos metálicos,
que me están royendo el mundo, mi alma, mi alma.
y, ah, los insectos,
y, ah, los puñeteros insectos.

ERA UN JARDIN SONRIENTE

(DE AMORES Y AMORIOS)

Alvarez Quintero, Serafín y Joaquín

Era un jardín sonriente;
era una tranquila fuente
de cristal;
era, a su borde asomada,
una rosa inmaculada
de un rosal.
Era un viejo jardinero
que cuidaba con esmero
del vergel,
y era la rosa, un tesoro
de más quilates que el oro
para é'.
A la orilla de la fuente
un caballero pasó,
y la rosa dulcemente
de su tallo separó.
Y al notar el jardinero
que faltaba en el rosal,
cantaba así, plañidero,
receloso de su mal:
—Rosa la más delicada
que por mi amor cultivada
nunca fue;
rosa la más encendida,

42

la más fragante y pulida
que cuidé;
blanca estrella que del cielo
curiosa de ver el suelo,
resbaló.
A la que una mariposa
de mancharla temerosa
no llegó.
¿Quién te quiere?
¿Quién te llama
por tu bien o por tu mal?
¿Quién te llevó de la rama
que no estás en tu rosal?
¿Tú no sabes que es grosero el mundo?
¿Que es traicionero el amor?
¿Que no se aprecia en la vida
la pura miel escondida en la flor?
¿Bajo qué cielo caíste?
¿A quién tu tesoro diste virginal?
¿En qué manos te deshojas?
¿Qué aliento quema tus hojas
infernal?
¿Quién te cuida con esmero
como el viejo jardinero
te cuidó?
¿Quién por ti sola suspira?
¿Quién te quiere? ¿Quién te mira
como yo?
¿Quién te miente que te ama
con fe y con ternura igual?
¿Quién te llevó de la rama,
que no estás en tu rosal?
¿Por qué te fuiste tan pura
de otra vida a la ventura

o al dolor?
¿Qué faltaba a tu recreo?
¿Qué a tu inocente deseo
soñador?
En la fuente limpia y clara.
¿espejo que te copiara
no te di?
¿No te di
los pájaros en sus nidos
para ti?
Cuando era el aire de fuego,
¿no refresque con mi riego
tu color?
¿No te dio mi trato amigo
en las heladas abrigo protector?
Quien para sí te reclama,
¿te hará bien o te hará mal?
¿Quién te llevó de la rama,
que no estás en tu rosal?
Así un día y otro día,
entre espinas y entre flores,
el jardinero plañía,
imaginando dolores
desde aquel en que a la fuente
un caballero llegó
y la rosa dulcemente
de su tallo separó.

INSTANTES

Te beso y, como el agua de la roca,
hago saltar ternuras de tu boca
me pides una rima... ya está hecha
es nomás que tu nombre y una flecha.
Vuelve a soñar, soñador;

también pueden nacer flores
donde se entierra un amor.
Si pudiera estar mirando
tus ojos continuamente,
¡cómo se irían borrando
las arrugas de mi frente!
Yo no se lo que daría
por olvidar lo que sé. . .
y, sin embargo, querría
saber lo que no sabré.
Por alejar de mi mente
lo que me aleja de ti,
quisiera no estar en mí,
cuando tú no estás presente.
Aunque se suele igualar
una copla popular,
a la mariposa loca
en que vuela sin parar,
¡quién escribiera un cantar
que se posara en tu boca
y no quisiera volar!
En pensar en tu belleza
tengo mi mayor contento,
y en el mismo pensamiento
tengo mi mayor tristeza.
En mi mesa de labor
gusto siempre de tener
una cuartilla, una flor
y una carta de mujer.
La carta me hace soñar,
la cuartilla sonreir;
la flor. . . tal vez comparar,
y las tres cosas vivir.
Enfermo estaba de un mal

con que la ciencia no atina,
y en tu boca de coral
encontré la medicina.

Callo, cuando estoy contigo
por el encanto de oírte,
y te digo y no te digo
lo que quisiera decirte.

Tu frente, en que me recreo,
es hoja blanca no escrita,
donde sin palabras leo
mi lectura favorita.

Cuando me veo a tu lado,
quisiera que de repente
el porvenir y el pasado
pudieran ser el presente.

No te veo y no deseo
más que ir a verte y hablarte;
y te veo... y nunca te veo
al momento de dejarte.

Miraba al cielo pensando
que de ti me separaba,
y me sorprendí llorando
de pensar lo que pensaba.

Ojos de armiño y terciopelo
cuando me miró en vuestra llama,
si hay en lo humano gloria o cielo,
yo sé en verdad como se llama.

Me alegro de ser quien soy
cuando te miro llorando...
llorando porque me voy.

SONETO

Argensola Lupercio, Leonardo de

Yo os quiero confesar, Don Juan, primero,
que aquel blanco y carmín de Doña Elvira
no tiene de ella más, si bien se mira,
que el haberle costado su dinero.
Pero también que me confieses quiero
que es tanta la beldad de su mentira,
que en vano competir con ella aspira
belleza igual de rostro verdadero.
Mas, ¿que mucho que y pierdo ande
por un engaño tal, pues que sabemos
que nos engaña así naturaleza?
Porque ese cielo azul que todos vemos,
no es ciclo ni es azul. ¡Lástima grande
que no sea verdad tanta belleza!

EL AMIGO AUSENTE

Altolaguirre, Manuel

Aunque no estés aquí, sigues estando
en la memoria de los que te vieron,
en quienes yo me sé,
en quienes pido
entrada por tus ojos
para poder llegar a tu presencia.
Aunque no estés aquí sigues estando
repartiendo tu cuerpo entre otros cuerpos
en los que reconozco
en éste tu mirada,
en éste otro tu voz
en aquél tu contorno.
Sigues estando aquí casi completo,
que para mí tú lo eras todo,
todo parte de ti, el aire, el suelo,
los pájaros, las flores. . .

como si el mundo fuera un traje tuyo
y ahora sólo me falta
parte de este vestido.
pues sigues siendo tú
el total paisaje que contemplo
con aire, suelo, pájaros y flores,
sin carne humana;
esa parte de ti que está ahora ausente.

AGUA DESNUDA DE LLUVIA

Agua desnuda de lluvia,
que libremente se esconde
hasta verse presa en tallos,
cielo arriba, por las flores.
(Amor es hundirse, huir,
perderse en profunda noche,
ser corriente oculta, ser
agua enterrada que corre,
sales rodando a la tierra,
agua ciega que no pone
su limpio cristal al cielo,
agua cuyo mayor goce
es hallar el oro puro
bajo el peso de los montes)
¿Cómo se mueve en las hojas
el agua diciendo adioses
a las fugitivas nubes
que van por el horizonte!
¡Que nuevo encuentro sin ellas
delicadamente pone
astros breves el rocío,
estrellas en verde noche!

EL BRINDIS DEL BOHEMIO

Aguirre y Fierro, Guillermo

En torno de una mesa de cantina,
una noche de invierno
regocijadamente departían
seis alegres bohemios.
Los ecos de sus risas escapaban
y de aquel barrio quieto
iban a interrumpir el imponente
y profundo silencio.
El humo de olorosos cigarrillos
en espirales se elevaba al cielo,
simbolizando al disolverse en nada,
la vida de sus sueños.
Pero en todos los labios había risas,
inspiración en todos los cerebros,
y repartidas en la mesa copas
pletóricas de ron, whisky, o ajenjo.
Era curioso ver aquel conjunto,
aquel grupo bohemio
del que brota la palabra chusca,
la que vierte veneno,
lo mismo que melosa y delicada
la música de un verso.
A cada nueva libación
las penas hallábanse más lejos
del grupo y nueva inspiración llegaba
a todos los cerebros,
con el idilio roto que venía
en alas del recuerdo.
Olvidaba decir que aquella noche,
aquel grupo bohemio
celebraba entre risas, libaciones,

chascarrillos y versos,
la agonía de un año que amarguras
dejó en todos los pechos,
y la llegada, consecuencia lógica,
del "Feliz Año Nuevo"...
Una voz varonil dijo de pronto:
—Las doce compañeros:
Digamos el "Requiescat" por el año
que ha pasado a formar entre los muertos.
¡Brindemos por el año que comienza!,
porque nos traiga ensueños;
porque no sea su equipaje un cúmulo
de amargos desconsuelos...
—Brindo, dijo otra voz, por la esperanza
que a la vida nos lanza,
a vencer los rigores del destino;
por la esperanza, nuestra dulce amiga
que las penas mitiga
y convierte en vergel nuestro camino.
Brindo porque ya hubiese a mi existencia
puesto fin con violencia
esgrimiendo en mi frente mi venganza,
si en mi cielo de tul limpio y divino
no alumbrara mi sino
una pálida estrella:
"Mi esperanza".
—¡Bravo! —dijeron todos, inspirado
esta noche has estado
y hablaste breve, bueno y sustancioso.
El turno es de Raúl; alce su copa
y brinde por... Europa...
ya que su extranjerismo es delicioso...
—Bebo y brindo, clamó el interpelado;

brindo por mi pasado,
que fue de amor, de luz y de alegría;
y en el que hubo mujeres seductoras
y frentes soñadoras
que se juntaron con la frente mía. . .
Brindo por el ayer que en la amargura
que hoy cubre de negrura
mi corazón, esparce sus consuelos
trayendo hasta mi mente las dulzuras
de goces, de ternuras,
de dichas de deliquios, de desvelos.
—Yo brindo, dijo Juan, porque en mi mente
brote un torrente
de inspiración divina, seductora,
porque vibre en las cuerdas de mi lira
el verso que suspira,
que sonríe, que canta y que enamora;
brindo porque mis versos, cual saetas,
lleguen hasta las grutas
formadas de metal y de granito,
del corazón de la mujer ingrata
que a desdenes me mata. . .
¡Pero que tiene un cuerpo muy bonito!,
porque a su corazón llegue mi canto,
porque enjuguen mi llanto
sus manos que me causan embelesos,
porque con creces mi pasión me pague.
¡Vamos!, porque me embriague
con el divino néctar de sus besos.
Siguió la tempestad de frases vanas,
de aquellas tan humanas
que hallan en todas partes acomodo,
y en cada frase de entusiasmo ardiente,
hubo ovación creciente.

y libaciones y reír y todo.
Se brindó por la Patria, por las flores,
por los castos amores
que hacen un valladar de una ventana.
y por esas pasiones voluptuosas
que el fango del placer llenan de rosas
y hacen de la mujer la cortesana.
Solo faltaba un brindis, el de Arturo,
el del bohemio puro, de noble corazón
y gran cabeza, aquél que sin ambages
declaraba que solo ambicionaba
robarle inspiración a la tristeza;
por todos estrechado alzó la copa
frente a la alegre tropa
desbordante de risa y de contento.
Los inundó en la luz de una mirada,
sacudió su melena alborotada
y dijo así, con inspirado acento:
Brindo por la mujer, mas no por ésa
en la que halláis consuelo en la tristeza,
rescoldo del placer, ¡desventurados!;
no por esa que os brinda sus hechizos
cuando besáis sus rizos
artificiosamente perfumados.
Yo no brindo por ella, compañeros,
siento por esta vez no complaceros,
brindo por la mujer, pero por una,
por la que me brindó sus embelesos
y me envolvió en sus besos:
Por la mujer que me arrulló en la cuna.
Por la mujer que me enseñó de niño
lo que vale el cariño
exquisito, profundo y verdadero;
por la mujer que me arrulló en sus brazos

y que me dio en pedazos,
uno por uno, el corazón entero.
¡Por mi madre!, bohemios, por la anciana
que piensa en el mañana
como en algo muy dulce y muy deseado.
Porque sueña tal vez, que mi destino
me señaló el camino
por el que volveré a su lado.
Por la anciana adorada y bendecida,
por la que con su sangre me dio vida
y ternura y cariño:
por la que fue la luz del alma mía
y lloró de alegría, sintiendo mi cabeza
en su corpiño.
Por esa brindo yo...
Dejad que llore y en lágrimas desflore
esta pena letal que me asesina,
dejad que brinde por mi madre ausente,
por la que llora y siente
que mi ausencia es un fuego que calcina.
Por la anciana infeliz que
gime y llora
y que del cielo implora
que vuelva yo muy pronto a estar con ella.
Por mi madre, bohemios,
que es dulzura vertida
 en mi amargura
y en esta noche de mi vida,
estrella...
El bohemio calló,
ningún acento profanó el sentimiento
nacido del dolor y la amargura,
y pareció que sobre aquel
ambiente

flotaba inmensamente,
un poema de amor y de ternura.

FLORES PARA UN RECUERDO

Aguilar, Leonel

La mañana de otoño está agobiada
por el peso de todos los recuerdos
y en ese transitar
me apego ante tu nombre
de manzanas
de temprano rubor sobre la tierra.
Y así recuerdo, Juan,
cómo la risa
se desbordaba toda por tu ropa
y la alegría
iba encendiendo cauces,
derritiendo duraznos de ceniza
y levantando espigas para el trigo,
para que ahí la sal de la ternura
se hiciera colibrí
y en cada vuelo
nos repartiera algo
de tu niñez de arroyo y constelado.
Pero te fuiste
sin concluir el viaje de la vida,
se cerraron tus ojos
color de hollín y humo,
se apretaron tus labios de semilla
y al sucumbir tu risa,
enjutados los pétalos
convertidos en pájaros se fueron.
Has retornado al polvo y a la niebla,
al sitio en que envejecen los recuerdos;

ahí serás ahora,
un viejo niño,
un niño envejecido de palomas,
una risa de niño sepultada,
una alegría distante que agoniza
mientras aquí se agolpan los recuerdos.

Por eso esta mañana
cuando el otoño
me parece que se cambia el traje
y un año más
se adhiere a nuestros hombros,
te busco junto a mí
—Juan de la infancia florida de duraznos—
y así como quisiera
platicarte mis penas y mis sueños,
te miro alimentando
las flores de tu fosa,
convertido en raíz de una amapola
tu nombre de manzanas
hecho humo
y el recuerdo frutal de tu figura
diluida en la niebla.

Sé que estás lejos, Juan,
Que nos separa un mundo de distancias.
Tú, subterráneamente
abrazando a la tierra
con tus manos de arcilla;
el mundo vegetal, tú lo conoces,
sabes cuando el geranio reventará en colores
como hermanos de sangre que se abrazan,
sabes cuando el clavel
se prenderá en el saco
y sabes de la orquidea
que morirá en el pecho de la amada;

y sabes también, Juan,
que esta mañana
te recordé con toda la alegría;
yo no puedo escribirte algo triste,
sé que estarás alegre

durmiendo entre raíces,
en tu mundo de niebla,
levantando los brazos como un árbol,
y así tu corazón, corriendo niño
por las viejas arterias de ese árbol.

CARIDA

Arozamena, Marcelino

"Guasa, Columbia, conconco, mabó..."
La garganta de aguardiente raja en el eco rojizo,
y en la fuga galopante del bongó
hay desorden de sonidos, desertores del embriago
y rugiente tableteo del rabioso pacatá.
¿Por qué no viene a la bacha la hija de Yemayá
la pulposa,
la sabrosa,
la rumbosa, la majadera Caridá?
La mulata que maltrata la chancleta chacharosa
con el goce voluptuoso
en el paso pesaroso
de la grupa mordisquiante y temblorosa,
tentadora del amor.
La epilepsia rimbombante que revuelve sus entrañas,
el sopor electrizante que |le| endulza la emoción.
resquebraja su cintura
y la exprime con locura
en la etiópica dulzura del sabroso guaguancó,
que es embrujo en el reflujo de la sangre azucarada

56

y es espasmo en el marasmo del trepidante bongó.
¡Guasa, Columbia, aconconcó mabó!..."
¿Por qué no viene a la Chacha la rumbera Caridá,
si su risa guarachera de mulata sandunguera,
cuando la rumba delira
llora, rabia, grita y gira,
percutiendo poderosa sobre el parche del bongó?,
en dulce sopor que embriaga de la magia del embó;

esta diablo de mulata resquebraja la cintura
y la exprime con locura
en la etiópica dulzura del sabroso guagancó.
"¡Guasa, Columbia, aconconcó mabó!..."
¿Por qué no viene a la bacha la hija de Yemayá,
la pulposa,
la sabrosa,
la rumbera majadera y chancletera Caridá?

MIS AMORES

Agustini, Delmira (Fragmentos)

Hoy han |vuelto,|
por todos los senderos de la noche han venido
a llorar en mi lecho.
¡Fueron tantos, son tantos!
Me lloraré yo misma, para llorarlos todos:
¡Yo no sé cuáles viven, yo no sé cuál ha muerto!
La noche bebe el llanto como un pañuelo negro
Hay cabezas doradas al sol como maduras...
Hay cabezas tocadas de sombra y de misterio...
cabezas coronadas de un misterio invisible.
Cabezas que quisieran descansar en el cielo,
algunas que no alcanzan a oler la primavera,
y muchas que trascienden a las flores del invierno.
Todas esas cabezas me duelen como llagas...

me duelen como muertos...
¡Ah!... y los ojos... los ojos me duelen más:
indefinidos, verdes, grises, azulesnegros,
¡abrasan si fulguran!,
son caricia, dolor, consternación, infierno.
Sobre la luz, sobre las llamas todas,
se iluminó mi alma y se templó mi cuerpo.
Tú me dirás qué has hecho de mi primer suspiro,
tú me dirás qué has hecho del sueño de aquel beso...
Me dirás si lloraste cuando te dejé solo...
¡Y me dirás si has muerto!
Si has muerto, ¡ah!, si has muerto,
mi pena enlutará mi alcoba lentamente,
y estrecharé tu sombra hasta apagar mi cuerpo.
Y en el silencio ahondado de tiniebla,
y en la tiniebla ahondada de silencio,
nos velará llorando, llorando hasta morirse,
nuestro hijo: el recuerdo.

CANCION DE LA VIDA PROFUNDA

Barba Jacob, Porfirio

"El hombre es cosa vana,
variable y ondeante, y es
difícil formar sobre él
un juicio definitivo y
uniforme."

MONTAIGNE.

Hay días en que somos tan móviles, tan móviles
como las leves briznas al viento y al azar.
Tal vez bajo otro cielo la dicha nos sonría...
La vida es clara, undívaga y abierta como el

[mar.

Y hay días en que somos tan fértiles, tan
[fértiles
como en abril el campo que tiembla de pasión;
bajo el influjo próvido de espirituales lluvias,
el alma está brotando florestas de ilusión.

Y hay días en que somos tan sórdidos, tan
[sórdidos
como la entraña obscura de obscuro pedernal:
la noche nos sorprende con sus profusas lámparas,
en rútilas monedas tasando el bien y el mal.

Y hay días en que somos tan plácidos, tan
[plácidos
—niñez en el crepúsculo, laguna de zafir—,
que un verso, un trino, un monte, un pájaro que
[cruza
y hasta las propias penas nos hacen sonreír. . .

Y hay días en que somos tan lúbricos, tan
[lúbricos
que nos depara en vano su carne de mujer:
tras el ceñir un talle y acariciar un seno,
la redondez de un fruto nos vuelve a estremecer.

Hay días en que somos tan lúgubres, tan
[lúgubres
como en las noches lúgubres el canto del pinar.
El alma gime entonces bajo el dolor del mundo,
y acaso ni Dios mismo nos pueda consolar. . .

Mas hay también, ¡oh tierra!, un, día. . ., un
[día. . ., un día
en que levamos anclas para jamás volver. . .
Un día en que discurren vientos inexorables,

¡un día en que ya nadie nos pueda detener!

LAS HOJAS SECAS

Barra, Eduardo de la

¡Adiós, amores,
otoño llega;
se van volando
las hojas secas!

I

Suaves susurran
en la alameda,
y gravemente
se balancean
al blando impulso
de las ligeras,
fáciles brisas
que andan entre ellas.
Entre las hojas
ágiles juegan
y en la hojarasca
bullen inquietas,
bullen sonantes
y noveleras,
y oyen curiosas
lo que conversan
todas las ramas
de la arboleda
y lo que dicen
las hojas secas.

II

¡Adiós, murmuran
ya casi muertas,
y unas tras otras,
del árbol ruedan.
Flotando al aire,
cayendo sueltas,
breves instantes
revolotean
y unas tras otras
al suelo llegan,
como esperanzas
del alma enferma,
como amorosas,
dulces promesas,
cual ilusiones
que van deshechas,
caen y caen
y, dando vueltas,
van por el aire
las hojas secas.

III

Todas marchitas;
amarillentas
el suelo cubren
de alfombra espesa.
Miles y miles
pálidas llegan
y desmayadas
allí se quedan.
Caen y caen,
ruedan y ruedan,

y a cada instante
y a cada vuelta,
y a cada soplo
de la alameda,
cuchicheando,
tímidas tiemblan.
Todas se agitan,
todas se quejan,
y ¡adiós! se dicen
las hojas secas.

IV

El cierzo bate
sus alas trémulas
y alza las hojas
ruedan rastreras
y un coro forman
que rumorea,
como un murmullo,
como una queja
de la arboleda,
como zumbido,

que el suelo pueblan;
todas sonando
como sollozos,
como protesta,
como plegaria
que al cielo elevan.
Son suspirillos
que el alma apenan,
¡adiós! que dicen
las hojas secas.

V

Otras, ruidosas,
corren ligeras,
giran, girando
ríen, conversan,
y en remolinos
rodando juegan.
Agiles, libres,
a un soplo vuelan,
a un tiempo suben,
a un tiempo ruedan,

a un tiempo caen
sobre la hierba,
como las locas,
vanas empresas
que por sí solas
vienen a tierra.
Llora la noche
y el polvo riega
en que se tornan
las hojas secas.

VI

Brisas y ramas
de la floresta,
aguas corrientes
y verdes hierbas,
aves que pasan,
aves que quedan,
a un tiempo todas
allá en las nubes
y acá en las huertas,
pasa diciendo:
"¡Alerta, alerta!...

su voz elevan,
y un rumor vago
que clamorea
entre la fronda
y entre las peñas,
en las montañas
y en las riberas,
¡Se van las hojas,
otoño llega!",
y ¡adiós! responden
las hojas secas.

VII

Esa voz misma
que el alma hiela,
dentro me dice:
¡Alerta, alerta!
¡Tus esperanzas
de encanto llenas,
tus ilusiones
de primavera,
verdes, floridas,
fragantes eran,

y al soplo helado,
pálidas tiemblan,
y desprendidas
caen deshechas,
y fugitivas
de ti se alejan"!
¡Adiós, amores,
otoño llega;
se van las hojas,
las hojas secas!

BALADA DE LA BELLA GITANA

Barreda Ernesto, Mario

Con su viejo manto de seda punzó,
bañada en los oros del atardecer,
por la carretera, balarí, balaró,
pasó caminando la extraña mujer.

Sus ojos brillaban de huraño deseo
sobre el trazo rojo de los labios mudos.

Y de sus collares con el tintineo
denunciaba el paso de sus pies desnudos.

¿Qué leyó en mi cara la mujer aquella?
Temblando de risa se paró ante mí.

Y me parecía peligrosa y bella
bajo la penumbra del cielo turquí...

Se abrieron sus labios como rosa viva,
en taimado gesto contrajo el visaje,
y la vi de pronto brusca y agresiva,
bailando con dengues de gata salvaje.

Los ojos ardían en fiebre secreta,
las trenzas —dos sierpes— saltaban detrás.

Y el parche tremulo de la pandereta
con asperos golpes marcaba el compás.

Y así me decía,
con su voz lejana:
"La melancolía
fue siempre tu hermana.

Bajo tu ventana,
yo me moriría"...

Pero se reía
la bella gitana
cuando lo decía.

Con un golpe trágico del parche sonoro,
de súbita angustia despertó los ecos.

El sol embebía con óleos de oro

su mantón aído de torcidos flecos.

De un salto felino se llegó hasta mí,
chocáronse casi las pálidas frentes:
por entre su boca, toda carmesí,
como dos puñales brillaban sus dientes.

Sentíme en sus brazos convulso y opreso,
mirarse en mis ojos la veía yo.

La sed de sus labios apagó mi beso. ..,
pero en mis entrañas su sed me dejó.

Y después decía:
"Pobre madre mía
que se me murió.
De noche y de día
la cuidaba yo...
¡Desgracia la mía,
que no me llevó!".

Y así, misteriosa, doliente y pausada,
sus pies comenzaron a bailar ahora.

La luz descendía desde su mirada
como de una estrella lejana que llora. .,

Con soplos de aromas la rataga inquieta
llevabalos lejos del aire gitano.

Y el murmullo trémulo de la pandereta
se tornaba lento, quejoso y lejano.

Velando sus verdes pupilas de gata,
marchaba danzando, balarí, balaró,
y cual una vaga penumbra escarlata,
por la carretera desapareció...

VIDA SECRETA

Como la luz en su platino vivo,
envuelto en un metal de suaves muros,
entre lutos de amor, semidormido,
con los tendidos a otro mundo.

¿Que aceite me separa de las aguas
de esta vida que toca mis orillas?

Estoy como un silencio iluminado,
vagando en un océano de lilas.

Si pudieran mirarme me verían,
con el oído de cristal, atento
a un caracol de músicas perdidas.

Como me veo yo cuando me miro,
encendido entre sombras, escuchando
el paso de la luz por el olvido.

VOLVERAN LAS OBSCURAS GOLONDRINAS

Bécquer, Gustavo Adolfo

Volverán las obscuras golondrinas
de tu balcón sus nidos a colgar,
y otra vez con el ala a sus cristales
jugando llamarán.

Pero aquéllas que el vuelo refrenaban
tu hermosura y mi dicha al contemplar,
aquéllas que aprendieron nuestros nombres. . .
ésas. . . ¡no volverán!

Volverán las tupidas madreselvas
de tu jardín las tapias a escalar,
y otra vez a la tarde, aún más hermosas,
sus flores se abrirán.

Pero aquéllas cuajadas de rocío,
cuyas gotas mirábamos temblar
y caer, como lágrimas del día...,
ésas... ¡no volverán!

Volverán del amor en tus oídos
las palabras ardientes a sonar;
tu corazón de profundo sueño
tal vez despertará.

Pero mudo y absorto y de rodillas,
como se adora a Dios ante su altar,
como yo te he querido..., desengáñate,
¡así no te querrán!

CERRARON SUS OJOS

Cerraron sus ojos
que aún tenía abiertos,
taparon su cara
con un blanco lienzo;
y unos sollozando
otros en silencio,
de la triste alcoba
todos se salieron.

La luz que en cazo
ardía en el suelo,
al muro arrojaba
la sombra del lecho;
y entre aquella sombra
veíase a intervalos
dibujarse rígida
la sombra del cuerpo

Despertaba el día
y a su albor primero,
con sus mil ruidos
despertaba el pueblo.

Ante aquel contraste
de vida y misterios,
de luz y tinieblas,
medité un momento:
¡Dios mío, qué solos
se quedan los muertos!

De la casa en hombros
lleváronla al templo
y en una capilla
dejaron el féretro.

Allí rodearon
sus pálidos restos
de amarillas velas
y de paños negros.

Al dar de las ánimas
el toque postrero,
acabó una vieja
sus últimos rezos;

66

cruzo la ancha nave,
las puertas gimieron,
y el santo recinto
quedóse desierto.

De un reloj se oía
compasado el péndulo,
y de algunos cirios
el chisporroteo.

Tan medroso y triste,
tan oscuro y yerto
todo se encontraba...
que pensé un momento:
¡Dios mío, qué solos
se quedan los muertos!

De la alta campana
la lengua de hierro,
le dio volteando
su adiós lastimero.

El luto en las ropas,
amigos y deudos
cruzaron en fila,
formando cortejo.

Del último asilo,
oscuro y estrecho,
abrió la piqueta
el nicho a un extremo.

Allí la acostaron,
tapiáronlo luego,
y con un saludo
despidióse el cielo.

La piqueta al hombro
el sepulturero,
cantando entre dientes

se perdía a lo lejos.

La noche se entraba,
reinaba el silencio;
perdido en las sombras,
medité un momento:
¡Dios mío, qué solos
se quedan los muertos!

En las largas noches
del helado invierno,
cuando las maderas
crujir hace el viento
y azota los vidrios
el fuerte aguacero,
de la pobre niña
a solas me acuerdo.

Allí cae la lluvia
con un son eterno;
allí la combate
el soplo del cierzo.

Del húmedo muro
tendida en el hueco,
acaso del frío
se hielan sus huesos...
¿Vuelve el polvo al polvo?
¿Vuelve el alma al cielo?
¿Todo es vil materia,
podredumbre y cieno?
No sé; pero hay algo
que explicar no puedo,
que al par nos infunde
repugnancia y miedo,
al dejar tan tristes,
tan solos los muertos.

EL REINO DE LAS ALMAS
(De "Los Intereses Creados")

Benavente, Jacinto

La noche amorosa sobre los amantes
tiende de su velo el dosal nupcial.

La noche ha prendido sus claros diamantes
en el terciopelo de un cielo estival.

El jardín en sombra no tiene colores,
y es en el misterio de su obscuridad
susurro el follaje, aroma las flores
y amor... un deseo dulce de llorar.

La voz que suspira y la voz que canta
y la voz que dice palabras de amor,
impiedad parecen en la noche santa,
como una blasfemia entre una oración.

¡Alma del silencio, que yo reverencio,
tiene tu silencio la inefable voz
de los que murieron amando en silencio,
de los que callaron muriendo de amor.
de los que en la vida, por amarnos mucho,
tal vez no supieron su amor expresar!

¿No es su voz acaso que en la noche escuchó
y cuando amor dice, dice eternidad?

¡Madre de mi alma! ¿No es luz de tus ojos
la luz de esa estrella
que como una lágrima de amor infinito
en la noche tiembla?

¡Dile a la que hoy amo que yo no amé nunca
más que a ti en la tierra,

y desde que has muerto, sólo me ha besado
la luz de esa estrella!

EL PRADO AMENO

Berceo, Gonzalo de

Yo, maestro Gonzalo de Berceo nombrado,
yendo en romería, caecí en un prado,
verde y bien sencido, de flores bien poblado,
lugar codiciadero para hombre cansado.

Daban olor soberbio las flores bien olientes,
refrescaban en hombre las caras y las mientes,
manaban cada canto fuentes claras, corrientes,
en verano bien frías, en invierno calientes.

Avié hi gran abondo de buenas arboledas,
mil granos y figueras, peros y manzanedas,
y muchas otras fructas de diversas monedas,
mas non avié ningunas podridas nin acedas.

La verdura del prado, el olor de las flores,
la sombra de los árboles de temprados sabores,
refrescáronme todo y perdí los sudores:
podría vivir el hombre con aquellos olores.

Nunca trobé en siglo lugar tan deleitoso,
nin sombra tan temprada, nin olor tan sabroso;
descargué mi ropilla por yacer más vicioso,
poséme a la sombra de un árbol fermoso.

Yaciendo a la sombra, perdí todos cuidados,
oí sones de aves dulces y modulados:
nunca oyeron los hombres órganos más temprados,
nin que formar pudiesen sones más acordados.

Unas tenían la quinta; y las otras doblaban;
otras tenían el punto, errar non las dejaban;
al posar, al mover, todas se esperaban,
aves torpes nin roncas y non se acostaban.

Non sería organista, nin sería violero,
nin giga, nin salterio, nin mano de rotero,
nin estrument, nin lengua, nin tan claro vocero,
cuyo canto valiese con esto un dinero.
El prado que vos digo había otra **bondat**:
por calor nin por frío non perdía su beldat,
siempre estaba verde en su integridat,
non perdía la verdura por nula tempestat.

ESTAR ENAMORADO

Bernárdez, Francisco Luis

Estar enamorado, amigos, es encontrar el nombre justo
[de la vida.

Es dar al fin con la palabra que para hacer frente
[a la muerte se precisa.

Es recobrar la llave oculta que abre la cárcel en que
[el alma está cautiva.

Es levantarse de la tierra con una fuerza que reclama
[desde arriba

Es respirar el ancho viento que por encima de la
[carne respira.

Es contemplar, desde la cumbre de la persona, la
[razón de las heridas.

Es advertir en unos ojos una mirada verdadera que
[nos mira.

Es escuchar en una boca la propia voz profundamente
[repetida.

Es sorprender en unas manos ese calor de la perfecta

[compañía.

Es sospechar que, para siempre, la soledad es nuestra
[sombra ya vencida.

Estar enamorado, amigos, es descubrir donde se juntan
[cuerpo y alma.

Es percibir en el desierto la cristalina voz de un río
[que nos llama.

Es ver el mar desde la torre donde ha quedado
[prisionera nuestra infancia.

Es apoyar los ojos tristes en un paisaje de cigüeñas y
[campanas.

Es ocupar un territorio donde conviven los perfumes
[y las armas.

Es dar la ley a cada rosa y al mismo tiempo recibirla
[de su espada.

Es confundir el sentimiento con una hoguera que del
[pecho se levanta.

Es gobernar la luz del fuego y al mismo tiempo ser
[esclavo de la llama.

Es entender la pensativa conversación del corazón y
[la distancia.

Es encontrar el derrotero que lleva al reino de la
[música sin tasa.

Estar enamorado, amigos, es adueñarse de las noches
[y los días.

Es olvidar entre los dedos emocionados la cabeza
[distraída.

Es recordar a Garcilaso cuando se siente la canción
[de una herrería.

Es ir leyendo lo que escriben en el espacio las
[primeras golondrinas.

Es ver la estrella de la tarde por la ventana de una
[casa campesina.

Es contemplar un tren que pasa por la montaña con
[las luces encendidas.

Es comprender perfectamente que no hay fronteras
[entre el sueño y la vigilia.

Es ignorar en qué consiste la diferencia entre la pena
[y la alegría.

Es escuchar a medianoche la vagabunda confesión de
[la llovizna.

Es divisar en las tinieblas el corazón una pequeña
[lucecita.

Estar enamorado, amigos, es padecer espacio y tiempo
[con dulzura.

Es despertarse una mañana con el secreto de las flores
[y las frutas.

Es libertarse de sí mismo y estar unido con las otras
[criaturas.

Es no saber si son ajenas o son propias las lejanas
[amarguras.

Es remontar hasta la fuente las aguas turbias del
[torrente de la angustia.

Es compartir la luz del mundo y al mismo tiempo
[compartir su noche oscura.

Es asombrarse y alegrarse de que la luna todavía sea
[luna.

Es comprobar en cuerpo y alma que la tarea de ser
[hombre es menos dura.

Es empezar a decir siempre, y en adelante no volver
[a decir nunca.

Y es, además, amigos míos, estar seguro de tener las
[manos puras.

EL CREPUSCULO

Blest Gana, Guillermo

72

¡Hora de bendición, hora de **calma**,
cuánto places al alma!

Los recuerdos de un bien desvanecido
ha largo tiempo ya, su faz doliente
levanta de los muros del olvido
y a reposarse viene en mi frente.

Dulce, inocente, **bella** |y amorosa,
sueño feliz de juvenil deseo,
entre las nubes de topacio y rosa
de mi primer amor la imagen veo.

Y en lontananza, deshojando flores
de exquisita y purísima fragancia,
con las vagas memorias de mi infancia,
los delirios sin fin de mis amores.

Con dulce y melancólica sonrisa
a **mí** se acercan los fantasmas bellos
y juegan al pasar con mis cabellos,
como ligera y perfumada brisa.

Uno me llama su primer amigo,
otro me nombra su primer hermano,
y uno muy bello, al estrechar mi mano,
me dice: "Siempre viviré contigo."

Y se alejan después y mis deseos
su vuelo siguen con alado paso,
mientras en los vapores del ocaso
me fingen mis primeros devaneos:

Sueños de dicha, aspiración de gloria;
de amor, poemas dulces, ignorados;
pueblos libres; tiranos destronados...
¡Quimeras que aún adora mi memoria!

Y se acercan de nuevo en leve giro,
besando al paso mi abrasada frente,
mientras la luz, que muere en occidente,
me envía un melancólico suspiro.

¡Suspiro triste, de armonías lleno,
queja tal vez de un corazón que me ama,
postrer rayo quizás de aquella llama
que fecundaba mundos en mi seno!

Mundos de amor, de dulces armonías,
poemas encantados y risueños
que alumbraba, en el mundo de mis sueños,
el bello sol de mis hermosos días.

¡Volved, volved, espíritus amantes!
Joven aún, mi corazón palpita:
si enfermo estoy y como flor marchita
me veis, volved, espíritus errantes.

¡Volved, volved! Ya veo vuestras galas,
ya el pecho arroja su mortal angustia;
batida así sobre mi frente mustia
con tierno amor vuestras doradas alas.

Joven yo soy: el corazón valiente
es como roca por el mar batida.
Venid, llegad, tormentos de la vida,
¡siempre serena miraréis mi frente!

Ya de diamantes se tachona el cielo.
Fanales llenos de esplendor y gracia,
venid como después de la desgracia
nos vienen la esperanza y el consuelo.

¡Salud, puros ensueños de la mente!

¡Salud, bellos fantasmas del pasado!
Quién os tiene, jamás es desgraciado.
Venid a reposar sobre mi frente.
Uno se acerca y me apellida amigo,
otro me nombra con amor hermano,
y uno muy bello, al estrechar mi mano,
me dice: "¡Siempre viviré contigo".

¡Cuánto places al alma,
hora de bendición, hora de calma!

LETRILLA SATIRICA

Bretón de los Herreros Manuel

Tanta es, niña, mi ternura,
que no reconoce igual.
Si tuvieras un caudal
comparable a la hermosura
de ese rostro que bendigo,
me casaría contigo.

Eres mi bien y mi norte,
graciosa y tierna Clarisa,
y a tener tú menos prisa
de llamarme tu consorte,
pongo al cielo por testigo,
me casaría contigo

¿Tú me idolatras? convengo,
y yo, que al verte me encanto,
si no te afanaras tanto
por saber que sueldo tengo
y si cojo aceite o trigo,
me casaría contigo.

A no ser porque tus dengues
ceden sólo a mi porfía

cuando, necio en demasía,
para dijes y merengues
mi dinero te prodigo,
me casaría contigo.

A no ser porque recibes
instrucciones de tu madre
y es forzoso que le cuadre
cuando me hablas o me escribes
o me citas al postigo,
me casaría contigo.

Si cuando sólo al bandullo
regalas tosco gazpacho,
haciendo de todo empacho,
no tuvieras mas orgullo
que en la horca don Rodrigo,
me casaría contigo.

Si después de estar casados,
en lugar de rica hacienda,
no esperase la prebenda
de tres voraces cuñados
y una suegra por castigo,
me casaría contigo.

Si, conjurando la peste
que llorar a tantos veo
virtudes que en ti no creo
de cierto signo celeste
me pusieran al abrigo,
me casaría contigo.

Prende otro novio en tu jaula
y Dios te dé mil placeres;
porque yo que sé quién eres
y he conocido la maula,

sin rebozo te lo digo:
no me casaré contigo.

SERENIDAD

Burghi Juan

En la fecunda paz de este retiro,
noble la vida verdadera vivo;
con amor de poeta labro el suelo
y escribo rudos versos de labriego.

Cada trozo de pan que acerco al labio
es por mi propio afán santificado;
y cada verso que amoroso escribo
tiene el sabor del surco que cultivo.

Todo inspira una bíblica confianza:
la bestia, el ave, el árbol y las aguas.
y una lección de amor y de belleza
se desprende de cuanto me rodea.

Corre el arroyo sin saber a dónde
y va cantando alegre mientras corre...,
la humilde acequia que en regar se afana
se prodiga en amor y queda exhausta.

Labra su nido el laborioso hornero,
se apaga en trinos su trabajo intenso,
y como hermana la labor y el canto,
todo el contorno alegra su trabajo.

Elabora su miel la dulce abeja
y hace armoniosa y grata su tarea,
y hasta las plantas de erizada espina
con aire de bondad sus flores brindan.

Y yo en la beatitud de este retiro.

donde la vida verdadera vivo,
con amor de poeta labro el suelo
y escribo rudos versos de labriego.

LA PARTIDA

Byron Jorge Gordon Lord

¡Todo acabó! La vela temblorosa
se despliega a la brisa de la mar,
y yo dejo esta playa cariñosa
en donde queda la mujer hermosa,
¡ay!, la sola mujer que puedo amar.

Si pudiera ser hoy lo que antes era,
y mi frente abatida reclinar
en ese seno que por mí latiera,
quizá no abandonara esta ribera
y a la sola mujer que puedo amar.

Yo no he visto hace tiempo aquellos ojos
que fueron mi contento y mi pesar;
los amo, a pesar de sus enojos,
pero abandono Albión, tierra de abrojos,
y a la sola mujer que puedo amar.

Y rompiendo las olas de los mares,
a tierra extraña, patria iré a buscar;
mas no hallaré consuelo a mis pesares,
y pensaré desde extranjeros lares
en la sola mujer que puedo amar.

Como una viuda tórtola doliente
mi corazón abandonado está,
porque en medio de la turba indiferente
jamás encuentro la mirada ardiente
de la sola mujer que puedo amar.

Jamás el infeliz halla consuelo
ausente de amor y la amistad,
y yo, proscrito en extranjero suelo,
remedio no hallaré para mi duelo
lejos de la mujer que puedo amar.

Mujeres más hermosas he encontrado,
mas no han hecho mi seno palpitar,
que el corazón ya estaba consagrado
a la fe de otro objeto idolatrado,
a la sola mujer que puedo amar.

Adiós, en fin. Oculto en mi retiro,
en el ausente nadie ha de pensar;
ni un solo recuerdo, ni un suspiro
me dará la mujer por quien deliro,
¡ay!, la sola mujer que puedo amar.

Comparando el pasado y el presente,
el corazón se rompe de pesar,
pero yo sufro con serena frente
y mi pecho palpita eternamente
por la sola mujer que puedo amar.

Su nombre es un secreto de mi vida
que el mundo para siempre ignorará,
y la causa fatal de mi partida
la sabrá sólo la mujer querida,
¡ay!, la sola mujer que puedo amar.

¡Adiós!... Quisiera verla..., mas me
                                        [acuerdo
que todo para siempre va a acabar;
la patria y el amor, todo lo pierdo...,
pero llevo el dulcísimo recuerdo
de la sola mujer que puedo amar.

EXPLICANDO UNA TARDE ANATOMIA

Blasco, Eusebio

Explicando una tarde anatomía
un sabio profesor,
del corazón a sus alumnos daba
perfecta descripción.

Anonadado por sus propias penas
la cátedra olvidó;
y a riesgo de que loco lo creyeran
con alterada voz:

—Dicen, señores —exclama pálido—.
que nadie consiguió
vivir sin esa víscera precisa.
¡Error, extraño error!

Hay un ser de mi ser, una hija mía,
que ayer me abandonó,
¡las hijas que abandonan a sus padres
no tienen corazón!

Un estudiante que del aula oscura
se oculta en un rincón,
mientras los otros asombrados oyen
tan público dolor,
sonriendo a su amigo y compañero
le dijo a media voz:
—Piensa que a su hija el corazón le falta...
y es que lo tengo yo.

A QUIEN SE YO

Me engañaste, y "¡No has sido tú el primero!"
dijeron mis amigos,
un tiempo de tus pérfidos engaños

víctimas o testigos.

No sé quién fue el primero, mas el último
sé que será un gusano.
Buscará el corazón de tu cadáver,
y ha de buscarlo en vano.

MI BARCA

Benítez Carrasco, Manuel

La barca... la barca... Así;
con sólo decir: La barca,
huele a marisma la boca
y sabe a sal la palabra. Así;

La barca... la barca...
con sólo decir: La barca.
¿Que cuánto quiero por ella...?
¡Venga conmigo a la playa!.

Por una quilla de oro
y dos remos de esmeralda,
le vendo... el aire que hay dentro.
Por una rosa de nácar,
...la arena donde se acuesta.

Y por un timón de plata,
ese mar en dormivela,
en el fondo de la barca,
donde estrellas marineras
reman de noche a sus anchas.

Aire, arenas y agua. ¡Todo
lo vendo... menos la barca!

Aquí la tiene: bonita
como una mujer **casada,**

por la quilla, sueño verde,
por la vela, nueva blanca.

Cuando está en la playa pienso:
¿si soñará con el agua?...
Cuando está en el agua digo:
¿si soñará con la playa?...

La trato como a mujer,
y así está ella: le saltan
la presunción y el orgullo
cuando duerme y cuando anda.

Con decirle... ¡que le viene
pequeña toda la playa!
Que en esto de los amores,
mujer y barca se pasan
de orgullosas, por queridas,
de presumidas, por guapas.
¡...Y cuando se lanza al mar,
además de guapa, brava...!
Mete el pecho, hunde el casco,
se enjoya de espuma **blanca,**
cruje el agua en las amuras,
ella, altiva, la rechaza,
y cuando se deja atrás
la nieve, el oro y el nácar,
se esponja, se empina, se
contonea y se acicala,
como hembra que se sabe
fina, bonita y en andas.

¡Una reina, no sería
tan reina como mi barca!

...¡Y si viera cuando corre...!
¡Caballo con la crin blanca.

82

que va levantando polvo
de espuma sobre esmeralda!
...¿Qué cuánto quiero por ella?
Mi barca no es sólo barca:
cuña, mástil, timón, remo,
quilla verde y vela blanca.

Mi barca es la sal del mar,
que se hizo piropo y gracia:
con un nombre: Soledad,
sobre este nombre: Mi barca.

Mi barca, mi barca... Así;
con sólo decir: mi barca,
huele a marisma la boca
y sabe a sal la palabra.

...¿Que cuánto quiero por ella?
¡Mi barca no es sólo barca!

LECCION DE GEOGRAFIA

EL AMOR, PUNTO CARDINAL

Tu poeta
no sabe nada de nada.

Francia al Norte...;
al Sur, Granada...;
carne negra al Ecuador...;
al Oeste, Portugal...
¿Y el amor?
¿Es que el amor se ha quedado
sin su punto cardinal?...
Pues yo lo tengo anotado
en mi pobre geografía:

Al Norte, tú, noche y día;
al Sur, tú, tarde y aurora;
al Este, tú, vida mía,
y al Oeste, hora tras hora.

Carne negra al Ecuador...
Mallorca y Venecia al Este...

¿Y el amor?
¡Norte, Sur, Este y Oeste?

CANCION PARA UNA NOVIA FUTURA

Bustos Cerecedo, Miguel

Presiento que una novia se avecina a mi vida
y se cuelga a mi cuello
con sus brazos marinos invisibles
y sus besos elásticos
silenciando ese canto
que ha de nacer por ella
entre mis labios.
Me toca ya hacia dentro
—tan honda está en mi carne su presencia—
con sus dedos de rosas que abrirán con el tiempo.
Vendrá cuando madure el fruto del otoño
como una estrella olvidada por el alba.
Se arrullará con todas mis miradas
y pensará que soy un árbol pródigo al ensueño.
La esperaré a la orilla
de un crepúsculo añejo que diseñe
su contorno de novia sin azahares.
Colocará en sus ojos que no alcanzo
dos violetas extrañas
que nos recuerden para siempre
el desvelo eterno de esperar

84

la pasión sedienta.

Más allá de mi voz
vibra el eco de sus palabras
sin garganta.

Cubriré su cuerpo con mi sombra
por temor a perderla;
no quiero que la luz la transparente
frente
al espejo de otro amor
y me la entregue como un dardo
de cristal,
sin estremecimientos para sentirla
y sin corazón para llorar por mí
cuando muera mi sangre
en la noche.

Una cita en la tarde:
y sus pasos conciertan
Presiento que una novia se avecina a mi vida
del otoño que duerme sus palomas
la esperaré en la orilla más cercana
de plomo.

Un soplo de jazmines me anticipa
su llegada:
su silueta recorta
los perfumes del alma.

Deshojo el misterio de los días
hora trás hora,
instante tras instante,
porque soy el amante
perfecto
de su imagen remota
que me ciega.

He cubierto el espacio

de pétalos
y esqueletos de mariposas azules:
lo pisaremos juntos
mientras danzamos
la estrofa loca del deseo
ancestral.
Vendrá con el otoño.

CORAZON ADENTRO

Blanco Fombona, Rubino

Llamé a mi corazón. Nadie repuso.
Nadie adentro. ¡Qué trance tan tan amargo!
El bosque era profuso,
negra la noche y el camino largo,
Llamé, llamé: Ninguno respondía.

Y el morado castillo taciturno
único albergue en el horror nocturno,
era mi corazón. ¡Y no me abría!
¡Iba tan fatigado! Casi muerto,
rendido por la áspera subida
por el hostil desierto
y las fuentes saladas de la vida.

Al sol de fuego y pulmonar garúa
ya me atería o transpiraba a chorros;
empurpuré las piedras y los cardos;
y, a encuentro por segundo, topé zorros,
buhos, cerdos, panteras y leopardos.

Y en prado inocente, malabares,
anémonas, begonias y diamelas,
vi dos chatas cabezas triangulares
derribar muchas ágiles gacelas.

¡Qué hórrido viaje y bosque tan ceñudo!

La noche, negra; mi cabeza, loca;
mis pies, cansados; el castillo, mudo.
y yo toca que toca.

¡Por fin se abrió una puerta!
Toda era sombra aquella casa muerta.
Tres viejecitos de cabello cano
y pardas vestiduras de estameña
me recibieron: —Adelante, hermano—.

Parecidos los tres. La blanca greña
nevaba sobre el hombro a cada anciano.
Al fondo, en una esquina,
luchaba con la sombra un reverbero
de lumbre vacilante y mortecina.

—Somos felices— dijo el uno. El otro:
—Resignados. —Aquí— dijo el tercero,
sin amigos, sin amos y sin émulos,
esperamos el tránsito postrero.

Eran recuerdos, los ancianos trémulos.
No es posible —pensaba— ¿Es cuanto queda
de este palacio que vivieron hadas?

¿Dónde está la magnífica arboleda,
en dónde las cascadas,
los altos miradores,
las salas deslumbrantes,
y las bellas queridas suspirantes
muriéndose de amores?

Y me lancé a los negros corredores.
Llegué a las cuatro conocidas puertas
por nadie nunca abiertas.

Entré al rojo recinto, una fontana
de sangre siempre vívida y ardiente

corría de la noche a la mañana,
y de mañana a noche, eternamente;
yo había hecho brotar aquella fuente.
Entré al recinto gris donde surtía
otra fontana en generoso canto;
¡el canto de las lágrimas! Yo había
hecho verter tan generoso llanto.

Entré al recinto gualda; siete luces,
siete cruces de fuego fulgecían,
y los sietes pecados se movían
crucificados en las siete cruces

y a Psiquis alas nuevas le nacían.
Rememoré las voces del misterio:
—Cuando sea tu alma
de las desilusiones el imperio.

Cuando el sufrir tus lágrimas agote,
cuando inmisericorde su cauterio
te aplique el Mundo y el Dolor te azote,
puedes salvar la puerta tentadora,
la puerta blanca, la Tulé postrera...

—Entonces —dije— es hora.
Y entré con paso firme y alma entera.
Quedé atónito. Hallábame en un campo
de nieve, de impoluta perspectiva;
cada llanura un campo;
cada montaña, un irisado bloque;
cada picacho, una blancura viva.

Y de la luz al toque
eran los farallones albicantes
chorreras de diamantes.

—¿En dónde estoy? —me dije tremulento.

y un soplo de dulzuras teologales
trajo a mi oído regalado acento:

—Estás lejos de aquellos arenales
ardientes donde surgen tus pasiones
y te devoran como cien chacales.

Lejos de las extrañas agresiones,
a estas cimas no alcanza
ni el ojo inquisidor de la asechanza
ni el florido puñal de las traiciones.

Son ignorado asilo
al tigre humano y a la humana **hiena**;
a los pérfidos cantos de sirena
y al aleve llorar del cocodrilo.

Llegas a tierras incógnitas;
a tierra de simbólicas alburas,
toda misterio y calma.

Estás en las serenas, en las puras
e ignoradas regiones de tu alma...
Y me quedé mirando a las alturas.

RANCIA HIDALGUIA

Boveda, Xaxier.

A doña Lucía —mi señora vieja—
Dios le dio tres hijos, Dios le dio una niña,
un esposo noble, de hidalguía añeja,
y una gran casona, con preciada viña.

El esposo, al cabo, se finó. Su esposo
era, como hidalgo, bebedor y bueno.
(Un vaso de vino rancio y oloroso

está de decires y verdades lleno).

Los tres hidalgones fueron tres bigardos...
La niña, muy niña, se murió, al azar...
En **vez** de dar frutos, dio la vida cardos,
y los tres bigardos fuéronse hacia el mar.

A doña Lucía —mi señora vieja—
gústale el buen vino, gústale el buen sol...
Siempre cuenta alguna medrosa conseja
en la noche, al lado del mortal farol.

Cosas acaecidas en sus luengos años...
(un crimen horrendo o una aparición).
Medrosas las viejas, bajo de los paños
si la luz se agita, tiemblan de emoción.

Una antigua criada de doña Lucía
—¡aun en la pobreza las juntó el azar!—
apúntale, a veces: —Señora, ama mía,
¡cuéntenos, agora, otro buen contar!

Y aunque todas temen, otro cuento empieza:
—**Era un alma en pena, que sin confesión**...
(Medrosa, una anciana silenciosa reza,
y un gato sus ojos brilla en el rincón).

Y la misma criada, plañó, nuevamente:
—Señora, ama mía, por el nuestro bien,
que el Señor nos acoja preparadamente...
A doña Lucía —mi señora vieja—

Dios le dio tres hijos. —¡El no se los diera!—
un esposo noble, de hidalguía añeja,
y una gran casona de fachada austera...

El esposo, al cabo, se finó... Y hoy día

—los tres bigardones fuéronse hacia el mar—
tan sólo le queda de su hidalguía
la vieja que plañe: —Señora, ama mía,
¡cuéntenos, agora, otro buen contar!

POR LAS OTRAS MUCHAS VIDAS

Bollo, Sara

Iluminada faz; doliente sueño;
calladas quejas; alegrías mudas;
son mil caminos para el sentimiento;
mi corazón vertiginoso; angustia.

El mundo y yo no se comprenden; tengo
la boca triste de cantar; alturas
inenarrables llevan hasta el cielo
la ansiedad de mis sueños y mis fugas.

¡Ah, doloroso espanto de encontrarse
atado a la firmeza de la vida
cuando la sangre da tantos caminos
distintos y tener sólo una nave,
insegura, pequeña, en la infinita
multitud de los mares! ¡Qué destino!

ULTIMA RIMA

Borrero, Juana

He soñado en mis lúgubres noches,
en mis noches tristes de penas y lágrimas,
con un beso de amor imposible,
sin sed y sin fuego, sin fiebre y sin ansias.

Yo no quiero el deleite que enerva,
el deleite jadeante que abrasa,
y me acusan de hastío infinito
los labios sensuales que besan y manchan.

¡Oh mi amado! ¡Mi amado imposible!
Mi novio soñado de dulce mirada,
cuando tú con tus labios me beses,
bésame sin fuego, sin fiebre y sin ansias.

¡Dame el beso en mis noches,
en mis noches tristes de penas y lágrimas,
que me deje una estrella en los labios
y un tenue perfume de nardo en el alma!

EL INDULTO

Baz, Gustavo

Desde el grito de Dolores
eran dos lustros pasados,
y sólo un hombre luchaba
contra el poder del tirano;
un hombre cuyas acciones,
cuyo civismo preclaro,
cuyo valor y virtudes
fama eterna conquistaron,
El guardó por largo tiempo
el patriotismo sagrado
y del honor insurgente
el sagrado fuego intacto.
De la sierra a las ciudades,
de los montes a los llanos,
iba al frente de sus tropas
y de Guerrero ante el nombre

se asustaban los contrarios
como se asustan los tigres
con el estruendo del rayo.
Mas un día memorable
de la crueldad en los fastos,
de su valor y constancia
quiso vengarse el tirano;
a su hija, inocente y pura,
y a su esposa encarcelando
para ver si así domaba
su noble pecho esforzado;
y no pudiendo abatirlo
ni con penas ni con llanto,
ni con viles represalias
ni con arteros engaños,
le ofreció riqueza, honores,
y aun quiso por sarcasmo,
que el padre del héroe fuera
de aquel indulto emisario.
Explicar es imposible
en ningún lenguaje humano
los tormentos y las dudas
que su pecho desgarraron,
al ver que su mismo padre
le suplicaba llorando,
que traicionase a su patria
que marchitara sus lauros;
mas era su alma de bronce,
de aquéllas que proclamaron
que es preferible la muerte
a la paz con los tiranos.
"Padre, mi padre —le dijo
con acento sofocado,
mientras en filial ternura

besábale frente y manos—.
Que sacrifique en buena hora
el déspota sanguinario,
para calmar su despecho,
los seres a quienes amo.
Cada lágrima que viertan
en ese martirio santo,
la vengaré en los combates
con sangre de sus soldados,
pero no logrará nunca
que ante su yugo nefando
se humille mi altiva frente
ni se humedezcan mis labios.
¡Libertad, Independencia,
me verás siempre clamando,
mientras tenga por baluarte
estos altivos peñascos;
hasta que cumplido sea
mi juramento sagrado,
o me conduzca el destino
a morir en un cadalso".
Y estrechándose en su seno,
sus sollozos acallando
y conteniendo su pena,
se despidió del anciano.
Largo tiempo todavía
después del postrer abrazo,
estuvo el guerrero ilustre
a su padre contemplando.
Y cuando le vio perderse
tras el último barranco,
camino de la montaña
se fue triste y cabizbajo.

EL PRIMER BAÑO

Caicedo Rojas, José

Eva, al acaso discurriendo un día
del encantado Edén por las praderas,
sin pensarlo sus pasos dirigía
de un cristalino arroyo a las riberas.

Contemplando la extraña maravilla,
alegre llega a la espumosa fuente,
y admirada detiénese en la orilla
escuchando el rumor de la corriente.

Curiosa inclina el cuerpo hacia adelante,
allí donde la onda se dilata,
y en el líquido espejo, en un instante,
su hechicera figura se retrata.

La bella aparición la mira atenta,
y al verla sonreír, también sonríe,
y acércase también si Eva lo intenta,
sin que una de otra tema o desconfíe.

Seña por seña al punto la devuelve,
tan pronto se retira como avanza,
una y mil veces a mirarla vuelve,
y Eva el misterio a comprender no alcanza.

De la muda visión un ser se fragua,
y de entusiasmo en inocente acceso,
el labio de coral acerca al agua
y ambas se dan un amoroso beso.

Su delirio a abrazarla al fin la lleva;
mas, pagando bien caro el dulce engaño,
se sumerge en los ondas... Así Eva

se dio en el Paraíso el primer baño.

LA VIDA ES SUEÑO
(Fragmento)

Calderón de la Barca, Pedro

Sueña el rey que es rey, y vive
con este engaño mandando,
disponiendo y gobernando;
y este aplauso que recibe
prestando, en el viento escribe,
y en cenizas lo convierte
la muerte, ¡desdicha fuerte!
¡Que hay quien intente reinar
viendo que ha de despertar
en el sueño de la muerte!
Sueña el rico en su riqueza
que más cuidados le ofrece;
sueña el pobre que padece
su miseria y su pobreza;
sueña el que a medrar empieza,
sueña el que afana y pretende,
sueña el que agravia y ofende,
y en el mundo, en conclusión,
todos sueñan lo que son,
aunque ninguno lo entiende.
Yo sueño que estoy aquí,
de estas prisiones cargado,
y soñé que en otro estado
más lisonjero me vi.
¿Qué es la vida? Un frenesí.
¿Qué es la vida? Una ilusión,
una sombra, una ficción,
y el mayor bien es pequeño,

¡que toda la vida es sueño,
y los sueños, sueños son!

MONOLOGO DE SEGISMUNDO
(De "La Vida es Sueño")

¡Ay, mísero de mí! ¡Ay, infelice!
Apurar, cielos, pretendo,
ya que me tratáis así,
¿qué delito cometí,
contra vosotros naciendo?
Aunque si nací, ya entiendo
qué delito he cometido;
bastante causa |ha tenido
vuestra justicia y rigor,
pues el delito mayor
del hombre es haber nacido.
Sólo quisiera saber,
para apurar mis desvelos
(dejando a una parte, cielos,
el delito de nacer),
¿qué más os pude ofender
para castigarme más?
¿No nacieron los demás?
Pues, si los demás nacieron,
¿qué privilegio tuvieron
que yo no gocé jamás?
Nace el ave, y con las galas
que le dan belleza suma,
apenas es flor de pluma
o ramillete con alas
cuando las etéreas salas
corta con velocidad,
negándose a la piedad
del nido que deja en calma:

¿y teniendo yo más alma,
tengo menos libertad?
Nace el bruto, y con la piel
que dibujan manchas bellas,
apenas signo es de estrellas
(gracias al docto pincel)
cuando atrevido y cruel,
la humana necesidad
le enseña a tener crueldad,
monstruo de su laberinto:
¿y yo con mejor instinto,
tengo menos libertad?
Nace el pez, que no respira,
aborto de ovas y lamas,
y apenas bajel de escamas
sobre las ondas se mira,
cuando a todas partes gira,
midiendo la inmensidad
de tanta capacidad
como le da el centro frío:
¿y yo, con más albedrío,
tengo menos libertad?
Nace el arroyo, culebra
que entre flores se desata,
y apenas, sierpe de plata,
entre las flores se quiebra,
cuando músico celebra
de las flores la piedad
que le da la majestad
del campo abierto a su **huída**:
¿y teniendo yo más vida,
tengo menos libertad?
En llegando a esta pasión,
un volcán, un Etna hecho,

quisiera arrancar del pecho
pedazos del corazón;
¿qué ley, justicia o razón
negar a los hombres sabe
previlegio tan suave,
excepción tan principal,
que Dios le ha dado a un cristal,
a un pez, a un bruto y a un ave?

AMAR Y QUERER

Campoamor, Ramón de

A la infiel más infiel de las hermosas
un hombre la quería y yo la amaba;
y ella a un tiempo a los dos nos encantaba
con la miel de sus frases engañosas.
Mientras él, con sus flores venenosas,
queriéndola, su aliento empozoñaba,
yo de ella ante los pies, que idolatraba,
acabadas de abrir echaba rosas.
De su favor ya en vano el aire arrecia;
mintió a los dos, y sufrirá el castigo
que uno le da por vil, y otro por necia.
No hallará paz con él, ni bien conmigo;
él que sólo la quiso, la desprecia;
yo, que tanto la amaba, la maldigo.

HUMORADAS

Busqué la ciencia, y me enseñó el vacío.
Logré el amor, y conquisté el hastío.
¡Quién de su pecho desterrar pudiera,
la duda, nuestra eterna compañera!
¿Qué es preciso tener en la existencia?
Fuerza en el alma y paz en la conciencia.

No tengáis duda alguna:
felicidad suprema no hay ninguna.

Aunque tú por modestia no lo creas,
las flores en tu sien parecen feas.

Te pintaré en un cantar
la rueda de la existencia:
Pecar, hacer penitencia
y, luego, vuelta a empezar.

En este mundo traidor,
nada es verdad, ni mentira,
Todo es según el color
del cristal con que se mira.

¡QUIEN SUPIERA ESCRIBIR!

—Escribidme una carta, señor cura.
—Ya sé para quién es.
—¿Sabéis quién es porque una noche obscura
nos visteis juntos? —Pues...

—¡Perdonadme!, mas... —No extraño ese tropiezo.
La noche..., la ocasión...
Dadme pluma y papel, gracias. Empiezo:
Mi querido Ramón:

—¿Querido?... Pero, en fin, ya lo habéis puesto...
—¡Si no queréis... —¡Sí, sí!
—¡Qué triste estoy! ¿No es eso? —Por supuesto.
—¡Qué triste estoy sin ti!
Una congoja, al empezar, me viene...

—¿Cómo sabéis mi mal?
—Para un viejo, una niña siempre tiene
el pecho de cristal.
¿Qué es sin ti el mundo? Un valle de amargura.
¿Y contigo? Un edén.

—Haced la letra clara, señor cura;
que lo entienda eso bien.

—El beso aquel que de marchar a punto
te di... —¿Cómo sabéis?—
—Cuando se va y se viene, y se está junto
siempre... No os afrentéis.
Y si volver tu efecto no procura,
tanto me harás sufrir...
—¿Sufrir y nada más? No, señor cura.
¡Que me voy a morir!
—¿Morir? ¿Sabéis que es ofender al cielo?...
—Pues sí, señor. ¡Morir!
—Yo no pongo morir. —¡Qué hombre de hielo!
¡Quién supiera escribir!

II

—¡Señor rector, señor rector!, en vano
me queréis complacer,
si no encarnan los signos de la mano
todo el ser de mi ser.
Escribidle, por Dios, que el alma mía
ya en mí no quiere estar;
que la pena no me ahoga cada día...
porque puedo llorar.
Que mis labios, las rosas de su aliento,
no se saben abrir;
que olvidan de la risa el movimiento
a fuerza de sentir.
Que mis ojos, que él tiene por tan bellos,
cargados con mi afán,
como no tienen quien se mire en ellos,
cerrados siempre están.
Que es, de cuantos tormentos he sufrido,
la ausencia el más atroz;
que es un perpetuo sueño de mi oído
el eco de su voz...

Que, siendo por su causa, el alma mía
¡goza tanto en sufrir!...
Dios mío, ¡cuántas cosas le diría
si supiera escribir!...

III

—Pues, señor, ¡bravo amor! Copio y concluyo:
A don Ramón... ¡En fin!,
que es inútil saber para esto, arguyo,
ni el griego ni el latín.

ROMANCE DE LA NIÑA NEGRA

Cané, Luis

I

Toda vestida de blanco,
almidonada y compuesta,
en la puerta de su casa
estaba la niña negra.
Un erguido moño blanco
decoraba su cabeza;
collares de cuentas rojas
al cuello le daban vueltas.
Las otras niñas del barrio
jugaban en la vereda;
las otras niñas del barrio
nunca jugaban con ella.
Toda vestida de blanco,
almidonada y compuesta,
en un silencio sin lágrimas,
lloraba la niña negra.

II

Toda vestida de blanco,

almidonada y compuesta,
en su féretro de pino
reposa la niña negra.
A la presencia de Dios
un ángel blanco la lleva;
la niña negra no sabe
si ha de estar triste o contenta.
Dios la mira dulcemente
le acaricia la cabeza
y un lindo par de alas blancas
a sus espaldas sujeta.
Los dientes de mazamorra
brillan en la niña negra.
Dios llama a todos los ángeles
y dice: "¡Jugad con ella!".

ROMANCE DE LA NIÑA QUE SE CASA
CON OTRO

Ayer, cuando me dijeron
que te casabas con otro,
guardé silencio un instante
por contener un sollozo;
sentí oprimírseme el pecho,
pasó un temblor por mis ojos,
retuve un hondo suspiro
y empalideció mi rostro.
Cambié de conversación
como se deshace un moño,
y, encubierto en la sonrisa.
de un desdén discreto y sobrio,
dije que la vida es bella
y que hay que gastarla en gozo.
Pero en el fondo del alma
fue el rayo que hiende un tronco,

y en medio de la existencia
me sentí perdido y solo.
Mi amor, que estaba dormido
volvió a despertar de pronto.
Fue un instante y fue la vida;
no fue nada y lo fue todo.

EN VANO

Capdevilla, Arturo

¡Cuánto verso de amor cantado en vano!
¡Oh, cómo el alma se me torna vieja
cuando me doy a recordar la añeja
historia absurda del ayer lejano!
¡Cuánto verso de amor gemido en vano!
Primero fue el nectario, y yo la abeja...
Después mi corazón halló en tu reja
la amargura que lo ha vuelto anciano.
¡Cuánto verso de amor perdido en vano!
Hoy están mis ventanas bien abiertas,
hay sol..., hay muchas flores... y es verano...
Pero da pena ver, junto a mis puertas,
en un montón de mariposas muertas,
¡tanto verso de amor llorado en vano!

NUPCIAL

Con indecisa y temerosa mano
la novia aparta de la casta frente
el ramo de azahar desfalleciente
que blanco ornaba su perfil pagano.
Y en medio de la noche, en el cercano
jardín susurra el céfiro impaciente
que trae con el eco de una fuente
la voluptuosa fiebre del verano.

Ya cierran la ventana. Claro lampo
de luna llena por las nubes vaga.
Tiembla la noche en el rumor del campo.
Y del divino amor en los altares,
a tiempo que la lámpara se apaga,
se mueren de pudor los azahares.

HAY QUE CUIDARLA MUCHO,
HERMANA, MUCHO...

Carriego, Evaristo

Mañana cumpliremos
quince años de vida en esta casa.
¡Qué horror, hermana, cómo envejecemos
y cómo pasa el tiempo, cómo pasa!
Llegamos niños y ya somos hombres;
hemos visto pasar muchos inviernos
y tenemos tristezas. Nuestros nombres
no dicen ya diminutivos tiernos,
ingenuos, maternales; ya no hay esa
infantil alegría
de cuando éramos todos a la mesa:
"Que abuelo cuente, que abuelita cuente
un cuento antes de dormir; que diga
la historia del rey indio..."

Gravemente

la voz querida comenzaba...

¡Siga

la abuela, siga, no se duerma!"

"¡Bueno!"

¡Ah la casa de entonces! ¡La modesta
casita donde todo era sereno,
nuestra casita de antes! No, no es ésta

la misma. ¿Y los amigos, las triviales
ocurrencias, la gente que vivía
en el barrio..., las cosas habituales?
¡Ah la vecina enferma que leía
su novela de amor!... ¿Qué se habrá hecho
de la vecina pensativa y triste
que sufría del pecho?
¡Era tan linda! Tú la conociste,
¿no te acuerdas, hermana?
Ella leía siempre una novela
sentada a una ventana.
Nosotros la mirábamos, y abuela
la miraba también ¡Pobre! Quién
sabe qué la afligía. A veces ocultaba
su bello rostro, de expresión muy suave,
entre sus blancas manos y lloraba...
¡Cómo ha ido cambiando todo, hermana,
tan despaciosamente! ¡Cómo ha ido
cambiando todo!... ¿Qué se irá mañana
de lo que todavía no se ha ido?
Ya la abuela no nos dirá su cuento.
La abuela se ha dormido, se ha callado.
La abuela interrumpió por un momento
muy largo el cuento amado.
Aquellas risas límpidas y claras
se han vuelto graves poco a poco, aquellas
risas que no se habrán de oír. Las caras
tienen sombras de tiempo en tiempo, huellas
de pesares antiguos, de pesares
que aunque se saben ocultar, existen.
En las nocturnas charlas familiares
hay silencios de plomo que persisten
hoscos, malos. En torno de la mesa
faltan algunas sillas. Las miradas

fijas en ellas, como en sorpresa,
evocan dulces cosas esfumadas,
rostros llenos de paz, un tanto inciertos
pero nunca olvidados. "¿Y los otros?",
nos preguntamos muchas veces. Muertos
o ausentes, ya no están; sólo nosotros
quedamos por aquellos que se han ido;
y aunque la casa nos parezca extraña,
fría, como sin sol, aún el nido
guarda calor: mamá nos acompaña.
Resignada, quizás, sin un reproche
para la suerte ingrata, va olvidando,
pero, de cuando en cuando, por la noche,
la sorprendo llorando.
"¿Qué tiene, madre? ¿Qué es lo que la apena?
¿No se lo dirá a su hijo...", al hijo viejo?
Vamos, madre, no llore, sea buena,
no nos aflija más... ¡Basta! "Y la dejo
calmada, libre al fin de la amargura
de su congoja atroz, y así se duerme...,
¡húmedas las pupilas de ternura!
¡Ah, Dios no quiera que se nos enferme!
Es mi preocupación... ¡Dios no lo quiera!
Es mi eterno temor. ¡Vieras! No puedo
explicártelo. Si ella se nos fuera...
¿Qué haríamos nosotros? Tengo miedo
de pensarlo. Me admiro
de cómo ha encanecido su cabeza
de estos meses últimos: la miro,
la veo vieja, y siento una tristeza
tan grande... ¿Esa aprensión nada te anuncia,
hermana? Tú tampoco estás tranquila:
tu perdida alegría te denuncia...
También, tu corazón bueno vigila.

Yo no sé, pero creo que me falta
algo cuando no escucho
su voz. Una inquietud me asalta...
¡Hay que cuidarla mucho, hermana, mucho!...

ENCANTO DE LUNA Y AGUA

Casona, Alejandro

I

La luna pesca en el charco
con sus anzuelos de plata.
El sapo canta en la yerba,
la rana sueña en el agua.
Y el cuco afila la voz
y el pico contra las ramas.

II

Con su gesto de esmeralda,
la rana, soltera y sola,
desnuda al borde el agua.
La luna, quieta y redonda.
—Cuco, cuclillo,
rabiquín de escoba,
¿cuántos años faltan
para la mi boda?

III

Habló el cuco desde el árbol;
—Rana pelona,
chata y fondona,
si quieres maridar,
rana pelona,
habrás de saber cantar..
Cantar y bailar...

y llevar a la luna
del agua a tu ajuar.

IV

Estaba la rana
con la boca abierta;
le cayó la luna
como una moneda.
Chapuzón, y al charco...
¡Hoy cantó la rana
un cantar tan blanco!

V

Dijo la rana: —¡Qué linda canción!
Dijo el sapo: —De luna y amor.
Dijo la rana: —De amor sin marido...
Dijo el sapo: —Yo duermo contigo.
Dijo la rana: —Preñada me quedo.
Dijo el sapo: —De un gran caballero.

VI

La rana parió un lucero...
¡Mi Dios, cómo lo besaba!
Todas las mañanas viene
a verlo a la luz del alba.
—¿Cuánto me das, lucerito,
por que te saque del agua?
—Yo no quiero que me saques,
ni ser estrella de plata,
que yo tengo sangre verde
de yerbas y de espadañas.

VII

¡Ay mi casita de juncos,

EL PARQUE DE MARIA LUISA

Cavestany, Juan Antonio

Escuche usté, amigo:
¿Ha estao usté en Sevilla?
¿Ha visto usté el Parque
de María Luisa?
¿Que no lo conoce?
¿Que no ha estao usté allí?
Pues... usté no sabe
lo que es un jardín.
No, señó:
se lo digo yo.
El parque —el paraíso— está en la orilla
del río más juncal y más cañí
que hizo Dios, para lucirse haciendo ríos...,
el Guadalquiví...
El río de la gracia y el salero,
que en eso da lecciones hasta el mar,
porque el mar es más grande, tié más agua,
pero menos sal.
Un cachito e **tierra,**
o un cachito e gloria,
se puso a echá flores,
se puso a echá rosas,
claveles y azahares
y nardos y aromas
(¡vamos, que las plantas

110

se volvieron locas!),
y salió aquel parque...
¡Ay Jesú, qué cosa!...
Como pa er regalo
de una reina mora,
o pa que los ángeles
tuviesen alfombra...
Un mantón de Manila
con mil bordaos,
donde los pajaritos
no son pintaos,
sino de veras...
¡Hay que |ruiseñó| que canta
por peteneras!
Un mantón que deslumbra
con sus reflejos,
donde las rosas nacen
entre azulejos,
y por hermosas,
también corren las fuentes
sobre las rosas.
¿Quién bordó ese pañuelo
de pedrería?
El sol, el sol bendito
de Andalucía...
Pañuelo moro
al que le dio por flecos
sus rayos de oro.
En fin, que es ése un parque
neto, serrano,
andaluz, con hechuras,
juncal, gitano...
¡La maravilla!
¡El pañalón de flores

de mi Sevilla!
Pos, misté una cosa
que no va a creé:
ese jardinillo
lo jiso un fransé.
¿Qué tendrá mi tierra
(yo me jago cruces)
que hasta los franceses
los vuelve andaluses?...
¿Que dirá el gabacho
cuando vaya al Boá?
—Esto es cualquier cosa...
¡Pa jardín..., allá!
El querrá de fijo,
si se va a París,
jacer otro parque
como él hizo allí,
y no va a salirle...
¡Qué le va a salir!,
si el sol de su tierra
parece un candil
y las jembras disen
madán por gachí...
Que venga primero,
si quiere lucir,
a aprender el Sena
del Guadalquivi.
Los claveles del parque
de mi Sevilla
se suben ellos solos
a la mantilla.
Con las que en mayo nacen
en su lindero
hay pa cubrir de rosas

el mundo entero.
Ca naranjillo tiene
diez ruiseñores,
y es aquello una orgía
de luz y flores

cuando entre los rosales
que besa el río
pasa dándole celos
el mujerío.
Aquello es gloria pura
que Dios envía...
¡Vamos..., la borrachera
de la alegría!
Tó se ríe: las flores,
la tierra, el viento...
¡Hasta el cielo parece
que está contento!
Que el cielo en esas tardes
dice a Sevilla:
"¡Buen jardinillo tienes!...
¡Anda, chiquilla!...
Dios mismo es quién t'ha dao
tu pañolón...
"¡**Vaya si estás**
serrana
con el mantón!"
¿Y usté no ha estao nunca
en er parque aquel?
Pues usté no sabe
lo que es un vergel...
No, señó:
no lo sabe usté,
¡se lo digo yo!

MADRIGAL

Cetina, Gutierre de

Ojos claros, serenos,
si de dulce mirar sois alabados,
¿por qué si me miráis, miráis airados?
Si cuanto más piadosos,
más bellos parecéis a aquel que os mira;
no me miréis con ira,
porque no parezcáis menos hermosa.
¡Ay, tormentos rabiosos!
Ojos claros, serenos,
ya que así me miráis, miradme al menos.

LOS MEJORES OJOS

Conto, César

Ojos azules hay bellos,
hay ojos pardos que hechizan
y ojos negros que electrizan
con sus vívidos destellos.
Pero, fijándose en ellos,
se encuentra que, en conclusión,
los mejores ojos son,
por más que todos se alaben,
los que expresar mejor saben
lo que siente el corazón.

CANCIONES

Cruz, San Juan de la

En una noche oscura,
Con ansias en amores inflamada,

114

¡Oh, dichosa ventura!,
Salí sin ser notada,
Estando ya en mi casa sosegada.

A oscuras y segura,
Por la secreta escala, disfrazada,
¡Oh, dichosa ventura!,
A oscuras, encelada,
Estando ya en mi casa sosegada,

En la noche dichosa,
En secreto, que nadie me veía,
Ni yo miraba cosa,
Sin otra luz ni guía,
Sino la que en la luz de mediodía,

Adonde me esperaba
Quien yo bien me sabía,
En parte donde nadie parecía.

¡Oh, noche amable más que el alborada!
¡Oh noche que juntaste
Amado con amada,
Amada en el Amado transformada!

En mi pecho florido,
Que entero para él solo se guardaba,
Allí quedó dormido,
Y yo le regalaba,
Y el ventalle de cedros aire daba.

El aire del almena,
Cuando ya sus cabellos esparcía,
Con su mano serena
En mi cuerpo hería,
Y todos mis sentidos suspendía.

Quedéme y olvidéme,
El rostro recliné sobre el Amado,
Cesó todo, y dejéme,
Dejando mi cuidado

Entre las azucenas olvidado.
. . . .

Un pastorcito solo está penado,
Ajeno de placer y de contento,
Y en su pastora firme el pensamiento,
Y el pecho del amor muy lastimado.
No llora por haberle amor llagado,
Que no se pena en verse así afligido,
Aunque en el corazón está herido:
Mas llora por pensar que está olvidado.
Que sólo de pensar que está olvidado
De su bella pastora, con gran pena
Se deja maltratar en tierra ajena,
El pecho del amor muy lastimado.
Y dice el pastorcito: ¡Ay desdichado
de aquel que de mi amor ha hecho ausencia
Y no quiere gozar de mi presencia,
Y el pecho por su amor muy lastimado!
Y a cabo de un gran rato se ha encumbrado
Sobre un brazo dó abrió sus brazos bellos,
Y muerto se ha quedado, asido a ellas,
El pecho del amor muy lastimado.

CANCION DE ANTONIO

Cervantes Saavedra, Miguel de

Yo sé, Olalla, que me adoras,
puesto que no me lo has dicho
ni aun con los ojos siquiera,
mudas lenguas de amoríos.
Porque sé que eres sabida
en que me quieres me afirmo;
que nunca fue desdichado

116

amor que fue conocido.
Bien es verdad que tal vez,
Olalla, me has dado indicio
que tienes de bronce el alma
y el blanco pecho de risco.
Mas allá entre tus reproches
y honestísimos desvíos,
tal vez la esperanza muestra
la orilla de tu vestido.
Abalánzase al señuelo
mi fe, que nunca ha podido.
ni menguar por lo llamado,
ni crecer por escogido.
Si el amor es cortesía,
de la que tienes colijo
que el fin de mis esperanzas
ha de ser cual imagino.
Y si son servicios parte
de hacer un pecho benigno,
algunos de los que he hecho
fortalecen mi partido.

Porque si han mirado en ello,
más de una vez habrán visto
que me he vestido en los lunes
lo que me honraba el domingo:
Como el amor y la gala
andan un mesmo camino,
en todo tiempo a tus ojos
quise mostrarme polido.
Dejo el bailar por tu causa,
ni las músicas te pinto
que has escuchado a deshoras
y el canto del gallo primo.

No cuento las alabanzas
que de tu belleza he dicho;
que, aunque verdaderas, hacen
ser yo de algunas malquisto.
Teresa del Berrocal,
yo alábandote, me dijo:
"Tal piensa que adora a un ángel
y viene a adorar a un jimio,
Merced a los muchos dijes
y a los cabellos postizos,
y a hipócritas hermosuras,
que engañan al amor mismo"
Desmentíla y enojóse;
volvió por ella su primo
desafióme y ya sabes
lo que yo hice y él hizo.
No te quiero yo a montón,
ni te pretendo ni sirvo
por lo de barraganía;
que más bueno es mi designio.
Coyundos tiene la Iglesia
que son lazadas de sirgo;
pon tú el cuello en la gamella:
verás como pongo el mío.
Donde no, desde aquí juro
por el santo más bendito
de no salir de estas sierras
sino para capuchino.

ALTISIDORA INCREPA A DON QUIJOTE

—Escucha, mal caballero;
detén un poco las riendas;
no fatigues las ijadas
de tu mal regida bestia.

Mira, falco, que no huyes
de alguna serpiente fiera,
sino de una corderilla
que está muy lejos de oveja.
Tú has burlado, monstruo horrendo,
la más hermosa doncella
que Diana vio en sus montes,
que Venus miró en sus selvas.
Cruel Vireno, fugitivo Eneas,
Barrabás te acompañe; allá te avengas;
Tú llevas, ¡llevar impío!,
en las garras de tus cerras,
las entrañas de una humilde,
como enamorada, tierna.

Llévate tres tocadores,
y unas ligas, de unas piernas
que al mármol puro se igualan
en lisas, blancas y negras.
Llévate dos mil suspiros,
que, a ser de fuego, pudieran
abrasar a dos mil Troyas que hubiera.
Cruel Vireno, fugitivo Eneas,
Barrabás te acompañe; allá te avengas.

De ese Sancho tu escudero
las entrañas sean tan tercas
y tan duras, que no salga
de su encanto Dulcinea.

De la culpa que tú tienes
lleve la triste la pena;
que justos por pecadores
tal vez pagan en mi tierra.
Tus más finas aventuras
en desventuras se vuelvan,
en sueños tus pasatiempos,

en olvidos tus firmezas.
Cruel Vireno, fugitivo Eneas
Barrabás te acompañe; allá te avengas.
Seas tenido por falso
desde Sevilla a Marchena,
desde Granada hasta Loja,
de Londres a Inglaterra,
si jugases al reinado,
los cientos, o la primera,
los reyes huyan de ti;
ases ni sietes no veas,
Si te cortares los callos,
sangre las heridas viertan,
y quédente los raigones
si te sacares las muelas.
Cruel Vireno, fugitivo Eneas,
Barrabás te acompañe; allá te avengas.

LA MADRE DEL POETA

En memoria de Antonio Machado

Camín, Alfonso

—Madre, que nos vamos
y Manuel no está.
—Dicen que se ha ido,
pero volverá.
—Madre, que la guerra
no está para andar
por esos caminos
con ochenta ya.
—Si no voy contigo,
marcharé detrás.
—Madre; siete lobos
fuí anoche a matar;

perseguí sus sombras
y tiré el puñal;
que eran siete obuses
sobre el olivar.
Voy a ver que hicieron;
déjame ir allá.
—Si no voy contigo,
marcharé detrás.
—Madre: tengo frío,
toso y nada más
y aunque tú me arropas,
manos de rosal,
ojos de mi cuello,
pecho de torcaz,
tú tampoco puedes
calentarme ya.
Madre: estoy enfermo,
voy a un hospital.
—Si no voy contigo,
marcharé detrás.

—Madre: ¡adiós España!
los traidores ya
vienen como lobos
y huye el recental.
Sobre las palomas
vuela el gavilán;
torres sin cigüeñas,
niños sin hogar.
¡Ay cuántas desgracias
trajo un rabadán
hasta el Pirineo,
desde Gibraltar!
Un dolor errante

y otro dolor más;
solos en la senda
sin poder andar,
¡Solos! Como España,
toda en soledad,
Tú, tan viejecita,
yo, como el que más,
tiritando vamos,
siempre más allá,
sin tener abrigo,
sin que tengas pan,
bajo los obuses
de la adversidad.
—Si no voy contigo
marcharé detrás.

¡Ay tierras de Francia!
Qué amargas están,
sin que a Don Quijote,
sol del ideal,
venga a recibirlo
vuestro Bergerac.

Yo voy a la arena
y al viento. Tu irás,
madre del Cachorro,
pena sin sangrar,
entre arena y viento
sobre el huracán,
a donde te lleven,
luna de mi paz,
lancha sin remeros
y ola sin el mar.
—Si no voy contigo,
marcharé detrás.

Madre, ¡que me ahoga

tanta soledad,
que era ayer llanura
y hoy es espinar!
Ya no tengo frío;
no me arropes ya,
cepa de mis viñas,
manos de rosal,
miel entre romero
y agua por San Juan.
Siento que no siento,
miro sin ver ya.
Novia de Sevilla,
torre sin cantar,
sin mis soledades,
¿dónde quedarás?
Por tierras de Francia
odio y vendaval,
reina que descalza
sobre el cardo va.
—No te apures, hijo,
pena de cristal.
Si no voy contigo,
marcharé detrás.
Fosa sin entierro,
muerto sin hogar,
crimen sin justicia,
lágrima racial,
sol que no ha querido
monstruos alumbrar
y, antes que en mazmorras
muere en libertad;
dos soldados negros
—noche en Senegal—
entre cuatro pobres

tablas sin pintar,
peregrino eterno,
de la soledad,
al mejor poeta
llevan a enterrar.
¿Dónde está Roxana?
¿Dónde el Capitán
de la noble espada
y el airón lunar?
Francia sin poetas
como España está;
sotas de villanos
manchan el solar
y un París de lepra
baila su cancán.
Cae aquí de bruces,
se levanta allá,
triste y rezagada
por el arenal,
sola va una madre
trémula y tenaz,
lámpara y cenizas
con el funeral;
los nublados ojos,
lágrimas la faz,
fijos en la caja
que va lejos ya:
—No te apenes, hijo;
vuelvo a caminar.
Si no voy contigo,
marcharé detrás.
A las pocas horas,
sobre el arenal
de la Francia —cardo

124

y odio montaraz—,
cuando ya no hay leños
con qué calentar,
ni una tierra amiga
con la flor del pan
y a unas soledades
va otra soledad,
se murió la anciana,
mínima y tenaz;
y aún en su delirio
dice al expirar,
cepa que sin armas
los racimos da:
—Aunque no me digas
manos de rosa;
y aunque no haga falta
que te arrope ya,
como no hay caminos
—rosa o pedernal—
para andarlos juntos,
lirio de San Juan,
donde tú descansas
quiero descansar.
¿No te lo decía,
pecho de coral
y alma que no supo
nunca sola andar?
Sombra de tu sombra,
luna de tu erial,
adonde tu vayas
siempre irá mi afán.
¡Si no voy contigo,
marcharé detrás!

MIEDO

Caballero, Manuel

Mil veces he intentado
decirte que te quiero,
mas la ardorosa confesión, mi vida,
se ha vuelto de los labios a mi pecho.
¿Por qué, niña? Lo ignoro.
¿Por qué? Yo no lo entiendo.
Son blandas tu sonrisa y tu mirada,
dulce es tu voz, y al escucharla tiemblo.
Ni al verte estoy tranquilo,
ni al hablarte sereno.
Busco frases de amor y no las hallo.
No sé si he de ofenderte y tengo miedo.
Callando, pues, me vivo
y amándote en silencio,
sin que jamás en tus dormidos ojos
sorprenda de pasión algún destello.
Dime si me comprendes,
si amarte no merezco.
Dí si una imagen en el alma llevas...
Mas no... no me lo digas... ¡tengo miedo!
Pero si el labio calla,
con frases de los cielos
deja, mi vida, que tus ojos digan
a mis húmedos ojos... ya os entiendo;
deja escapar del alma
los rítmicos acentos
de esa vaga armonía, cuyas notas
tienen tan sólo el corazón por eco.
Deja al que va cruzando
por áspero sendero,
que si no halla la luz de la ventana,

tenga la luz de la esperanza al menos.
Callemos en buena hora
pues que al hablarte tiemblo,
mas deja que las almas, una a una,

se cuenten con los ojos sus secretos...
Dejemos que se digan
en ráfagas de fuego
confidencias que escuche el infinito

frases mudas de encanto y de misterio.
Dejemos, si lo **quieres,**
que sientes lo que siento,
beso puro que engendren las miradas
y que tan bello porvenir es nuestro.

Dime así que me entiendes,
que estallen en un beso,
que es el porvenir de luz y flores
y suba sin rumor hasta los cielos.
Dí que verme a tus plantas
es de tu vida el sueño,
dime así cuanto quieras... cuanto quieras.
De que me hables así... no tengo miedo.

TU AUSENCIA

Castillo, Enrique

Tu ya no tienes forma,

ya no tienes espacio,
estás y no te encuentras.
Huyendo me recuerdas
tu figura ceñida
ocupando el **vacío** de tu cuerpo.
Tiembla tu imagen orgullosa,
alta, alojada en un eco

sin hacer huella de presencia dura.
Y me azoro y presencio
un leve movimiento
una tenue manera de tocarme,
un modo tuyo, tu sonrisa
tallada en lo intocable,
más pulida, más tersa.
Adoro tu desdén de estar presente
en las tres dimensiones
y en la tarde inasible.
Por eso dejo hacer. Que todo gire
hacia tu encanto, presencia pura.

EL CRISTO DE MI CABECERA

C. Navarro, Rubén

Cuando estaba solo... solo en cabaña,
que construí a la vera de la audaz montaña,
cuya cumbre ha siglos engendró el anhelo
de romper las nubes... y tocar el cielo;
cuando sollozaba con el desconsuelo
de que mi Pastora —más que nunca huraña—,
de mi Amor al grito nada respondía;
cuando muy enfermo de Melancolía,
una voz interna siempre me decía
que me moriría
si su almita blanca para mí no fuera,
¡le rezaba al Cristo de mi cabecera,
porque me quisiera...!
¡porque me quisiera!...
. . . .
Cuando nos unimos con eternos lazos
y la pobrecita me tendió sus brazos
y me dio sus besos y alentó mi fe;

cuando en la capilla de la Virgen Pura
nos bendijo el cura,
y el encanto vino y el dolor se fue;
cuando me decía,
loca de alegría,
que su vida toda para mí sería...
¡le rezaba al Cristo de mi cabecera,
por que prolongara nuestra Primavera...!
¡Por que prolongara nuestra Primavera...!
Cuando sin amparo me dejó en la vida
y en el pobre lecho la miré tendida;
cuando até sus manos, que mostraban una
santa y apacible palidez de luna
y corté su hermosa cabellera bruna,
que en el fondo guardo de mi viejo arcón;
cuando, con el alma rota en mil pedazos,
delicadamente la tomé en mis brazos
para colocarla dentro del cajón;
cuando muy enfermo de Melancolía,
una voz interna siempre me decía
que ya nada, ¡nada! me consolaría,
¡le rezaba al Cristo de mi cabecera
por que de mis duelos compasión tuviera...!
...¡por que de mis duelos compasión tuviera!...
Hoy que vivo solo... solo, en mi cabaña,
que construí a la vera de la audaz montaña,
cuya cumbre ha siglos engendró el anhelo
de romper las nubes y besar el cielo;
hoy que por la fuerza del dolor, vencido,
busco en el cielo mi rincón de Olvido;
mustias ya las flores de mi Primavera;
triste la Esperanza y el Encanto ido;
rota la quimera,
muerta la Ilusión...

¡ya no rezo al Cristo de mi cabecera...!
¡Ya no rezo al Cristo... que jamás oyera
los desgarramientos de mi corazón!...

SOMBRA EN CAMINO

Caceres Carenzo, Raúl

Por esta carretera, anegada de olvido,
sembrada de faros repentinos,
de miradas que empujan mis pasos a la sombra,
de enfermos crepúsculos y horizontes sangrando...
se pasearon las células tristísimas y en ronda
de aquel mi antiguo cuerpo, tan parchado y en
[calma,
que no pedía nada, tenía la distancia,
su mirada tan sólo lo arrastraba tras ella...
Y entonces el camino formó una enredadera
que avanzaba a la noche.
que pedía al silencio su máscara de olvido.
Y quedaron prendidos mis deseos
en las altas estrellas fulgurantes de espera
y en las hierbas mojadas del sudor de la tierra
quedaron pensativos
mi cerebro... y la luna.

ELEGIA POR LA MUERTE DE JUAN RAMON JIMENEZ

Cruz, Salvador de la

Tengo la boca seca y el corazón sediento,
porque una sacudida del viento de tu tierra
nos arrojó a la playa estrecha
donde la espiga de tu cuerpo ya no tiene alas.
Estábamos absortos, contemplando la lucha

del hombre por el hombre, sobre el tablado
                                    [incierto
de nuestra geografía, más inestable que los ríos;
tan insegura como el paso de las nubes del cielo.
Cuando una voz mayor que el ruido de este caos
nos anunció tu muerte, diciéndonos que estabas
yerto y frío en tu lecho, rodeado de palabras
que contaban como ángeles tu paso por la tierra.
Todo tú fuiste luego un recuerdo sin límites,
la voz de nuestra infancia que, en la noche
                                    [infinita,
nos despierta, llamándonos a un alba en la que
                                    [vuelan
los pájaros, en maduros racimos de alegría.
Nadie mantuvo igual que tú, la llama
de la pasión total por la belleza antigua,
nadie fue como tú caballero con sus armas,
defendiendo del vulgo tu almenada poesía.
Inerme y solitario navegaste por mares
que habitaban sirenas de pecho enamorado,
y cuando regresabas al puerto, no llevabas
más que un fulgor de luna en las trémulas
                                    [manos.
De ti habrá de decirse que fuiste como un clavo
ardiente en la sedienta piel de España,
o el gemido de un niño, o el aroma del cuerpo
que deja, a nuestro paso, la mujer que deseamos.
Mejor diré que fuiste el cuchillo implacable
que mantuvo suspenso, sobre mí, la poesía,
y que has muerto como mueren las rosas,
de un estremecimiento musical en la tarde.

REDONDILLAS

Hombres necios que acusáis
a la mujer sin razón,
sin ver que sois la ocasión
de lo mismo que culpáis.
Si con ansia sin igual
solicitáis su desdén
¿por qué queréis que obren bien
si la incitáis al mal?
Combatís su resistencia
y luego, con gravedad,
decís que fue liviandad
lo que hizo la diligencia.
Parecer quiere el denuedo
de vuestro parecer loco,

el niño que pone el coco
y le tiene luego miedo.
Queréis, con presunción necia,
hallar a la que buscáis;
para pretendida, Thais,
y en la posesión Lucrecia.

¿Qué humor puede ser más raro
que el que, falto de consejo,
él mismo empaña el espejo
y siente que no esté claro?
Con el favor y el desdén
tenéis condición igual,
quejándoos si os tratan mal,
burlándoos si os quieren bien.
Opinión ninguna gana,
pues la que más se recata
si no os admite, es ingrata
y si os admite, es liviana.

Siempre tan necios andáis,
que con desigual nivel,
a una culpáis por cruel
y a otra por fácil culpáis.

¿Pues como ha de estar templada
la que vuestro amor pretende
si la que es ingrata ofende,
y la que es fácil enfada?
Mas entre el enfado y pena
que vuestro gusto refiere,
bien haya la que no os quiere
y quejáos, ¡horabuena!
Dan vuestras amantes penas
a sus libertades alas,
y después de hacerlas malas
las queréis hallar muy buenas.

¿Cuál mayor culpa ha tenido
en una pasión errada,
la que cae de rogada
o el que ruega de caído?

¿O cuál es más de culpar,
aunque cualquiera mal haga:
la que peca por la paga
o el que paga por pecar?
¿Pues para qué os espantáis
de la culpa que tenéis?
queredlas cual las hacéis
o hacedlas cual las buscáis.
Dejad de solicitar,
y después, con más razón,
acusaréis la afición
de la que os fuere a rogar.
Bien, con muchas armas fundo

que lidia vuestra arrogancia:
pues en promesa e instancia,
juntáis diablo, carne y mundo.

SONETO

En perseguirme, mundo, ¿qué interesas?
¿En qué te ofendo, cuando sólo intento
poner bellezas en mi entendimiento
y no mi entendimiento en las bellezas?
Yo no estimo tesoros ni riquezas
y, así, siempre me causa más contento
poner riquezas en mi entendimiento
que no mi entendimiento en las riquezas.
Yo no estimo hermosura que, vencida,
es despojo servil de las edades,
ni riqueza me agrada fementida,
teniendo por mejor, en mis verdades,
consumir vanidades de la vida,
que consumir la vida en vanidades.

LA EXPERIENCIA

Chamizo, Luis

Ven p'acá, hija mía,
que yo soy ya vieja
y ya di ese paso que tú das agora,
y viví esa vida que llamamos güena,
y estrujé mis ojos pa secarme el llanto,
que a juerza de llanto m'entró la experiencia.
Hija de mi arma, si paece mentira
que ya estéis casados dambos po la Iglesia.
Si a mí me paece mentira; que sois dos muñecos
entoavia, Teresa,
pa dirse con tiento, pa gastó los cuartos,

134

p'atendé a los gorpes de las desigencias,
pa jacé formales el troncón robusto
d'una nueva casta que dé castas nuevas:
..unos chirivines que paescan d'azogue,
qu'estruyan, qu'arañen, que muerdan,
que lloren con genio, qu'estrocen, que chillen,
que jagan pucheros al jacerles fiesta...
¡Míala como jimpla la recandonga
cuando se le parla de cosinas tiernas!
¡Ejate de mimos y delicadezas,
si ya estáis casados dambos po la Iglesia!

Escucha, hija mía,
y no te capriches con tu conveniencia,
que la vida es corta,
mu corta y mu güena
pa los que vivimos de nuestro trabajo
y estamos contentos con nuestra pobreza.
Hay que ver cómo rebalan los días,
y pasan los años, y s'hace una vieja,
rebuscando siempre lo desconocío,
siempre suspirando por cosinas nuevas.
Primero la noche d'estar dambos solos

con nuestras querencias,
y en dispués los hijos, y en dispués los nietos,
y en dispués el pago de nuestra conciencia.
Mi Juan es un santo:
tié sus cosillas como tié cuarquiera,
pero si tiés ley y tiés mucha labia
y sabrás llevarle por güena vera;
porque mía tú, hija, aquí pa nosotras,

toítos los hombres son como si jueran
unos muñequines d'esos bailarines
qu'un jilillo jace danzar en la feria:
nosotros los vemos, mu encaprichamos

y mercamos uno, a tontas y a ciegas,
sin que nus endilguen los revendeores
de los chismecitos, qu'enganchan la cuerda.
Y es claro, qu'aluego, ¡que quiés, morena!.
qu'icen que no bailan, que no se menean,
que t'andas espacio pa dir a enterate,
y que ya se jueron los tíos de la feria...,
y anda, ponte moños, búale el risorte
de la bailaera...
También las mujeres semos como semos,
mus da a los lujos de las vestimentas,
desageradoras y amigas de chismes
y de requilorios y de cuchafletas.
Tu, hija mía, precura
seguir las lecciones que da la experiencia,
que yo te iré lo qu'has de jacete
pa que vos resulte la vida mu güena.
Amos a ver, mía: esta mesma noche,
asín qu'arrematen los mozos la fiesta,
sus diréis pal cuarto, pues bién...
¡Ay qué contra y qué mimosina
t'has güerto, Teresa!,
¡si ya estáis casaos
dambos po la Iglesia!.

SOMBRAS

Chávarri Gregorio de

Amo el atardecer, cuando sombrío
muere el sol y los campos se obscurecen.
Amo las margaritas que florecen
junto a la losa del sepulcro frío.
Al viejo claustro, al caserón vacío,
cuyos muros se ocultan y ennegrecen
bajo la hiedra y, tétricos, me ofrecen

la callada quietud que tanto ansío.

Amo, en las noches del invierno helado,
la majestad del templo abandonado;
y a la voz amo, en fin, de la campana,
cuyo ronco tañido nos advierte
que la paz no se logra ni se gana
sin pisar los umbrales de la muerte.

CAFE, TABACO Y CAÑA

Chocano José, Santos

Esta es la historia de tres princesas,
que parece una fábula de esas
en que se impone verso español...
¡Esta es la historia o el cuento de Hadas
de tres princesas enamoradas
—a un mismo tiempo las tres— del Sol!
La una es negra, de ojos ardientes
y labios rojos, en que los dientes
jáctanse de una risa cruel:
limpio azabache su carne dura,
por un milagro se hace escultura,
porque en tal carne no entra el cincel.
India es la otra, de faz cobriza,
por sobre cuya tez se desliza
y se difunde gota de miel:
temblor de plumas le hace guirnalda,
cruje haz de flechas sobre su espalda,
corren tatuajes bajo su piel...
la otra es blanca como la nieve;
por sus cabellos el oro llueve
sobre los hombros en plenitud.
Ella es la rubia virgen incauta:
sus labios piden sólo una flauta;

sus manos sueñan con un laúd...
(El Sol las llama... Las tres amantes
salen un día de sus distantes
tierras en busca del dulce bien;
y, así, la suerte juntarlas quiso
donde el Sol puso su paraíso,
en el que luego formó un harén.)
Cuando el Sol, harto ya de su coche,
saltaba a tierra a pasar la noche,

solía en juegos de tanto afán,
que al fin, tejía red de placeres,
con que, en los brazos de tres mujeres,
se iba él durmiendo como un sultán...

La amante negra se entretenía
con cuentos de ardua filosofía;
la india, siempre danzando a un son;
la rubia, apenas con el **hechizo**
que por los labios en un carrizo
le iba fluyendo del corazón...

—Cuenta tus cuentos, amada mía,
te los oyera yo hasta que el día
me hiciese, al cabo, volver en mí...
(El Sol le hablaba, y ella no oía.)
Responde: ¡Tú eres la poesía?—
Ella temblando murmuró: —Sí...

—Baila tus bailes, mi amada bella.
Sabré con besos borrar la huella
que en mis alfombras dejen tus pies...
(el Sol corría siempre tras ella.)
¿Tú eres la danza? —Ya tú lo ves...

—Sopla el carrizo, mi bien amada.
¿Quién no es, si te oye, sierpe encantada?...
(El Sol la urgía con intención...)
¿Tú eres la Música?—Ella apegada

138

contra el carrizo, no dijo nada,
mas siguió dándole el corazón...
Sucedió entonces que el Sol —tal quiso
volver el trópico un Paraíso—
por arte mágico hizo ante él
echar raíces a sus amantes;
y las princesas que fueron antes,
néctar se hicieron y aroma y miel...
Besó en los ojos a la de obscura
faz, e infundióle sacra locura:
la fiebre insomne del Ideal...
Su cabellera soltó ella al viento,
y a sus espaldas, en un momento,
brotó el prodigio de un cafetal...
El café lírico es la princesa
que nunca duerme y acaba presa
dentro de un grano como un coral:
el sueño quita y hace derroches
de fantasía mil y una noches,
como el bello libro oriental.
A la cobriza princesa, el fuego
del Sol un ósculo impuso luego
sobre los leves y ágiles pies;
y retorciéndose en espirales,
se hundió ella en tierra: sus funerales
fueron ceniza y humo después...
En el tabaco duerme escondida
una princesa que huye a otra vida
entre chispazos de íntimo hogar:
sale del trágico encantamiento,
y en el velo blanco se arroja al viento,
y a paso lento rompe a bailar...
A la princesa rubia, en la frente,
por fin, besóla trémulamente

el Sol: ella hubo tanta emoción,
que clavó en tierra la flauta, en donde
desde ese instante su miel esconde
la melodía de una canción.
Caña de azúcar es soñadora
princesa, en cuyos labios ya ahora
la flauta no hace ritual papel;
mas si en obsequio de los sentidos
no da esa caña dulces sonidos,
es porque en cambio destila miel...
Una princesa borda el desvelo,
otra en su danza sacude un velo
y otra ha una torre de albo cristal.
El café iluso provoca el vuelo...
El tabaco hace mirar al cielo...
La caña triunfa sobre el panal.
Esta es la historia de tres princesas,
que parece una fábula de esas
en que se impone verso español.
¡Esta es la historia o el cuento de hadas
de tres princesas enamoradas
—a un mismo tiempo las tres— del Sol!

DE VIAJE

Ave de paso,
fugaz viajera desconocida:
fue sólo un sueño, sólo un capricho, sólo un ocaso;
duró un instante, de los que llenan toda la vida.

No era la gloria del paganismo,
no era el encanto de la hermosura plástica y recia.
Era algo suave, nube de incienso, luz de idealismo.
¡No era la Grecia:

era la Roma del Cristianismo!
Ida es la gloria de sus encantos,
pasado el sueño de su sonrisa.
Yo lentamente sigo la ruta de mis quebrantos;
ella ha fugado como un perfume sobre una brisa.
Quizá ya nunca nos encontremos;
quizá ya nunca veré a mi errante desconocida;
quizá la misma barca de amores empujaremos,
ella de un lado, yo de otro lado, como dos remos,
¡toda la vida bogando juntos y separados toda la
                                  [vida!...

EL SUEÑO DEL CAIMAN

Enorme tronco que arrastró la ola,
yace el caimán varado en la ribera;
espinazo de abrupta cordillera,
fauces de abismo y formidable cola.
El Sol lo envuelve en fúlgida aureola,
y parece lucir cota y cimera,
cual monstruo de metal que reverbera
y que al reverberar se tornasola.
Inmóvil como un ídolo sagrado,
ceñido en mallas de compacto acero,
está ante el agua extático y sombrío,
a manera de un príncipe encantado
que vive eternamente prisionero
en el palacio de cristal de un río.

NOCTURNO

Está todas las noches abierta mi ventana,
y un viento sur, un viento que se acerca soñando

como la voz medrosa de una tierra lejana,
quién sabe desde dónde, quién sabe desde
[cuándo,
entra en las soledades de mi nocturna estancia
y llena mis sentidos de música y fragancia...
yo en esta noche he oído no sé que amado acento
que incorporar me hace y abandonar mi asiento,
asomarme a la abierta ventana, oler el viento
y contar las estrellas que hay en el firmamento.
¿Quién me llama? ¿Quién osa penetrar en mi
[abismo
interior? ¿Quién me busca? ¿Quién habla? Soy
[yo mismo.
Soy yo mismo que gozo con recordar mi infancia
y mirar mis antiguas cosas a la distancia,
que se ofrecen envueltas en un vago reflejo,
como un plafón del alma visto sobre un espejo.
¡Oh niñez taciturna de niño que no juega!
Padre marcial, hermana mística, madre griega...
Yo también, como el niño del homérico canto,
sentí en mis cuatro abriles el tembloroso espanto
de aquel hijo de Andrómaca estrechándose al
[seno
maternal ante el héroe ceñido en su armadura.
El adiós de mi padre se ensordeció en un trueno
y sólo oí el galope de una cabalgadura.
Padre marcial, hermana mística, madre griega...
¡Oh niñez taciturna de niño que no juega!
¡Cuán trágica la hora! Mi hermana, en tanto
[implora.
Mi madre es en el cuadro la única que no llora:
ella tiene en sus nervios toda la santa ira
que después han tenido las cuerdas de mi lira.
Y la derrota vino como un ala siniestra

que huracanadamente barrió al fin la palestra.
Era justo. En los viejos palacios los señores
del vicio hereditario prostituían flores
en frentes cortesanas con toda la inconsciencia
elegante que tuvo Roma en la decadencia,
y en tresillos impropios de hombres fuertes y
[bravos,

en vez de áureas monedas, apuntaban esclavos...
Luego un luto de siglos. Honda paz, muda aldea,
campos indiferentes y sangre que se orea.
En las tierras doradas de nuevos resplandores,
sobre las tumbas frescas aparecieron flores...
Un amor... Dos amores... Los abriles mejores
vistieron, en los campos, mis campos interiores.
Y el mar, con la armonía de su monotonía,
entró pausadamene denro del alma mía:
viví así algunos años cual si fuesen un día,
y ante el mar, como Venus, nació mi poesía.
Cuando, al fin, de la infancia doblé la blanca
[hoja,

canté. Mi primer libro fue impreso en tinta roja.
Un viento de protestas estremeció mis ramas.
Mi volcán despedía rosas en vez de llamas...
¡Oh iras santas! Fue entonces cuando supe del
[hierro,

de la sal de una lágrima y del pan del destierro,
y fue entonces, entonces, cuando un día, en mi
[encierro,

vi asomarse a las rejas la maternal figura
serenamente como si fuese una escultura.
¡Oh madre mía! ¡Oh madre, que me enseñaste
[un día
a ser grande en el choque, tranquilo en la
[victoria,

reverberante dentro de la prisión sombría
y bueno hasta en los malos instantes de mi
                              [historia:
yo tengo el grande orgullo de que tu seas mía!
Hoy otra vez tu imagen, ya que otra vez soy
                              [preso
(de un suspiro que en vano quiere llegar a beso),
viene a alegrar las horas de esta noche en mi
                              [estancia
con este viento henchido de música y fragancia.
Y así es como dejando de ver el firmamento,
cierro al fin la ventana, retorno a mi aposento,
¡y fijo en esa imagen tenue que se desmaya,
cierro también los ojos para que no se vaya!...

NOSTALGIA

    Hace ya diez años
    que recorro el mundo.
    ¡He vivido poco!
    ¡Me he cansado mucho!
Quién vive de prisa no vive de veras:
quien no echa raíces no puede dar frutos.
Ser río que corre, ser nube que pasa,
sin dejar recuerdos ni rastro ninguno,
es triste, y más triste para quien se siente
nube en lo elevado, río en lo profundo.
Quisiera ser árbol mejor que ser ave,
Quisiera ser leño mejor que ser humo,
    y al viaje que cansa
    prefiero el terruño:
la ciudad nativa con sus campanarios,
arcaicos balcones, portales vetustos
y calles estrechas, como si las casas
tampoco quisieran separarse mucho...

144

Estoy en la orilla
de un sendero abrupto.

Miro la serpiente de la carretera
que en cada montaña da vueltas a un nudo;
y entonces comprendo que el camino es largo,
que el terreno es brusco,
que la cuesta es ardua,
que el paisaje es mustio...

¡Señor!, ya me canso de viajar, ya siento
nostalgia, ya ansío descansar muy junto
de los míos... Todos rodearán mi asiento
para que les diga mis penas y triunfos;
y yo, a la manera del que recorriera
un álbum de cromos, contaré con gusto
las mil y una noches de mis aventuras
y acabaré con esta frase de infortunio...
—¡He vivido poco!
¡Me he cansado mucho!

LA INUTIL TORRE

Solo en mi torre cristalina,
trabajo en el verso de la mina
que hay en mi propio corazón;
cada calvario me da un tema
y cada lágrima una gema
y cada injuria una canción.
Trepo en mi torre a lo mas alto,
y en actitud de dar un salto,
rompo en un grito de emoción;
algún oído me es piadoso,
mas yo me vuelvo hacia el reposo
de mi total renunciación...
¡Bendito el gesto desolado

con que el orgullo me ha encerrado
en esta torre de cristal!...
Nada me importa que el ambiente
nuble la estrella de mi frente
ni se alimente de mi mal...
Los que se gozan en la herida
saben que siempre de la vida
me vengaré con mi canción;
los que se oponen a mi estrella,
allá, en silencio, sienten que ella
les ilumina el corazón...
Hostil un ímpetu lejano,
piedra tras piedra quiere en vano
mi torre lírica romper;
siéntome herido, no por mano
de mercader ni de villano,
sino por mano de mujer...
¡Ay! Es inútil que el poeta
piense en lograr una secreta
hora, por fin, sin bien ni mal;
manos sedosas y elegantes
con sus sortijas de diamantes
rayan mi torre de cristal.

IN MEMORIAM

Dávalos, Balbino

Arrasados de lágrimas los ojos,
solíame decir: "—Cuando me muera,
no vayas presto a mi sepulcro, espera
al claro mes de los claveles rojos.
"Entonces habrá pájaros y flores
y brisas olorosas a tomillo,
y esplenderán las lápidas con brillo

146

de lucientes cristales de colores.
"Entonces, alfombrados de verdura
hallarás a tu paso los senderos,
y la voz de uno o dos sepultureros
entonará canciones de ternura.
"Entonces ven a mi sepulcro: llega
ruiseño el rostro, alborozada el alma,
como el amante que en serena calma
al dulce afán de amar feliz se entrega.
"Cuando te acerques, alzarán los lirios
un cáliz carmesí, los nomeolvides
serán mis valerosos adalides
que han de vencer tus lúgubres delirios
de espigas frescas y de ramas nuevas,
y sentirás que dentro el pecho llevas
frescas también tus viejas ilusiones.
"Te inundará la vida de mi tumba,
y lejos de creerme entre los muertos,
soñarás un edén tras los inciertos
límites misteriosos de ultratumba.
"Y en tu imaginación contemplativa
verás cruzar mi sombra fascinada
por ensueño inmortal, que tu llegada
espera sonriente y rediviva".

POEMA DE LOS ARBOLES

Delgado, Juan B.

La siesta envolvió el campo en su dorada ola.
Era tramante llama la grácil amapola por encima de
[las mieses;
hervían del arroyo los gárrulos cristales
que a desflorar llegaban sedientos cardenales y
[bramadoras reses.

147

Yo iba entre los bosques de mi comarca errando,
pájaro agreste y torvo, de rama en rama, cuando oí
|estancias redondas.

detúveme, cuatro árboles hermosos con rudeza
cantaban a su madre, la gran Naturaleza, —sacu-
[diendo sus frondas.

I

Yo soy el árbol púbil, el Hércules del bosque;
consiento que a mis brazos su floración enrosque —la
[yedra trepadora;
no me desgreña el viento con su aletazo bronco
y besa y empurpura las grietas de mi tronco —la
[erubescente aurora.
Soy altivez, y fuerza, y lucho, y no desmayo;
embota en mí sus flechas el fragoroso rayo; —mi fin
[es alto y noble:
antes que yacer leña y alimentar el fuego,
de mi madre labra el rústico labriego —la esteva.
[Soy el roble.

II

Mis hojas de argento, velludas y angulosas;
aletean al aire cual níveas mariposas —luciendo su
[atavío;
en mi el nido suspenden torcaces y zahareñas
y soy, cabe las márgenes floridas y risueñas,
|—barba del viejo río.
Soy por la noche ira de coruscante plata
donde preludia el viento su flébil serenata —de Flora
[frente al tálamo;
aunque jamás me cubro de pomas ni de flores,

me inciensan las campiñas y alados trovadores
[—me cantan. Soy el álamo.

III

Mis hojas aserradas, angostas, relucientes,
como délficos lauros son dignas de las frentes —de
[bardos y guerreros.
Yo guardo a los artistas inmarcesible nimbo
y es cada flor que broto primaveral corimbo —de
[aromas tempraneros.
Mis frutos, que a las guindas en el color superan
sensuales labios vivos con ansiedad esperan —el beso
[del Otoño.
y en las estivas siestas —del sol al rojo brillo,
me arrullan las bucólicas del dulce caramillo —de
[Pan. Soy el Madroño.

IV

Arrebujado en sombras, amigo del misterio,
vigilo con las cruces del triste cementerio —la tumba
[pavorida;
sin galas sufro a veces del céfiro las mofas
y —pálido poeta— medito mis estrofas. —Soñar...
[esa es mi vida.
Augusto y silencioso, y lánguido y doliente,
vegeto en las riberas del río y del torrente —llorando
[junto al cauce;
yo exhalo como queja de mi pasión aguda,
la queja que desgrana la tórtola viuda —plañendo,
[Soy el sauce.

—oOo—

De súbito quedaron silenciosos e inmobles
los cuatro árboles buenos, los cuatro árboles nobles

149

[—algo así como yertos
de miedo y de congoja. El leñador sañudo
llegó; con su hacha hiriólos y, al fin, la tierra pudo
[abrazarlos ya muertos.
Después, cuando el crepúsculo —heraldo de la
[noche—
prendió la rubia Venus un irisado broche —allá en
[la lejanía,
vi que de las cabañas, con presuroso vuelo
el alma de los árboles en humo azul al cielo
[triunfante ascendía.

FRAGMENTOS

Díaz Covarrubias, Juan

¡Ay del triste que vio desvanecerse
la ilusión que soñaba su esperanza!
¡Quiso tocarla y la miró perderse
en las brumas de obscura lontananza!
triste de aquel que en su brillante gloria
juguete vio del fugitivo viento,
y contempla un martirio en su memoria
y un torcedor su mismo pensamiento.
Triste de aquel que vive en el pasado
mirando en su pesar desvanecida
la ilusión del amor, manto gastado
que engalana la momia de la vida.
Triste de aquel que en su marchito seno
sintió llevar el cáliz de la duda,
bebiendo gota a gota ese veneno
que le dejó la realidad desnuda.
Era su vida flor que se mecía
al suave arrullo de la brisa ufana;
de esa que fuera tan brillante un día,

ni hojas siquiera quedarán mañana...
Mas oye, corazón, basta de llanto,
guarda la miel de tu dolor profundo,
que la queja total de tu quebranto
ni la comprende ni la escucha el mundo.
¿No sabes que las quejas que se lanzan
en medio de la noche silenciosa,
nunca otro seno a conmover alcanzan
y se pierden en la aura vagorosa?
. . . .
Lo sabes, corazón; forja otra historia,
sin las gratas venturas que he sentido,
Yo no quiero esperanzas, ni memoria,
yo no quiero recuerdos, ¡quiero olvido!

A GLORIA

Díaz Mirón, Salvador

No intentes convencerme de torpeza
con los delirios de tu mente loca;
mi razón es al par luz y firmeza,
firmeza y luz como el cristal de roca.
Semejante al nocturno peregrino,
mi esperanza inmortal no mira el suelo:
no viendo más que sombra en el camino,
sólo contempla el esplendor del cielo.
Vanas son las imágenes que entraña
tu espíritu infantil, santuario oscuro,
Tu numen, como el oro en la montaña,
es virginal y por lo mismo impuro.
A través de este vórtice que crispa,
y ávido de brillar, vuelo o me arrastro,
oruga enamorada de una chispa
o águila seducida por un astro.

Inútil es que con tenaz murmullo
exageres el lance en que me enredo;
yo soy altivo, y el que alienta orgullo
lleva un broquel impenetrable al miedo.

Fiado en el instinto que me empuja;
desprecio los peligros que señalas:
"El ave canta aunque la rama cruja;
como que sabe lo que son sus alas".

Erguido bajo el golpe en la porfía,
me siento superior a la victoria.
Tengo fe en mí; la adversidad podría
quitarme el triunfo, pero no la gloria.

¡Deja que me persigan los abyectos!
¡Quiero atraer la envidia, aunque me abrume!
La flor en que se posan los insectos
es rica de matiz y de perfume.

El mal es el teatro en cuyo foro
la virtud, esa trágica, descuella;
es la sibila de palabra de oro,
la sombra que hace resaltar la estrella.

¡Alumbrar es arder! —¡Estro encendido
será el fuego voraz que me consuma!
La perla brota del molusco herido
y Venus nace de la amargura espuma.

Los claros timbres de que estoy ufano
han de salir de la calumnia ilesos.
Hay plumajes que cruzan el pantano
y no se manchan... ¡Mi plumaje es de esos!

¡Fuerza es que sufra mi pasión! —La palma
crece en la orilla que el oleaje azota.
El mérito es el náufrago del alma:
vivo se hunde, ¡pero muerto, flota!

Depón el ceño y que tu voz me arrulle!
Consuela el corazón del que te ama!

Dios dijo al agua del torrente: ¡bulle!
y al lirio de la margen: ¡embalsama!
¡Confórmate, mujer! —Hemos venido
a este valle de lágrimas que abate,
tú, como la paloma, para el nido.
y yo, como el león, para el combate.

POEMA DEL OTOÑO

Darío, Rubén

Margarita, está linda la mar,
y el viento
lleva la esencia sutil de azahar,
yo siento
en el alma una alondra cantar:
tu acento.
Margarita, te voy a contar
un cuento:
Este era un rey que tenía
un palacio de diamantes,
una tienda, hecha del día,
y un rebaño de elefantes.
Un quiosco de malaquita,
un gran manto de tisú,
y una gentil princesita
tan bonita,
Margarita,
tan bonita como tú.
Una tarde la princesa
vio una estrella aparecer;
la princesa era traviesa
y la quiso ir a coger.
La quería para hacerla
decorar un prendedor

153

con un verso y una perla
una pluma y una flor.
Las Princesas primorosas
se parecen mucho a ti.
Cortan lirios, cortan rosas,
cortan astros. Son así.
Pues se fue la niña bella
bajo el cielo y bajo el mar,
a cortar la blanca estrella
que la hacía suspirar.
Y siguió camino arriba,
por la luna y más allá;
mas lo malo es que ella iba
sin permiso del papá.
Cuando estuvo ya de vuelta
de los parques del Señor,
se miraba toda envuelta
de un dulce resplandor.
Y el rey dijo: —¿Qué te has hecho?
Te he buscado y no te hallé,
y, ¿qué tienes en el pecho,
que encendido se te ve?—
La princesa no mentía.
Y así dijo la verdad:
—Fui a cortar la estrella mía
en la azul inmensidad—.
Y el rey clama: —¿No te he dicho
que el azul no hay que tocar?
¡Qué locura! ¡Qué capricho!
El Señor se va a enojar.
Y dice ella: —No hubo intento;
yo me fui no sé por qué.
Por las olas y en el viento
fui a la estrella y la corté—.

154

Y el papá muy enojado:
—Un castigo has de tener...
vuelve al cielo y lo robado
vas ahora a devolver—.
La princesa se entristece
por su dulce flor de luz,
cuando entonces se aparece
sonriendo el buen Jesús.
Y así dice: —En mis campiñas
esa rosa le ofrecí;
son mis flores de las niñas
que al soñar piensan en mí—.
Viste el rey ropas brillantes,
y luego hace desfilar
cuatrocientos elefantes
a la orilla de la mar.
La princesita está bella,
pues ya tiene el prendedor
en que lucen con la estrella
verso, perla, pluma y flor.
Margarita, está linda la mar
y el viento
lleva esencia sutil y azahar:
tu aliento.
Ya que lejos de mí vas a estar,
guarda, niña, un gentil pensamiento,
al que un día te quiso contar
un cuento.

ALABA LOS NEGROS OJOS DE JULIA

¿Eva era rubia? No. Con negros ojos
vio la manzana del jardín; con labios
rojos probó su miel; con labios rojos

que saben hoy más ciencia que los sabios.
Venus tuvo el azul de sus pupilas,
pero su hijo, no. Negros y fieros
encienden a las tórtolas tranquilas
los dos ojos de Eros.
Los ojos de las reinas fabulosas,
de las reinas magníficas y fuertes,
tenían las pupilas tenebrosas
que daban los amores y las muertes.
Pentesilea, reina de amazonas;
Judith, espada y fuerza de Betulia;
Cleopatra, encantadora de coronas,
la luz tuvieron de tus ojos, Julia.
La negra, que es más luz que la luz blanca
del sol y las azules de los cielos.
Luz que el más rojo resplandor arranca
el diamante terrible de los celos.
La negra luz divina, luz que alegra
la luz meridional, luz de las niñas
de las grandes ojeras. ¡Oh, luz negra
que hace cantar a Pan bajo las viñas.

CANCION DE OTOÑO EN PRIMAVERA

¡Juventud, divino tesoro
que te vas para no volver!
Cuando quiero llorar no lloro
y a veces lloro sin querer...
Plural ha sido la celeste
historia de mi corazón.
Era una dulce niña en este
mundo de duelo y aflicción.
Miraba como el alba pura;
sonreía como una flor.
Era su cabellera obscura

hecha de noche y de color.
Yo era tímido como un niño,
ella, naturalmente, fue
para mi amor hecha de armiño.
Herodías y Salomé...
¡Juventud, divino tesoro,
que te vas para no volver!
Cuando quiero llorar, no lloro,
y a veces lloro sin querer...
La otra fue más sensitiva,
y más consoladora y más
halagadora y expresiva
cual no pensé encontrar jamás.
Pues a su continua ternura
una pasión violenta unía.
En un peplo de gasa pura
una bacante se envolvía...
En sus brazos tomó mi ensueño
y lo arrulló como a un bebé...
Y le mató triste y pequeño,
falto de luz, falto de fe...
¡Juventud, divino tesoro,
te fuiste para no volver!
Cuando quiero llorar, no lloro
y a veces lloro sin querer...
Otra juzgó que era mi boca
el estuche de su pasión;
y que me roería, loca,
con sus dientes el corazón.
Poniendo en un amor de exceso
la mira de su voluntad,
y mientras eran abrazo y beso
síntesis de la eternidad,
y de nuestra carne ligera

imaginar siempre un edén,
sin pensar que la primavera
y la carne acaban también...
¡Juventud, divino tesoro
que te vas para no volver!
Cuando quiero llorar no lloro
y a veces lloro sin querer...

¡Y las demás! En tantos climas
en tantas tierras, siempre son,
si no pretextos de mis rimas,
fantasmas de mi corazón.

En vano busqué a la princesa
que estaba triste de esperar.
La vida es dura. Amarga y pesa.
¡Ya no hay princesa que cantar!

Mas a pesar del tiempo, terca
mi sed de amar no tiene fin;
con el cabello gris se acerca
a los rosales del jardín...

¡Juventud, divino tesoro
ya te vas para no volver!
Cuando quiero llorar, no lloro
y a veces lloro sin querer...
¡Mas es mía el Alba de oro!

LOS MOTIVOS DEL LOBO

El varón que tiene corazón de lis,
alma de querube, lengua celestial,
el mínimo y dulce Francisco de Asís,
está con un rudo y torvo animal,
bestia temerosa, de sangre y de robo,
las fauces de furia, los ojos de mal;
el lobo de Gubbio, el terrible lobo.
Rabioso ha asolado los alrededores,

cruel ha deshecho todos los rebaños;
devoró corderos, devoró pastores,
y son incontables sus muertes y daños.
Fuertes cazadores, armados de hierros,
fueron destrozados. Los duros colmillos
dieron cuenta de los más bravos perros
como de cabritos y de corderillos.
Francisco salió:
al lobo buscó
en su madriguera.
Cerca de la cueva encontró a la fiera,
enorme, que al verle se lanzó feroz
contra él. Francisco, en su dulce voz,
alzando la mano
al lobo furioso dijo: —¡Paz, hermano
lobo!— El animal
contempló al varón de tosco sayal;
dejó su aire arisco,
cerró las abiertas fauces agresivas
y dijo: —¡Está bien, hermano Francisco!
—¡Cómo! —exclamó el santo—. ¿Es ley que
                                    [tú vivas
de horror y de muerte?
   La sangre que vierte
tu hocico diabólico, el duelo y espanto
que esparces, el llanto
de los campesinos, el grito, el dolor
de tanta criatura de Nuestro Señor?
¿no han de contener tu encono infernal?
¿Vienes del infierno?
¿Te ha infundido acaso su rencor eterno
Luzbel o Belial?
Y el gran lobo, humilde: —¡Es duro el
                                    [invierno

159

y es horrible el hambre! En el bosque helado
no hallé qué comer, y busqué el ganado,
y en veces comí ganado y pastor.
¿La sangre? Yo vi más de un cazador
sobre su caballo, llevando el azor
al puño, correr tras el jabalí,
el oso o el ciervo; y a más de uno ví
mancharse de sangre, herir, torturar,
de las roncas trompas al sordo clamor,
a los animales de Nuestro Señor.
Y no era por hambre, que iban a cazar—.
Francisco responde: —En el hombre existe
mala levadura.
Cuando nace viene con pecado. Es triste.
Mas el alma simple de la bestia es pura.
Tú vas a tener
desde hoy qué comer.
Dejarás en paz
rebaño y gentes en este país.
¡Que Dios modifique tu ser montaraz!
—Está bien, hermano Francisco de Asís.
—Ante el Señor, que todo ata y desata,
en fe de promesa tiéndeme la pata—.
El lobo tendió la pata al hermano
de Asís, que a su vez le alargó la mano.
Fueron a la aldea. La gente veía
y lo que miraba casi no creía
tras el religioso iba el lobo fiero.
Y baja la testa, quieto lo seguía
como un can de caza, o como un cordero.
Francisco llamó a la gente a la plaza
y allí predicó.
Y dijo: —He aquí una amable caza.
El hermano lobo se viene conmigo,

me juró no ser ya nuestro enemigo,
y no repetir su ataque sangriento,
Vosotros, en cambio, daréis su alimento
a la pobre bestia de Dios. —¡Así sea!—
contestó la gente toda de la aldea.
Y luego, en señal
de contentamiento,
movió testa y cola el buen animal,
y entró con Francisco de Asís al convento.
Algún tiempo estuvo el lobo tranquilo
en el santo asilo.
Sus bastas orejas los salmos oían
y los claros ojos se le humedecían.
Aprendió mil gracias y hacía mil juegos
cuando a la cocina iba con los legos.
Y cuando Francisco su oración hacía,
el lobo las pobres sandalias lamía.
Salía a la calle,
iba por el monte, descendía al valle,
entraba a las casas y le daban algo
de comer. Mirábanle como a un manso galgo.
Un día, Francisco se ausentó. Y el lobo
dulce, el lobo manso y bueno, el lobo probo,
desapareció, tornó a la montaña,
y recomenzaron su aullido y su saña.
Otra vez sintióse el temor, la alarma,
entre los vecinos y entre los pastores;
colmaba el espanto los alrededores,
de nada servían el valor y el arma,
pues la bestia fiera
no dio tregua a su furor jamás,
como si tuviera
fuegos de Moloch y de Satanás.
Cuando volvió al pueblo el divino santo,

todos le buscaron con quejas y llanto,
y con mil querellas dieron testimonio
de lo que sufrían y perdían tanto
por aquel infame lobo del demonio.
Francisco de Asís se puso severo.

Se fue a la montaña
a buscar al falso lobo carnicero.
Y junto a su cueva halló a la alimaña.

—En nombre del Padre del sacro universo,
conjúrote —dijo—, ¡oh lobo perverso!,
a que me respondas: ¿Por qué has vuelto al
[mal?

Contesta. Te escucho—.
Como en sorda lucha habló el animal,
la boca espumosa y el ojo fatal:
—Hermano Francisco, no te acerques mucho.
Yo estaba tranquilo allá en el convento.
al pueblo salía,
y si algo me daban estaba contento
y manso comía.
Mas empecé a ver que en todas las casas
estaban la envidia, la saña, la ira,
y en todos los rostros ardían las brasas
de odio, de lujuria, de infamia y mentira,
Hermanos a hermanos hacían la guerra,
perdían los débiles, ganaban los malos,
hembra y macho eran como perro y perra,
y un buen día todos me dieron de palos.
Me vieron humilde, lamía las manos
y los pies. Seguía tus sagradas leyes,
todas las criaturas eran mis hermanos:
los hermanos hombres, los hermanos bueyes,
hermanas estrellas, hermanos gusanos.
Y así, me apalearon y me echaron fuera.

Y su risa fue como un agua hirviente,
y entre mis entrañas revivió la fiera,
y me sentí lobo malo de repente;
mas siempre mejor que esa mala gente.
Y recomencé a luchar aquí,
a me defender, a me alimentar.
Como el oso hace, como el jabalí,
que para vivir tiene que matar.
Déjame en el bosque, déjame en el risco,
déjame existir, en mi libertad,
vete a tu convento, hermano Francisco,
sigue tu camino y tu santidad—.
El santo de Asís no le dijo nada,
le miró con una profunda mirada
y partió con lágrimas y con desconsuelos
y habló al Dios eterno con su corazón.
El viento del bosque llevó su oración
que era: Padre Nuestro, que estás en los cielos.

MINERAL NEGRO

Dupestre, René

Cuando el sudor del indio se vio repentinamente
agotado por el sol,
cuando el frenesí del oro drenó del mercado la
[última
gota de sangre india,
de modo que no quedó ni un solo indio
alrededor de las minas de oro,
se voltearon hacia el río muscular de Africa
para asegurar el relevo de la desesperación;
entonces comenzó la precipitación sobre la inago-
[table tesorería

de la carne negra,
entonces comenzó el atropello descabellado hacia
el radiante sol del cuerpo negro,
y toda la tierra resonó por el jaleo de las picas
en el espesor del mineral negro
y apenas si unos químicos no pensaron en los
[medios
de obtener alguna aleación preciosa
con el metal negro,
apenas si unas damas no soñaron con una batería
de cocina del negro del Senegal o con un juego
para té en macizo negrito de las Antillas,
apenas si algún cura audaz no prometió a su
parroquia
en una campana fundida
en la sonoridad
de la sangre negra,
o si un valiente capitán no se labró su espada
en el ébano mineral,
o si un buen Papá Noel
no pensó en unos pequeños soldados
de plomo negro para su visita anual.
Toda la tierra resonó del sacudimiento de los
horadores
en las entrañas de mi raza, en
el yacimiento muscular
del hombre negro.
Hace numerosos siglos
que dura la extracción
de las maravillas
de esta raza.
¡Oh! capas metálicas de mi pueblo,
mineral inagotable de rocío humano,
cuántos piratas han explorado con sus armas

las profundidades obscuras de tu carne,
cuántos filibusteros se han hecho ya un camino
al través de las ricas vegetaciones de
claridades de tu cuerpo,
sembrando tus años con tallos muertos
y con charcos de lágrimas.
Pueblo desvalijado, pueblo por completo revuelto
como una tierra
arada,
pueblo roturado para el enriquecimiento de las
                    [grandes ferias del mundo:
Madura tu grisú en el secreto de la noche
                              [corporal.
Ya nadie osará fundir cañones
ni monedas de oro con el negro metal de tu color
                              [creciente.

MADRECITA
(Fragmentos)

Díaz Romero, Ana

Madrecita linda, madrecita buena,
que tuviste un día labios de granada,
dientes de marfil,
bucles que rodaban
como una cascada
sobre esa tu espalda tibia y perfumada,
sobre ese tu cuerpo tallado a buril...
Madrecita buena, madrecita mía;
madrecita linda, que tuviste un día,
todos los encantos de una bella hurí;
madrecita santa, madrecita buena,
blanca y perfumada como una azucena,
que al abrir su cáliz
convirtióse en cuna

por mecerme a mí...

. . . .

Madrecita linda, madrecita buena,
que en aquellas noches de la luna llena,
ponías el columpio en el gran árbol
de nuestro jardín;
ya allí me llevabas
el dulce y la cena,
¡Olorosa a musgo,
clavel y verbena,
olorosa a rosas,
durazno y jazmín!...

. . . .

Hoy todo ha cambiado, madrecita mía,
y yo en columpio de mi corazón,
soy la que te mezco de noche y de día,
y nunca pretendo bajarte de allí;

¡Hoy tú eres mi nena dulce y consentida,
soy tu madrecita, eso soy de ti!...
¡Porque eres la vida de misma vida,
porque eres mi arrullo,
porque eres mi flor;
y porque es mi dicha
llevarte por cena
la miel de mi amor!

. . . .

Si hoy todo ha cambiado, madrecita buena,
madrecita santa, cual lo fue María
madre de Jesús,
¡ven! Junta tu boca con la boca mía,
y beba yo en ella la dulce ambrosía,
¡donde todo es gloria,
santidad y luz!...
Y en la cruel ausencia, madrecita mía,

166

te irán mis estrofas cual una canción;
y cuando se extingan las luces del día
y el toque del Angelus nos lleve a oración,
¡mándame tus besos,
madrecita mía,
tus dulces caricias
y tu bendición...

LOS DOS CALLAMOS

Deréme, Tristán

Los dos callamos... Ahora, el viento
sobre la fuente el sauce agita;
está diciendo en este momento
que ésta es la última cita.
Adiós. Caen hojas. La luna
de costumbre... El paisaje, igual:
Tórtolas, crepúsculo y una
estrella en punto final.
Te esfuerzas tú en estar sonriente
mientras percibo yo, angustiado,
el olor acre que se siente
en un jardín abandonado.

REMEMBER

Díaz, Leopoldo

Pon, cuando muera, sobre mi féretro
aquel ramito de flores pálidas,
de albos jazmines y de miosotides
que hallé —¿recuerdas?— en tu ventana.
Rayo de luna sobre las flores,
blanco nenúfar sobre las aguas,
¿por qué me envuelves en tu caricia

y con tu aroma por qué me embriagas?
Tu imagen cruza por mis ensueños
cual esas nubes de ópalo y grana
que por la fúlgida región del cielo
como los cisnes volando pasan.
En la penumbra de los salones
te vi —¿recuerdas?— como las hadas,
toda de blanco como los lirios,
como los lirios de la montaña.
¿Quién,
al mirarte, no fue tu esclavo?
Tu voz es trémula como las arpas,
tu paso es rítmico, paso de diosa
que a son de lira mueve la planta.

Tu cabellera tiene reflejos
de sol poniente, fulgor de llamas;
es el cabello de las princesas,
de las sibilas y de las magas.
Y son tus ojos, ojos de náyade,
ojos que besan con la mirada...
¡Ay del que miran, ay del que besan
tus ojos verdes como esmeraldas!
¡Oh, quién me diera ser tu poeta,
ser tu poeta de rimas áureas,
y por la noche tañer la guzla
en los jardines de Scherezada!
¡Oh, quien me diera besar tus ojos,
tus ojos verdes, tu frente cándida,
tu cabecita llena de sueños,
llena de sueños y de nostalgias!
Pon, cuando muera, sobre mi féretro
aquel ramito de flores pálidas,
de albos jazmines y de miosotides
que hallé —¿recuerdas?— en tu ventana.

EL FANTASMA

Díaz Mirón, Salvador

Blancas y finas, y en el manto apenas
visibles, y con aire de azucenas,
las manos que no rompen mis cadenas.
Azules y con oro enarenados,
como las noches limpias de nublados,
los ojos, que contemplan mis pecados.
Como albo pecho de paloma el cuello,
y como crin de sol barba y cabello,
y como plata el pie descalzo y bello.
Dulce y triste la faz, la veste zarca...
Así, del mal sobre la inmensa charca,
Jesús vino a mi unción como a la barca.
Y abrillantó a mi espíritu la cumbre
con fugaz cuanto rica certidumbre,
como con tintas de refleja lumbre.
Y suele retornar, y me reintegra
la fe que salva y la ilusión que alegra,
y un relámpago enciende mi alma negra.

PASTORIL

Dicenta, Joaquín (hijo)

De la cañada en el fin,
donde empieza el roquedal,
al lado de su mastín,
está llorando un zagal.
Lejos se escucha, pausado,
de una carreta el andar;
el eje, mal engrasado,
gira con agrio chirriar;

los bueyes, pesadamente,
con paso triste y cansino,
van subiendo lentamente
a lo largo del camino,
y con cantar plañidero,
muy lejos de la cañada,
marcha entonando el boyero
su misteriosa tonada:
"¡Que no la llames,
que ya no viene...
Se ha marchado de la sierra
que otro novio tiene...
¡Que no la llames,
que ya no viene!..."
—Hízome que la adorara,
para matarme de amor...
¿Por qué era linda su cara?
—dice llorando el pastor—.
Si llorar porque la vi
había de ser mi sino,
¿por qué ella vino hasta mí?,
¿por qué la hallé en mi camino?
Si hoy a mi lado tornara,
¡le negaría mi amor!
No..., ¡nunca se lo negara!
—dice llorando el pastor—.
Si hoy a mi lado volviera,
le daría mi querer...
¿Por qué no torna? ¿Qué espera?
¿Por qué a mí no ha de volver?
Se oye a lo lejos el canto...
¡Qué melancolías tiene!
"¡Que no la llames,
que ya no viene!..."

—Si aquí a buscarme volviera
arrepentida la moza,
por un beso le ofreciera
mi pan moreno y mi choza.
Todo mi amor le daría
porque me volviese a amar...
¡Todo! —el pastor repetía
con amargo sollozar—.
¿Tornará un día a mi lado?
Vuelve a mi tierruca, moza...,
a la vera del ganado
y al abrigo de mi choza.
Aún vive en ella el calor
de nuestro mutuo querer.
Si en ella está nuestro amor,
¿por qué a ella no ha de volver?
Y la canción del boyero
con eco triste hacia él viene...
De la cañada en el fin,
donde empieza el roquedal,
al lado de su mastín,
sigue llorando el zagal.
Sus lágrimas son en vano,
y en vano su padecer...
El mastín lame su mano...
La moza no ha de volver...
Y aún él esperanzas tiene...
Mas, como un ¡ay! lastimero,
en el aire se sostiene
la tonada del boyero:
"¡Que no la llames,
que ya no viene!...

Se ha marchado de la sierra
con otro novio que tiene...
"¡Que no la llames,
que ya no viene!..."

CUARTO DE BAÑO

Diego, Gerardo

Qué claridad de playa al mediodía,
qué olor de mar, qué tumbos, cerca, lejos,
sí, entre espumas y platas y azulejos,
Venus renace a la mitología.
Concha de porcelana, el baño fía
su parto al largo amor de los espejos,
que, deslumbrados, ciegos de reflejos,
se empañan de un rubor de niebla fría,
he aquí, olorosa, la diosa desnuda.
Nimbo de suavidad su piel exuda
y en el aire se absuelve y se demora.
Venus, esquiva en su rebozo, huye.
Su alma por los espacios se diluye,
y sólo —olvidado— un grifo llora y llora

INSOMNIO

Tú y tu desnudo sueño. No lo sabes.
Duermes. No. No lo sabes. Yo en desvelo,
y tú, inocente, duermes bajo el cielo.
Tú por tu sueño y por el mar las naves.
En cárceles de espacio, aéreas llaves
te me encierran, recluyen, roban. Hielo,
cristal de aire en mil hojas. No. No hay vuelo
que alce hasta ti las alas de mis aves.
Sabes que duermes tú, cierta, segura
—cauce fiel de abandono, línea pura—,
tan cerca de mis brazos maniatados.

172

Qué pavorosa esclavitud de isleño:
yo insomne, loco, en los acantilados.
las naves por el mar, tú, por el sueño.

LA BRUJA JOVEN

Diez-Canedo, Enrique

Triunfan en tu cuerpo todos los pecados,
Son tus labios rojos flores de mentira.
Son simas de orgullo tus ojos rasgados.
Tus palabras roncas, torrentes de ira.
Tenazas de gula son tus dientes blancos.
Tus pechos, almohadas para la pereza.
Y en tu vientre núbil y en tus firmes flancos,
la sierpe lujuria yergue la cabeza.
No están los estigmas del sábado impresos
en tu faz de virgen con que atraes y engañas;
mas tu lengua sabe satánicos besos
y el amor del chivo quema tus entrañas.
Vas al aquelarre donde clama y brinca
tropel monstruoso. Tu sola presencia
lo para, y sus dardos en tu cuerpo hinca
de la obscena turba la concupiscencia.
Y al llegar el día te truecas en gata
de ojos verdes, alba piel y finas uñas;
y al que a tu misterio de acercarse trata,
le halagas primero, después le rasguñas.

EL MAR

Donoso, Francisco

Nadie puede decir: "Yo no conozco el mar".
¿El mar? Sí; la pasión que ruge y se dilata

bajo la augusta y clara conciencia de los cielos;
que se aduerme a las veces y luego se desata
en férvidos impulsos de amores y de anhelos.
¡Oh!, ¿quién podría decir: "Yo no conozco el
[mar"?
Ansiedad que se yergue con vórtices y tumbos
y estalla en los cantiles soberbios de la costa,
o llega alguna tarde con milagrosos rumbos
al efímero ensueño de alguna rada angosta...
Quien sueñe alucinado con un eterno amar,
nunca podrá decir: "¡Yo no conozco el mar!".
Su profundo suspiro, que es sonoro y amargo,
se pierde en la rosada bruma de lontananza,
mientras pasa la curva de su horizonte largo
alguna vela blanca de remota esperanza.
Quien sienta la nostalgia de un futuro soñar,
nunca podrá decir: "¡Yo no conozco el mar!"
¡Cuántas veces sollozan sus cansadas orillas
bajo las alas tristes de noches sin estrellas!
¡Cuántas veces las lunas por oír sus querellas
hacía el ocaso llegan enfermas y amarillas!
Quien sepa su inocencia pretérita evocar,
nunca podrá decir: "Yo no conozco el mar".
¡Oh la plegaria insomne de sus alas nocturnas
a la sutil mirada de estrellas taciturnas!
¡Oh la clara alegría de sus aguas azules!
¡Oh la tristeza helada de sus húmedos tules!
Quien tenga un corazón enfermo de soñar,
nunca podrá decir: "Yo no conozco el mar"...

LA CAMPANA DE LAS CAPUCHINAS

Dublé Urrutia, Diego

Tienen las Capuchinas

una campana
colgada de una viga
desvencijada;
bordón de mal agüero,
que sólo tañe
cuando las Capuchinas
se mueren de hambre.
Cuando, a la medianoche,
su voz resuena,
la misteriosa esquila
no pide, ruega;
ruega y con tanto acierto,
que, al otro día,
ya no se mueren de hambre
las Capuchinas...
¡Cuántas almas hambrientas,
abandonadas,
cruzan por nuestras calles
sin ser notadas!...
¡Es que nunca han tenido
las pobres almas,
como las Capuchinas,
una campana,
un esquilón de hierro
que al mundo advierta
que ya se mueren de hambre,
que ya están muertas!...
Almas que por la tierra
cruzáis calladas:
la caridad del mundo
quiere campanas...

DON FELIX DE MONTEMAR

Espronceda, José de

Segundo Don Juan Tenorio,
alma fiera e insolente,
irreligioso y valiente,
altanero y reñidor;
siempre el insulto en los ojos,
en los labios la ironía,
nada teme y todo fía
de su espada y su valor.
Corazón gastado, mofa
de la mujer que corteja,
y hoy, despreciándola, deja
la que ayer se le rindió.
Ni el porvenir temió nunca,
ni recuerda en lo pasado
la mujer que ha abandonado
ni el dinero que perdió.
No vio el fantasma entre sueños
del que mató en desafío,
ni turbó jamás su brío
recelosa previsión.
Siempre en lances y en amores,
siempre en báquicas orgías,
mezcla en palabras impías
un chiste a una maldición.
En Salamanca famoso,
por su vida y su talante,
al atrevido estudiante
le señalan entre mil;
fueros le da su osadía,
le disculpa su riqueza,
su generosa nobleza,

su hermosura varonil.
Que su arrogancia y sus vicios,
caballeresca apostura,
agilidad y bravura,
ninguno alcanza a igualar:
que hasta sus crímenes mismos,
en su impiedad y altiveza,
pone un sello de grandeza
don Félix de Montemar.

PASARE

Escrivá de Romaní Francisco

Pasaré, pasaré sin dejar huella,
como en el aire un débil aleteo;
como en el albo cielo, de la estrella
el silencioso y suave parpadeo.
Pasaré como mezcla que no fragua
ni se convierte en forma definida,
como la estela que dibuja el agua,
como el vuelo sin tregua de la vida.
Pasaré de los labios que pusieron
un temblor de emoción en mis poemas,
de los ojos brillantes como gemas
que alguna vez por mí se humedecieron.
Pasaré de las frentes que creían
recordar para siempre mis canciones,
de las ávidas almas que acudían
para mojar en mí sus corazones.
Pasaré en el papel que se ha perdido,
en el libro que roto se deshoja,
y quedaré cegado en el olvido
bajo un seco montón de tierra roja.
Pasaré, pasaré como en un sueño
que al despertar la mente no recuerda.

En el violín se habrá roto una cuerda,
y, ya inservible, cambiará de dueño.
Y tú, que me comprendes y me amas;
tú, que tienes hoy sed de lo que escribo;
tú, que sin voz me buscas y me llamas
con una fe que solo yo percibo,
tú me habrás de olvidar, la ley es ésa,
y al encontrar mis versos algún día,
exclamarás con gesto de sorpresa:
"¿De quien es esta pobre poesía?"

NOCHE I

Eguren Jesús María

Es la noche de amargura,
qué callada, qué dormida
la ciudad de la locura,
la ciudad de los fanales
clamorosos, de las vías funerales,
la mansión de las señales.
En mi estancia denegrida,
mustia, ronca, pavorida,
donde duermen los estantes;
ciegos libros ignorantes
de la muerte con la esencia están los vasos
y ora vienen y ora riman,
ora lentos se aproximan
unos pasos, unos pasos.
¡Triste noche! Bajo la bruma
de arreciada sensación el alma llena;
es la hora que me abruma
con el vivo despertar de mi honda pena:
son las doce, la inserena
luna llora; viene aquí la muerte mía,
a la estancia de los tristes cielos rasos;

¡cómo llegan con letal melancolía.
ay, sus pasos, ay, sus pasos!
Fue de luz tu madrugada,
fue dichosa; recorriste, por la senda coloreada,
todo un sueño en esta vida que es tan triste,
todo un sueño en esta vida inconsolada.
¡Infantil y reidora,
noche, nunca presintiera
en el sueño de mi alma aurora!
¡Tu balada tempranera!
y hoy en noche aridecida siento pasos,
¡ay, tus pasos, ay, tus pasos!
Y después la luna helada
se vio enferma, nacarada;
y tus risas matinales
se volvieron tristes notas musicales
y de Schumann vibraciones,
de Chopin tribulaciones,
diste al piano con azules lloros lasos
como suenan las canciones
de tus pasos, de tus pasos.
Y en tu pálida agonía,
me dijiste que vendría
tu alma a ver a mi esperanza que fenece
en la muda librería
donde Sirio se obscurece;
tu alma a ver mi desventura,
mi ventana, la ciudad de la locura;
y en la noche quemadora de la mente,
sólo llegan tristemente,
¡ay, tus pasos, ay, tus pasos!

LOS TRES CUENTOS

Echegaray, José

I

Un niño de tersa frente
y la muerte carcomida,
en la senda de la vida
y en el borde de una fuente,
por su bien o por su mal
una mañana se hallaron
y sedientos se inclinaron
sobre el líquido cristal.

Se inclinaron y en la esfera
cristalina vióse al punto
de un niño el rostro muy junto
a una seca calavera.
La muerte dijo —¡Qué hermoso!
¡Que horrible! —el niño pensó;
bebió aprisa, y se escapó
por el bosque presuroso.

II

Pasó el tiempo y cierto día,
ya el sol en toda su altura,
en la misma fuente pura
bebieron en compañía,
por su bien o por su daño,
la Muerte y un hombre fuerte;
la de siempre era la muerte
el hombre, el niño de antaño.

Como viose de los dos
la imagen en el cristal

con la luz matutinal
que manda a los mundos Dios,
la del hombre áspera tez
y la imagen hosca y fiera
de su helada compañera
se pintaron esta vez.

Bajo el agua limpia y fría
sus reflejos observaron:
como entonces se miraron,
se miraron todavía.

Ella dijo no se qué
señalando hacia el espejo,
él murmuró: —¡Pobre viejo!

III

Cae la tarde; el sol anega
en pardas nubes su luz;
envuelta en negro capuz
medrosa la noche llega

Dos sombras van a la fuente
las dos beben a porfía
y aún no sacia el agua fría
sed atrasada y ardiente.

Se miran y no se ven;
pero pronto, por fortuna,
subirá al cielo la luna
y podrán mirarse bien

Al fin su luz transparente
el espacio iluminó,
y en espejo convirtió
los cristales de la fuente.

Y eran las sombras ideales

bajo el agua sumergidas
de tal modo parecidas,
que al partir las sombras reales
de sus destinos en pos,
o por darse mala maña
o por confusión extraña,
cada sombra de los dos
tomó en el líquido espejo
lo primero que encontróse
y, sin notarlo, llevóse
de la otra sombra el reflejo.

LA CANCION DEL PIRATA

Espronceda, José de

Con diez cañones por banda,
viento en popa a toda vela,
no corta el mar sino vuela
un velero bergantín;
bajel pirata al que llaman
por su bravura El Temido,
en todo mar conocido
de uno al otro confín.
La luna en el mar riela,
y en la lona gime el viento
que alza en blando movimiento
las olas de plata y azul;
y va el capitán pirata;
cantando alegre en la popa,
Asia a un lado, al otro Europa
y allá a su frente Estambul.
"Navega, velero mío,
sin temor;

que ni enemigo navío,
ni tormenta, ni bonanza,
tu rumbo a torcer alcanza
ni a sujetar tu valor.
"Veinte presas
hemos hecho
a despecho
del inglés
y han rendido
sus pendones
cien naciones
a mis pies.
Que es mi barco mi tesoro,
que es mi Dios la libertad,
mi ley, la fuerza y el viento
mi única patria, la mar".
"Allá muevan feroz guerra
ciegos reyes
por un palmo más de tierra
que yo tengo aquí por mío
cuanto abarca el mar bravío
a quien nadie impuso leyes".
"Y no hay playa
sea cualquiera
ni bandera
de esplendor,
que no sienta
mi derecho
y dé pecho
a mi valor.
Que es mi barco mi tesoro, etc.

"A la voz de ¡barco viene!.
es de ver
cómo vira y se previene

a todo trapo escapar;
que yo soy el rey del mar,
y mi furia es de temer.
"En las presas
yo divido
lo cogido
por igual;
sólo quiero
por riqueza
la belleza
sin rival.
Que es mi barco mi tesoro, etc., etc. . . .
"¡Sentenciado estoy a muerte!
Yo me río;
no me abandone la suerte
y al mismo que me condena
colgaré de alguna antena
quizá en su propio navío.
Y si caigo,
¿qué es la vida?
Por perdida
yo la di
cuando el yugo
del esclavo
como un bravo
sacudí.
Que es mi barco mi tesoro, etc., etc. . ."
"Son mi música mejor
aquilónes;
el estrépito y temblor
de los cables sacudidos,
del negro mar los bramidos
y el rugir de mis cañones;
Y del trueno

al son violento
y del viento
al rebramar,
yo me duermo
sosegado,
arrullado
por el mar.
Que es mi barco mi tesoro,
que es mi Dios la libertad,
mi ley, la fuerza y el viento,
mi única patria, la mar".

CANCION DEL COSACO

¡Hurra, cosacos del desierto, hurra!
¡La Europa os brinda espléndido botín.
Sangrientas charcas sus campiñas sean,
de los grajos su ejército festín!
¡Hurra, a caballo, hijos de la niebla,
suelta la rienda a combatir volad!
¿Veis esas tierras fértiles? Las puebla
gente opulenta afeminada ya.

Casas, palacios, campos y jardines
todo es hermoso y refulgente allí,
son sus hembras celestes serafines,
su sol alumbra un cielo de zafir.

¡Nuestros sean su oro y sus placeres,
gocemos de ese campo y de ese sol!
¡Son sus soldados menos que mujeres,
sus viles reyes mercaderes son!

¡Vedlos huir para esconder su oro,
vedlos cobardes lágrimas verter!
¡Hurra, volad! ¡Sus cuerpos, su tesoro,

huellen nuestros caballos con los pies!

¡A cada bote de la lanza ruda,
a cada escape en la abrasada lid,
la sangrienta ración de carne cruda
bajo la silla sentiréis hervir!

Vuestros hijos verán vuestras acciones,
las coronas del mundo heredarán
y para conquistar otras regiones
el caballo y la lanza aprestarán.
¡Hurra, cosacos del desierto, hurra!
¡La Europa os brinda espléndido botín.
Sangrientas charcas sus campiñas sean,
de los grajos su ejército festín!

COMBATE ENTRE ARAUCOS Y ESPAÑOLES

Ercilla, Alonso de

Como el árido viento repentino
Que en lóbrego turbión con gran estruendo
El polvoroso campo y el camino

Va con violencia indómita barriendo,
Y ancho y presuroso remolino
Todo lo coge, lleva y va esparciendo,
Y arranca aquel furioso movimiento

Los arraigados troncos de su asiento;
Con tal facilidad, arrebatados
De aquel furor y bárbara violencia,
Iban los españoles fatigados
Sin poderse poner en resistencia.

Algunos del honor importunados,
Vuelven haciendo rostro y apariencia;
Mas otra ola de gente que llegaba
Con mas presteza y daño los llevaba

. . . .
. . . .

No es bien pasar tanto presto, ¡oh pluma mía!,

Las memorables cosas señaladas
Y los crudos efectos de ese día
De valerosas lanzas y de espadas;
Que ingenio mayor no bastaría
A poderlas llevar continuadas
Es justo que celebre alguna parte
De muchas en que puedas emplearte

. . . .
. . . .

Tucapelo gallardo, que al camino
Salió al valiente Osorio, que corriendo
Venía con más ánimo que tino,
Los herrados talones sacudiendo,
Mostrando el cuerpo, al tiempo que convino
Le dio lado, y la maza revolviendo,
Con tanta fuerza le cargó la mano
que no le dejó miembro y hueso sano.

A Cáceres, que un poco atrás venía,
De otro golpe también le puso en tierra,
El cual con gran esfuerzo y valentía
La adarga embaraza y de la espada afierra,
Y contra la enemiga compañía
Se puso él solo a mantener la guerra
Haciendo rostro y pie con tal denuedo
Que a los más atrevidos puso miedo.

. . . .
. . . .

Iban los araucanos tan cebados
Que por las picas nuestras se metieron;
Pero vueltos en sí, más reportados,
El ímpetu y la furia detuvieron:

Y corregidos luego y ordenados
La campaña al través se retrujeron
Al pie de la laguna y gran pantano.

. . . .

Jamás los alemanes combatieron
Así de firme a firme y frente a frente;
Ni mano a mano dando recibieron
Golpes sin descansar y manteniente,
Como el un bando y otro, que vinieron
A estar así en el cieno estrechamente
Que atrás echar un paso no podían
Y dando aprisa, aprisa recibían.

. . . .

La furia del herirse y golpearse,
Andaba igual, y en duda la fortuna,
Sin muestra ni señal de declararse
Mínima de ventaja en parte alguna;
Ya parecían aquellos mejorarse;
Ya ganaban aquestos la laguna;
Y la sangre de todos derramada
Tornaba la agua turbia, colorada...

ELEGIA

(Fragmentos)

Fernández de Moratín Leandro

Esta corona, adorno de mi frente,
esta sonante lira y flautas de oro,
y máscaras alegres que algún día
me disteis, sacras musas, de mis manos
trémulas recibid, y el canto acabe,
que fuera osado intento repetirle.

He visto ya cómo la edad ligera,
apresurando a no volver las horas,

robó con ellas su vigor al numen.
Sé que negáis vuestro favor divino
a la cansada senectud, y en vano
fuera implorable; pero en tanto, bellas
ninfas del verde Pindo habitadoras,

No me neguéis que os agradezca humilde
los bienes que os debí. Si pude un día,
yo, indigno sucesor de nombre ilustre,
dilatarlo famoso, a vos fue dado
llevar al fin mi atrevimiento. Sólo
pudo bastar vuestro amoroso anhelo
a prestarme constancia en los afanes
que turbaron mi paz, cuando insolente
vano saber, enconos y venganzas,
codicia y ambición, la patria mía
abandonaron a civil discordia.

Yo vi del polvo levantarse audaces,
a dominar y perecer, tiranos;
atropellarse efímeras las leyes,
y llamarse virtudes los delitos.
Vi las fraternas armas nuestros muros
bañar en sangre nuestra, combatir
vencido y vencedor hijos de España,
y el trono desplomándose al vencido
ímpetu popular; de las arenas
que el mar sacude en la fenicia Gades,
a las que al Tajo lusitano envuelve
en oro y conchas uno y otro imperio,
iras, desórdenes esparciendo y luto...
. . . .
No más trinos de amor. Así agitaron
los tardos años mi existencia, y pudo
sólo en región extraña el oprimido
ánimo hallar dulce descanso y vida.

CENIZA

Fernández Ardavín, Luis

Este dolor de vivir no viviendo
y este sufrir de saber que no vivo,
quieren hacerme querer no queriendo
y desear no escribir lo que escribo...
Este pesar de sentir este peso
que no me pesa, pesándome tanto,
tan pesaroso me tiene y tan preso
que le parezco espantable a mi espanto...
Yo ya no puedo sentir puramente
con el sentir de los sentimentales...
¡Hay tantas momias de amor en mi frente
y tantos muertos espirituales!
Nada quedó de mi eterno universo...
Todo cayó en tiempo al olvido...
Y este tejer el tejido de verso
es un tejer para ser destejido...
Como la espiga salió de la espiga
(trigo sembró quien coger quiso trigo),
de mendigar tengo el alma mendiga....
¡Mi corazón es zurrón de mendigo!
Como se seca la piel en la mano
de la Hilandera que mueve la rueca,

yo, que empecé la hilazón más temprano,
siento también más temprano la seca...
Vi en el calizo terrón de mi tierra
toda la sed de mi raza caliza...
!Y vi que el alma feroz, que me aterra
como mi raza y mi tierra, es ceniza!...
¡Esta sequía interior y espinosa
que me llegó de mi tierra querida,
por cada herida me daba una rosa,
por cada rosa me daba una herida!
Y hoy como tierra sin flor y sin poma,
rosa que sangra sin sangre ni esencia,
siento el roer de mi misma carcoma
y que no existo en mi propia existencia...
He de llegar a la hora postrera
como los árboles viejos y huecos,
que nos parecen fragantes por fuera
y están por dentro vacíos y secos...
Y mientras finjo vivir no viviendo,
siempre en mi sombra soñando en la luz,
en el dolor de creer no creyendo,
hago con fe la señal de la cruz,
por el demonio que a Dios hace guerra...
Por el Señor, que al demonio esclaviza...
¡Y por la sed de mi raza y mi tierra,
que, como yo, son tan sólo ceniza!...

BOHEMIO

Fernández Espiro, Diego

Nació para triunfar y la victoria
desdeñó con estoica altanería.
Fue su existencia una ruidosa orgía,
y un largo sueño su perdida historia.

Nostálgico del arte y de la gloria,
cuyo sublime vértigo sentía,
deshojó con sarcástica alegría
el laurel prometido a su memoria.
Su noble corazón se hizo pedazos
al golpe rudo de su horrible suerte.
Y rotos ya los terrenales lazos.
de su brillante juventud cansada,
hundiéndose en la noche de la muerte,
huyó del mundo y se perdió en la nada.

AUSENCIA

Fernández Moreno, Baldomero

Es menester que vengas;
mi vida, con tu ausencia, se ha deshecho,
y torno a ser el hombre abandonado
que antaño fui, mujer, y tengo miedo.
¡Qué sabia dirección la de tus manos!
¡Qué alta luz la de tus ojos negros!
Trabajar a tu lado, ¡qué alegría!
Descansar a tu lado, ¡qué sosiego!
Desde que tú no estás, no sé cómo andan
las horas de comer y las del sueño;
siempre de mal humor y fatigado,
ni abro los libros ya, ni escribo versos.
Algunas estrofillas se me ocurren,
e, indiferente, al aire las entrego.
Nadie cambia mi pluma si está vieja,
ni pone tinta fresca en el tintero;
un polvillo sutil cubre los muebles
y el agua se ha podrido en los floreros.
No tienen para mí ningún encanto,
a no ser los marchitos del recuerdo,

los amables rincones de la casa,
y ni salgo al jardín, ni voy al huerto.
Y eso que una violenta primavera
ha encendido las rosas en los cercos
y ha puesto tantas hojas en los árboles,
que encontrarías el jardín pequeño.
Hay lilas de suavísimos matices

y pensamientos de hondo terciopelo,
pero yo paso al lado de las flores,
caída la cabeza sobre el pecho,
que hasta las flores me parecen ásperas,
acostumbrado a acariciar tu cuerpo.
Me consumo de amor inútilmente
en el antiguo, torneado lecho;
en vano estiro mis delgados brazos,
tan sólo estrujo sombras en mis dedos...
Es menester que vengas;
mi vida, con tu ausencia, se ha deshecho.
Ya sabes que sin ti no valgo nada,
que soy como una viña por el suelo.
¡Alzame dulcemente con tus manos,
y brillarán al sol racimos nuevos!

ARCOS DE AGUA

Fernández Shaw, Guillermo

En el jardín, un estanque;
en el estanque, una fuente,
y en la fuente, un surtidor;
y el agua, que en mil figuras
se combina transparente
con insistente rumor.
—¿Adónde vas, agua? Dí.
—Quiero hasta el cielo llegar,

pero las fuerzas me fallan,
y al no poder subir más,
con lasitud me derrumbo,
deshecha en lágrimas ya.
Látigos de linfa clara,
fustas de puro cristal:
sois intentos ideales
malogrados sin cesar;
fracasos de aspiraciones,
¡trallazos de realidad!
Pero como el agua es limpia
y se columpia al bajar,
y como forma dibujos
que encanto a la vista dan,
no céseis en vuestros giros
y en aire restallad.
—¡Quién viera cien surtidores
con cien chorros a la par!
¡Quién tuviese una arquería
de látigos de cristal!

IDILIO ETERNO

Florez, Julio

Ruge el mar y se encrespa y se agiganta.
La luna, ave de luz, prepara el vuelo,
y en el momento en que la faz levanta,
da un beso al mar y se remonta al cielo.
Y aquel monstruo indomable que respira
tempestades y sube y baja y crece,
al sentir aquel ósculo, suspira...
y en su cárcel de rocas... ¡se estremece!

Hace siglos de siglos que de lejos

194

tiemblan de amor en noches estivales:
¡ella le da sus límpidos reflejos,
él le ofrece sus perlas y corales!
Con orgullo se expresan sus amores
estos viejos amantes afligidos;
ella le dice: "¡te amo!" en sus fulgores,
y él responde: "¡Te adoro!" en sus rugidos.
Ella lo aduerme con su lumbre pura,
el mar la arrulla con su eterno grito
¡y le cuenta su afán y su amargura
con una voz que truena en lo infinito!
Ella, pálida y triste, lo oye y sube
por el espacio en que su luz desploma,
y velando la faz tras de la nube,
le oculta el duelo que a su frente asoma.
Comprende que su amor es imposible,
que el mar la copia en su convulso seno,
y se contempla en el cristal movible
del monstruo azul en que retumba el trueno.
Y al descender tras de la sierra fría,
le grita el mar: "¡En tu fulgor, me abraso!
¡No desciendas tan pronto, estrella mía!
¡Estrella de mi amor..., detén el paso!...
¡Un instante!... ¡Mitiga la amargura,
ya que en tu lumbre sideral me bañas;
no te alejes!... ¿No ves tu imagen pura
brillar en el azul de mis entrañas?"
Y ella exclama en su loco desvarío:
"Por doquiera la muerte me circunda;
detenerme no puedo, monstruo mío,
¡comprende a tu pobre moribunda!...
¡Mi último beso de pasión te envío;
mi casto brillo a tu semblante junto!..."

¡Y en las hondas tinieblas del vacío,
hecha cádaver se desploma al punto!
¡Entonces el mar, de un polo al otro polo,
al encrespar sus olas plañideras,
inmenso, triste, desvalido y solo,
cubre con sus sollozos las riberas!
Y al contemplar los luminosos rastros
de la alba luna en el obscuro velo,
¡tiemblan de amor los soñolientes astros
en la profunda soledad del cielo!
¡Todo calla!... El mar duerme y no importuna
con sus gritos salvajes de reproche,
¡y sueña que se besa con la luna
en el tálamo negro de la noche!

OJOS

Ojos indefinibles, ojos grandes
como el cielo y el mar, hondos y puros,
ojos como las selvas de los Andes:
misteriosos, fantásticos y obscuros.
Ojos en cuyas místicas ojeras
se ve el rastro de incógnitos pesares,
cual se ve en la aridez de las riberas
la huella de las ondas de los mares.
Miradme con amor eternamente,
ojos de melancólicas pupilas,
ojos que semejáis, bajo su frente,
pozos de aguas profundas y tranquilas—.
Miradme con amor, ojos divinos
que adornáis como soles su cabeza,
y encima de sus labios purpurinos
parecéis dos abismos de tristeza.
Miradme con amor, fúlgidos ojos,

y cuando muera yo, que os amo tanto,
verted sobre mis lívidos despojos
el dulce manantial de vuestro llanto.

ESTA MUCHACHA HA MUERTO

Esta muchacha ha muerto, ha muerto enamorada.
A enterrar la llevaron hoy en la madrugada,
y la han dejado sola, sola y abandonada.
En el féretro sola la dejaron cerrada.
Gozosos regresaron a la nueva alborada,
y uno a uno cantaron alegres melodías.
"Esta muchacha ha muerto, ha muerto enamo-
                                        [rada".
Y se fueron al campo como todos los días.

MI ALMA ES UNA CALLE

Foulon de Voulx, André

Mi alma es una calle de aldea al atardecer
con frentes tristes de casas inanimadas
y cortinas corridas y ventanas cerradas
como ojos que, cansados, ya no quieren más ver.
Ventanas que a la vida de la calle desprecian
y sólo miran el interior del hogar
do el recuerdo de un niño que murió hace pesar
más la sombra y a la melancolía arrecia.
De las cosas externas mi vista indiferente,
se quema sólo en una pena del corazón
y tengo todo el aire de una vieja mansión
donde habitaron seres ahora muertos o ausentes.
Mi alma es una calle de aldea color ceniza,
por donde pasa, a veces, negro espectro velado
—como el ensueño místico de un ser atormen-
                                        [tado—.

una mujer de luto que retorna de misa.

LA RAMERA MUERTA

Fernández Ardavin, Luis

Sin un deudo ni un cirio, yacía en un rincón,
en el frío depósito de aquel viejo hospital...
esperaba el furgón,
y era el frío glacial.
Sin un deudo ni un cirio pasó la noche entera.
junto a otro cuerpo inerte, rollado en un sudario,
a quien el mármol frío para el estudio espera...
¡Y el silencio se alzaba solemne y funerario!...
Eran cera sus manos. Sus ojos entreabiertos,
no quisieron cerrarlos unos ojos piadosos...
¡Oh, los ojos inmóviles, los ojos de los muertos
mirándonos vidriosos!...
¡Y la luz que caía del ventanal estrecho
para besar el campo de la dormida frente
e iluminar la fláccida maceración del pecho,
¡La luz sí que era buena! Gris y desvanecida
envolvía el cadáver en cendal de piedad...
Y era el beso de luz en la boca podrida,
¡caridad!

Y al ver aquellos ojos que, opacos, me miraban,
sus párpados de nieve desplegué con unción...

Y al ver que ni aun por ellos los que rezan,
[rezaban,
yo que nunca he rezado, murmuré una oración...
Como burla maldita de su vida infamante,
vestía por mortaja su traje de pecado...
y entre el rojo y barato percal de su volante
asomaban las manos su esqueleto afilado...

Brillaba el cutis terso...
Espumaban sus labios cansados de besar...
¡Aquella faz inmóvil no cabe en este verso
porque era tan inmensa como el llanto y el mar!...

ENSUEÑO

Fernández Granados, Enrique
(Grana, Fernán)

¡Mi espíritu presiente su llegada!
Ya viene, ya se acerca...
¡Es ella, sí, mi dulce prometida!...
Despierta, corazón: ¡es ella! ¡es ella!
Su vestidura cándida parece
la cauda de un cometa,
¡y su cuerpo gentil el de una hada
que el suave impulso del amor alienta!
En su sien la corona de azahares,
que luceros semejan
y en sus ojos la fúlgida esperanza
de una ventana interminable... ¡eterna!
Estoy sin esperanza... ya no siento
alegría ni pena...
¿Es que me sirve de consuelo, acaso,
ver que es posible ser feliz con ella?...
Mas no lo soy... ¡me encuentro solo y amo!
¡La amo con vehemencia!...
¡Ella no es!... ¡soy otro!... ¡no soy suyo!...
¡Ay! ¡no soy suyo!... pero ya me espera...
Sí, con amor me llama... me subyuga,
me obliga... ¡estoy en ella!
¿Me amas?... No lo sé; amo y confío
en su palabra misteriosa y tierna...
No; ¡yo no soy feliz!... que la ventura

en mi alma se anega,
es un destello, nada más, muy vago,
de otra que aguardo incorruptible y cierta.
Sueño... mas cuando el sueño se disipe,
exclamaré: ¡no es ella!
¡Ella no fue la que con suave acento
en aquel sueño me llamó!... ¡No era!
¿Seré yo el sueño acaso?... ¿En el misterio
ella conmigo sueña?...
¡Un sueño soy, un sueño mi esperanza,
mi amor un sueño, un sueño... Un sueño ella!

LAS SOLTERONAS

Os he visto en las noches románticas de junio
vagando a la caricia de un azul plenilunio,
burlaros, con irónica sonrisa, del dolor;
y por guardar ocultas vuestras ansias secretas,
relatar, con voz trémula, fingidas historietas
en las que sale siempre derrotado el amor.
Os he visto en el claro hueco de la ventana,
con un tomo caduco de "La Vida Cristiana",
reposando las hojas con nervioso ademán,
mientras vuestros recuerdos, locos y volanderos,
evocan un desplante de "Los Tres Mosqueteros"
o sueñan en los negros mostachos de Artagnán.
Os he visto en las horas de las fiestas nupciales
sonreír a la novia, pálidas y espectrales;
estrechar a la amiga con histérico ardor;
hablarla con voz rota, que suena a desencanto,
y darla un beso mustio, mientras mojáis en llanto
la corona de flores que consagró el amor.
(Y en ese beso que quiere ser beso de concordia
y que no puede!... ¡Y esa voz de misericordia
que sin quererlo oculta un vago retintín!

Y el gesto resignado, y la sonrisa a medias,
son, en vosotras mismas, una de las tragedias
mudas de que nos habla Mauricio Maeterlinck).
A veces, en las lentas veladas invernales,
de súbito os asaltan impulsos maternales.
presentidos apenas por vuestra ingenuidad.

...Y en el regazo tibio el gato ronronea,
mientras en vuestros ojos húmedos centellea
la visión halagüeña de la maternidad.
Cuando sentís el frío inminente y profundo
de que vuestros amores no han de ser para el
[mundo,
porque el mundo os ahoga con su egoísmo y sus
miserias, os asalta el fervor religioso,
y os entregáis en medio de un delirio piadoso,
en los brazos sublimes del Divino Jesús.
¡Quién os amara tanto! ¡Quién os dijera un día
el esperado "sésamo" que abriera la sombría
puerta que guarda el preso de vuestro corazón!
¡Quién pudiera ayudaros en vuestros fantaseos,
y trocar realidades todos vuestros deseos,
y daros la divina rosa de la ilusión!
Os amo por los besos que no habéis dado nunca,
por vuestros sueños rotos, por vuestra vida trunca,
por vuestras juventudes que empiezan a morir;
por el amor anónimo, que ocultáis pudorosas,
y porque váis tejiendo, graves y silenciosas,
el canevá de vuestro monótono vivir.
¡Y esas pupilas húmedas, que se hubieran
[clavado
mansamente en los ojos amados del Amado.
y esos labios que un día hubieran dicho: "amor".
Y esas manos suaves, sumisas, diligentes,

que hubieran mitigado el ardor de las frentes
en las horas supremas del supremo dolor!
¡Y esas carnes floridas, y esas frentes serenas;
los suspiros románticos, las silenciosas penas:
todo lo que solícitas guardábais para "él",
todo a vuestro ocaso, sin tomar en la huida
su parte en el rumboso banquete de la Vida;
ni el gozo de la hora, ni la gota de miel!
¡Y tal es vuestro drama! ¡Cómo se va el tesoro
de vuestras gracias! ¡Cómo vuestros sueños de oro
encuentran en el tiempo un polvoroso ataúd!
¡Cómo se va alejando, por senderos perdidos
la canción jubilosa de los años floridos,
y la zozobra alada de vuestra juventud!
Os amo pobres flores de juventud marchita,
Lupe, Concha, Teresa, Constancia, Margarita,
que os resignáis con vuestro monótono vivir,
y que en las horas plácidas de quietud vespertina
alargáis las miradas a la próxima esquina,
soñando con el novio que nunca ha de venir...

UN BESO NADA MAS

Flores, Manuel M.

Bésame con el beso de tu boca,
cariñosa mitad del alma mía;
un solo beso el corazón invoca,
que la dicha de dos... me mataría.
¡Un beso nada más!... Ya su perfume
en mi alma derramándose, la embriaga;
y mi alma por tu beso se consume
y por mis labios impaciente vaga.
¡Júntese con la tuya!... Ya no puedo
lejos tenerla de tus labios rojos...
¡Pronto!... ¡dame tus labios!... ¡tengo miedo

202

de ver tan cerca tus divinos ojos!
Hay un cielo, mujer, en tus abrazos,
siento de dicha el corazón opreso. . .
¡Oh! sosténme en la vida de tus brazos
para que no me mates con tu beso!

DIALOGO

Frías, José D.

El escéptico dijo: "Ya nada tengo, todo
es la suerte escéptica del sofista de Grecia.
Mi espíritu es su cárcel y alívolo de lodo
está inmóvil, se mueve y todo lo desprecia.
Al pirata indolente no lastima la recia
jarcia en la que se yergue por subyugar el modo
de seguir adelante entre el Norte que arrecia,
sin luz de las estrellas, índices del éxodo...
Ni los conocimientos que pueriles amagos
podrán torcer la aguja de mi nuevo compás...
Yo moriré una noche de aburrimientos vagos:
la muerte habrá de darme sólo un fastidio más".
El santo respondióle: "Yo no he perdido nada
y todo para mí es como una sonrisa:
en la noche más lóbrega miro luz de alborada,
rezando un páter noster puedo escuchar la misa,
mi pobreza con hambre da el medio pan de prisa
a la titubeante mano necesitada,
y la Naturaleza crepúsculos irisa,
por si el diablo atormenta mi difícil jornada.
He podido hasta ahora servir a mis hermanos,
la caridad donóme ritmos de su compás,
y cuando en una noche cualquiera ate mis manos,
la muerte, habrá de darme sólo una dicha más".

R E T O

Florez, Julio

Si porque a tus plantas ruedo
como un ilota rendido,
y una mirada te pido
con temor, casi con miedo,
si porque ante ti me quedo
extático de emoción,
piensas que mi corazón
se va en mi pecho a romper
y que por siempre he de ser
esclavo de mi pasión,
¡te equivocas, te equivocas!,
fresco y fragante capullo,
yo quebrantaré tu orgullo
como el minero las rocas.
Si a la lucha me provocas,
dispuesto estoy a luchar;
tú eres espuma, yo mar
que en sus cóleras confía;
me haces llorar, pero un día
yo también te haré llorar.
Y entonces, cuando rendida
ofrezcas toda tu vida,
perdón pidiendo a mis pies,
como mi cólera es
infinita en sus excesos,
¿sabes lo que haría en esos
momentos de indignación?
¡Arrancarte el corazón
para comérmelo a besos?

AMOR AMORUM

Fogazzaro, Antonio

Dice el Poeta: —¿Qué quieres de mí?
Piedra soy ya; sepulcro ahora me llamo—.

Dice la Bella: —Y yo sepulcro te amo;
viva me quiero sepultar en ti—.
Dice el Poeta: —No; se han sepultado
varias en mí y sitio falta ya—.
—Dice la Bella: —De ellas mi anhelado
deseo una siquiera escuchar—.
Sobre el hielo posó la boca ardiente,
y a sus hermanas dócil imploró;
sólo entonces se alzó tácitamente
la que él, primero, con ternura amó;
la que alma, corazón, vida, hermosura,
como polvo y ceniza le ofreció,
porque él tuviera una hora de ventura,
llorando y muda el sitio le dejó.

EL AMA

Gabriel y Galán

Yo aprendí en el hogar en qué se funda
la dicha más perfecta,
y para hacerla mía
quise yo ser como mi padre era
y busqué una mujer como mi madre
entre las hijas de mi hidalga tierra.
Y fui como mi padre, y fue mi esposa
viviente imagen de la madre muerta.
¡Un milagro de Dios, que ver me hizo
otra mujer como la santa aquella!
Compartían mis únicos amores
la amante compañera,
la patria idolatrada,
la casa solariega
con la heredada historia,
con la heredada hacienda.
¡Qué buena era la esposa

y qué feliz la tierra!
¡Qué alegre era mi casa
y qué sana mi hacienda,
y con qué solidez estaba unida
la tradición a la honradez de ellas!
Una sencilla labradora, humilde
hija de obscura y castellana aldea;
una mujer trabajadora, honrada,
cristiana, amable, cariñosa y seria,
trocó mi casa en adorable idilio
que no pudo soñar ningún poeta.
¡Oh, cómo se suaviza
el penoso trajín de las faenas
cuando hay amor en casa,
y con él mucho pan se amasa en ella
para los pobres que a su sombra viven,
para los pobres que por ella bregan!
¡Y cuánto lo agradecen, sin decirlo,
y cuánto por la casa se interesan,
y cómo ellos la cuidan,
y cómo Dios la aumenta!
Todo lo pudo la mujer cristiana,
logrólo todo la mujer discreta.
La vida en la alquería
giraba en torno de ella,
pacífica y amable,
monótona y serena...
¡Y cómo la alegría y el trabajo
donde está la virtud se compenetran!
Lavando en el regaso cristalino,
cantaban las mozuelas,
y cantaba en los valles el vaquero,
y cantaban los mozos en las tierras,
y el aguador camino de la fuente,

y el cabrerillo en la pelada cuesta...
¡Y yo también cantaba,
que ella y el campo hiciéronme poeta!
Cantaba el equilibrio
de aquella alma serena.
como los anchos cielos,
como los campos de mi amada tierra;
y cantaban también aquellos campos.
los de las pardas onduladas cuestas,
los de los mares de encerradas mieses,
los de las mudas perspectivas serias,
los de las castas soledades hondas,
los de las grises lontananzas muertas...
El alma se empapaba
en la solemne clásica grandeza
que llenaba los ámbitos abiertos
del cielo y de la tierra.
¡Qué plácido el ambiente,
qué tranquilo el paisaje, qué serena
la atmósfera azulada se extendía
por sobre el haz de la llanura inmensa!
La brisa de la tarde
meneaba amorosa la alameda,
los zarzales floridos del cercado,
los guindos de la vega,
las mieses de la hoja,
la copa verde de la encina vieja...
¡Monorrítmica música del llano,
qué grato tu soñar, qué dulce era!
La gaita del pastor en la colina
lloraba las tonadas de la tierra,
cargadas de dulzura,
cargadas de monótonas tristezas,
y dentro del sentido

caían las cadencias,
como doradas gotas
de dulce miel que del panal fluyeran.
La vida era solemne;
puro y sereno el pensamiento era;
sosegado el sentir, como las brisas;
mudo y fuerte el amor, mansas las penas,
austeros los placeres,
raigadas las creencias,
sabroso el pan, reparador el sueño,
fácil el bien y pura la conciencia.
¡Qué deseos el alma
tenía de ser buena,
y cómo se llenaba de ternura
cuando Dios le decía que lo era!
Pero bien se conoce
que ya no vive en ella
el corazón, la vida de la casa
que alegraba el trajín de las tareas,
la mano bienhechora
que con las sales de enseñanzas buenas
amasó tanto pan para los pobres
que regaban, sudando, nuestra hacienda.
¡La vida en la alquería
se tiñó para siempre de tristeza!
Ya no alegran los mozos la besana
con las dulces tonadas de la tierra,
que al paso perezoso de las yuntas
ajustaban sus lánguidas cadencias.
Mudos de casa salen,
mudos pasan el día en sus faenas,
tristes y mudos vuelven,
y sin decirse una palabra cenan;
que está el aire de casa

cargado de tristeza,
y palabras y ruidos importunan
la rumia sosegada de las penas.
Y rezamos, reunidos, el Rosario,
sin decirnos por quién. . ., pero es por ella.
Que aunque ya no su voz a orar nos llama,
su recuerdo querido nos congrega
y nos pone el rosario entre los dedos
y las santas plegarias en la lengua.
¡Qué días y qué noches!
¡Con cuánta lentitud las horas ruedan
por encima del alma que está sola
llorando en las tinieblas!
Las sales de mis lágrimas amargan
el pan que me alimenta;
me cansa el movimiento,
me pesan las faenas,
la casa me entristece
y he perdido el cariño de la hacienda.
¡Qué me importan los bienes,
si he perdido mi dulce compañera!
¡Qué compasión me tienen mis criados,
que ayer me vieron con el alma llena
de alegrías sin fin que rebosaban
y suyas también eran!
Hasta el hosco pastor de mis ganados,
que ha medido la hondura de mi pena,
si llego a su majada
baja los ojos y ni hablar quisiera,
y dice al despedirme: "Ánimo, amo;
haiga mucho valor, y haiga paciencia. . ."
Y le tiembla la voz cuando lo dice,
y se enjuga una lágrima sincera,
que en la manga de la áspera zamarra

temblando se le queda...
¡Me ahogan estas cosas,
me matan de dolor estas escenas!
¡Que me anime pretende, y él no sabe
que de su choza en techumbre negra
le he visto yo escondida
la dulce gaita aquella
que cargaba el sentido de dulzuras
y llenaba los aires de cadencias!...
¿Por qué ya no la toca?

¿Por qué los campos su tañer no alegra?
Y el atrevido vaquerillo sano
que amaba a una mozuela
de aquellas que trajinan en la casa,
¿por qué no ha vuelto a verla?,
¿por qué no canta en los tranquilos valles?,
¿por qué no silba con la misma fuerza?,
¿por qué no quiere restallar la honda?,
¿por qué está muda la habladora lengua
que al amo le contaba sus sentires
cuando el amo le daba su licencia,
"¡El ama era una santa!...",
me dicen todos cuando me hablan de ella.
"¡Santa, santa!", me ha dicho
el viejo cura de la aldea,
aquel que le pedía
las limosnas secretas
que de tantos hogares ahuyentaban
las hambres y los fríos y las penas.
¡Por eso los mendigos
que llegan a mi puerta,
llorando se descubren
y un padre nuestro por el ama rezan!
El velo del dolor me ha obscurecido

la luz de la belleza.
Ya no saben hundirse mis pupilas
en la visión serena
de los espacios hondos,

puros y azules, de extensión inmensa.
Ya no sé traducir la poesía,
ni del alma en la médula me entra
la intensa melodía del silencio,

que en la llanura quieta
parece que descansa,
parece que se acuesta.
Será puro el ambiente, como antes,

y la atmósfera azul será serena,
y la brisa amorosa
moverá con sus alas la alameda,
los zarzales floridos,

los guindos de la vega,
las mieses de la hoja,
la copa verde de la encina vieja...
Y mugirán los tristes becerrillos,
lamentando el destete en la pradera;

y la de alegres recentales dulces,
tropa gentil, escalará la cuesta
balando plañidera
al pie de las dulcísimas ovejas;

y cantará en el monte la abubilla,

y en los aires la alondra mañanera
seguirá derritiéndose en gorjeos,
musical filigrana de su lengua...
Y la vida solemne de los mundos
seguirá su carrera

monótona, inmutable,
magnífica, serena...
Mas, ¿qué me importa todo?,

si el vivir de los mundos no me alegra,
ni el ambiente me baña en bienestares,
ni las brisas a música me suenan,
ni el cantar de los pájaros del monte
estimula mi lengua,
ni me mueve a ambición la perspectiva
de la abundante próxima cosecha,
ni el vigor de mis bueyes me envanece,
ni el paso del caballo me recrea,
ni me embriaga el olor de las majadas,
ni con vértigos dulces me deleita
el perfume del trigo que se encera.
Resbala sobre mí sin agitarme
la dulce poesía en que se impregnan
la llanura sin fin, toda quietudes,
y el magnífico cielo, todo estrellas.
Y ya mover no pueden
mi alma de poeta
ni las de mayo auroras nacarinas
con húmedos vapores en las vegas,
con cánticos de alondra y con efluvios
de rociadas frescas,
ni estos de otoño atardeceres dulces
de manso resbalar, pura tristeza
de la luz que se muere
y el paisaje borroso que se queja...,
ni las noches románticas de julio,
magníficas, espléndidas,
cargadas de silencios rumorosos
y de sanos perfumes de las eras;
noches para el amor, para la rumia
de las grandes ideas,
que a la cumbre al llegar de las alturas
se hermanan y se besan...

¡Como tendré yo el alma,
que resbala sobre ella
la dulce poesía de mis campos
como el agua resbala por la piedra!
Vuestra paz era imagen de mi vida,
¡oh campos de mi tierra!,
pero la vida se me puso triste
y su imagen de ahora ya no es esa:
en mi casa, es el frío de mi alcoba,
es el llanto vertido en sus tinieblas;
en el campo, es el árido camino
del barbecho sin fin que amarillea.
Pero yo ya sé hablar como mi madre,
y digo como ella
cuando la vida se le puso triste:
"¡Dios lo ha querido así! ¡Bendito sea!"

¿QUE TENDRA?

¿Qué tendrá la hija
del sepulturero,
que con asco la miran los mozos,
que las mozas la miran con miedo?
Cuando llega el domingo a la plaza
y está el baileteo
como el sol de alegre,
vivo como el fuego,
no parece sino que una nube
se atraviesa delante del cielo:
no parece sino que se anuncia,
que se acerca, que pasa un entierro...
Una ola de opacos rumores
substituye al febril charloteo,
se cambian miradas
que expresan recelos,

el ritmo del baile
se torna más lento,
y hasta los repiques
alegres y secos
de las castañuelas
callan un momento...
Un momento no más dura todo:
mas. ¿qué será aquello,
que hasta da falsas notas la gaita,
por hacer un gesto
con sus gruesos labios
el tamborilero?
No hay memorias de amores manchados,
porque nunca, a pesar de ser bellos,
"buenos ojos tienes"
le ha dicho un mancebo.
Y ella sigue desdenes rumiando,
y ella sigue rumiando desprecios,
pero siempre acercándose a todos,
siempre sonriendo,
presentándose en fiestas y bailes
y estrenando más ricos pañuelos...

¿Qué tendrá la hija
del sepulturero?
. . . .
Me lo dijo un mozo,
—¿Ve usted esos pañuelos?
pues, se cuenta que son de otras mozas. . .,
¡de otras mozas que están ya pudriendo!...
Y es verdá que parece que güelen,
que güelen a muerto...

BLANCA FLOR

Gallardo Bartolomé, José

—¿A qué puertas y ventanas
clavar con tanto rigor,
si de par en par abiertas
tengo las del corazón?
Así con su madre a solas
lamenta su reclusión
la bella niña cenceña,
la del quebrado color,
de amargo llanto los ojos,
el pecho lleno de amor
y de par en par abiertas
las puertas del corazón
—¡Madre, la mi madre —dice—,
madre de mi corazón,
nunca yo al mundo naciera,
pues tan sin ventura soy!
Atended a las mis cuitas,
habed de mí compasión
y de par en par abridme
las puertas del corazón.
Yo me levantara un día
cuando canta el ruiseñor,
el mes era de las flores,
a regar las del balcón.
Un caballero pasaba
y me dijo: "¡Blanca Flor!"
Y de par en par abrióme
las puertas del corazón.
Si blanca, su decir dulce
colorada me paró;
yo callé, pero miréle;
¡nunca le mirara yo!,
que de aquel negro mirar
me abrasó en llama de amor
y de par en par abrí

las puertas del corazón.
Otro día, a la alborada,
me cantara esta canción:
"¿Dónde estás, la blanca niña,
blanco de mi corazón?",
en laúd con cuerdas de oro
y de regalado son,
que de par en par me abriera
las puertas del corazón.
El es gallardo y gentil,
gala de la discreción;
si parla, encantan sus labios;
si mira, mata de amor;
y cual si yo su sol fuera,
es mi amante girasol,
y abrióme de par en par
las puertas del corazón.
Yo le quiero bien, mi madre
(¡no me lo demande Dios!),
quiérole de buen querer,
que de otra manera no.
Si el querer bien es delito,
muchas las culpadas son
que de par en par abrieron
las puertas del corazón.

Vos, madre, mal advertida,
me claváis reja y balcón;
clavad, madre, norabuena,
más de esto os aviso yo;
cada clavo que claváis
es una flecha de amor
que de par en par me pasa
las telas del corazón.
Yo os obedezco sumisa

y no me asomo al balcón.
¿Que no hable? Yo no hablo.

¿Que no mire? ¿miro yo?
Pero "que le olvide", madre...,
madre mía, olvidar, no,
que de par en par le he abierto
las puertas del corazón.
En fin, vos amasteis, madre:
señora abuela riñó;
mas por fin vosotros os velasteis,
y a la fin que nací yo.
Si vos reñis, como abuela,
yo amo cual amasteis vos
al que abrí de par en par
las puertas del corazón.

YO QUISIERA PASAR

García Costa, Rosa

Yo quisiera pasar ante la vida
con la pupila impávida y serena
y en el semblante una sonrisa buena.
Pero a veces me siento cohibida
y mis ojos se bajan dulcemente,
como cansados de mirar de frente.

PRECIOSA Y EL AIRE

García Lorca, Federico

Su luna de pergamino
Preciosa tocando viene
por un anfibio sendero
de cristales y laureles.

El silencio sin estrellas,
huyendo del sonsonete,
cae donde el mar bate y canta
su noche llena de peces.
En los picos de la sierra
los carabineros duermen
guardando las blancas torres
donde viven los ingleses.
Y los gitanos del agua
levantan por distraerse
glorietas de caracolas
y ramas de pino verde.
Su luna de pergamino
Preciosa tocando viene.
Al verla se ha levantado
el viento que nunca duerme,
San Cristobalón desnudo,
lleno de lenguas celestes,
mira a la niña tocando
una dulce gaita ausente.
—Niña, deja que levante
tu vestido para verte.
Abre en mis dedos antiguos
la rosa azul de tu vientre—.
Preciosa tira el pandero
y corre sin detenerse.
El viento hombrón la persigue
con una espada caliente.
Frunce su rumor el mar,
los olivos palidecen.
Cantan las flautas de umbría
y el liso gong de la nieve.
¡Preciosa, corre, Preciosa,
que te coge el viento verde!
¡Preciosa, corre, Preciosa!

¡Míralo por dónde viene!
Sátiro de estrellas bajas
con sus lenguas relucientes.
Preciosa, llena de miedo,
entra en la casa que tiene,
más arriba de los pinos,
el cónsul de los ingleses.
Asustados por los gritos
tres carabineros vienen,
sus negras capas ceñidas
y los gorros en las sienes.

El inglés da a la gitana
un vaso de tibia leche
y una copa de ginebra
que Preciosa no se bebe.
Y mientras cuenta, llorando,
su ventura a aquella gente,
en las tejas de pizarra
el viento, furioso, muerde.

EL SEÑOR DE LA ISLA

George, Stefan

El señor de la isla
que hay en el Sud nos dijo la leyenda
que narraban sencillos pescadores,
a la luz del hogar, bajo su tienda:
En la isla dorada,
donde perfuman como abiertos pomos
ricas gemas y verdes cinamomos;
en la isla silente,
donde, al canto de límpida corriente,
brillan las gemas de color suave,
hubo un extraño morador: ¡un ave!

De pie en la ribera,
su pico de marfil descollaba
la más alta palmera;
cuando sus alas, rojas
como sangriento caracol de Tiro,
turbaban el murmullo de las hojas
al revolver en el ambiente puro,
lentas, pesadas, flojas,
asemejaban nubarrón obscuro.
De día siempre oculta
bajo las ramas, al caer la tarde
pasábase del mar en las orillas,
donde mezclaba el viento
del ave rara el flauteado acento
y el olor de las algas amarillas.
Sacando la cabeza, los delfines
amadores del canto
llegaban de los últimos confines
en constelado coro,
y al golpe musical de sus aletas
cruzaban por el piélago saetas,
chispas doradas y plumajes de oro.
Así vivió los siglos. Indiscreto,
el ojo de la humana criatura
no la midió, violando la espesura:
el náufrago tan solo,
que de sus antros lóbregos Eolo
arrojó sin piedad, tal vez la oyera
cantando en la ribera
al morir de una tarde silenciosa...
Cuando por vez primera
llevó su leño un ágil navegante
a la isla distante,
se puso el ave a contemplar a solas

lo triste de la estela
en las intactas olas,
donde flotaba la dormida vela,
y subiéndose al ápice de un monte
vio por última vez el horizonte
de su playa querida,
de su isla desierta,
y, las alas enormes desplegadas,
con grandes voces de dolor ahogadas
llenó la inmensidad y cayó muerta...

A D I O S

Géraldy, Paul

Adiós, pues. ¿Nada olvidas? Está bien. Puedes irte.
Ya nada más debemos decirnos... ¿Para qué?
Te dejo. Partir puedes. Pero aguarda un momento...
Está lloviendo. Espera que deje de llover.
Abrígate. Está haciendo mucho frío en la calle.
Ponte capa de invierno. Y abrígate muy bien.
¿Todo te lo he devuelto? ¿Nada tuyo me queda?
¿Tu retrato te llevas y tus cartas también?
Por última vez, mírame. Vamos a separarnos.
Oyeme. No lloremos, pues necedad sería...
Y qué esfuerzo debemos los dos hacer ahora
para ser lo que fuimos..., lo que fuimos un día...
Se habían nuestras almas tan bien compenetrado,
y hoy de nuevo su vida cada cual ha tomado.
Con un distinto nombre, por senda aparte iremos,
a errar, a vivir solos... Sin duda sufriremos.
Sufriremos un tiempo. Después vendrá el olvido.
Lo solo que perdona. Tú, de mí desunida,
serás lo que antes fuiste. Yo, lo que antes he sido...
Dos distintas personas seremos en la vida.

Vas a entrar desde ahora por siempre en mi pasado;
tal vez nos encontremos en la calle algún día.

Te veré desde lejos con aire descuidado,
y llevarás un traje que no te conocía.

Después, pasarán meses sin que te vea, en tanto,
habrán de hablarte amigos de mí. Yo bien lo sé;
y cuando en mi presencia te recuerden, encanto
que fuiste de mi vida: "¿Como está?, les diré.

¡Y qué grandes creímos nuestros dos corazones!
¡Y qué pequeños! ¡Cómo nos quisimos tú y yo!
¿Recuerdas otros días? ¡Qué gratas ilusiones!
Y mira en lo que ahora nuestra pasión quedó.

Y nosotros, lo mismo que los demás mortales,
en promesas ardientes de tierno amor creyendo.
¡Verdad que humilla! ¿Todos somos acaso iguales?
¿Somos como los otros? Mira, sigue lloviendo.
¡Quédate! ¡Ven! No escampa. Y en la calle hace frío.

Quizá nos entendamos. Yo no sé de qué modo.
Aunque han cambiado tanto tu corazón y el mío,
tal vez al fin digamos: "¡No está perdido todo!"
Hagamos lo posible. Que acabe este desvío.

Vencer nuestras costumbres es inútil, ¿verdad?
¡Ven, siéntate! A mi lado recobrarás tu hastío,
y volverá a tu lado mi triste soledad.

L O S   O J O S

Gómez Restrepo, Antonio

Ojos hay soñadores y profundos
que nos abren lejanas perspectivas;
ojos cuyas miradas pensativas
nos llevan a otros cielos o a otros mundos;
ojos como el pensar, meditabundos,
en cuyo fondo gris vagan esquivas

bandadas de ilusiones fugitivas,
como en el mar, alciones errabundos.
Ojos hay que las penas embellecen
y dan el filtro de celeste olvido
a los que al peso de su cruz fallecen;
ojos tan dulces como el bien que ha sido,
y que en su etérea vaguedad parecen
astros salvados del Edén perdido.

EXTASIS

Gómez Rojas, Domingo

Ante el santo paisaje me detengo
con la solemnidad de alguien que mira
la belleza de Dios, ¡virgen desnuda!
Y como blanda mano sobre el labio,
siento que la palabra se me interna
como un grumo de miel y que me callo.
Y así, frente al paisaje, a la divina
belleza del paisaje, sólo siento
la sensación imperceptible y diáfana
de no sentir la carne ni la vida...
¡Y el éxtasis de Dios me inunda todo!

AMARRADO AL DURO BANCO
(Fragmento)

Góngora, Luis de

Amarrado al duro banco
de una galera turquesca,
ambas manos en el remo
y ambos ojos en la tierra,
un forazado de Dragut
en la playa de Marbella
se quejaba al ronco son

del remo y de la cadena:
"¡Oh sagrado mar de España,
famosa playa serena,
teatro donde se han hecho
cien mil navales tragedias!
"Pues eres tú el mismo mar
que con tus crecientes besas
las murallas de mi patria,
coronadas y soberbias.
"tráeme nuevas de mi esposa
y dime si han sido ciertas
las lágrimas y suspiros
que me dice por sus letras;
"porque si es verdad que llora
mi cautiverio en tu arena,
bien puedes al mar del Sur
vencer en lucientes perlas.
"Dame ya, sagrado mar,
a mis demandas respuesta,
que bien puedes, si es verdad
que las aguas tienen lengua;
"pero pues no me respondes,
sin duda alguna que es muerta,
aunque no lo debe ser,
pues que vivo yo en su ausencia.
"Pues he vivido diez años
sin libertad y sin ella,
siempre al remo condenado,
a nadie matarán penas!"
En esto se descubrieron
de la religión seis velas,
y al cómitre mandó usar
al forzado de su fuerza.

LETRILLA

Góngora y Argote, Luis de

No son todos ruiseñores
los que cantan entre flores,
sino campanitas de plata
que tocan al alba,
sino trompeticas de oro
que hacen la salva
a los soles que adoro.
No todas las voces ledas
son de sirenas con plumas,
cuyas humildes espumas
son las verdes alamedas,
si suspendido te quedas
a los suaves clamores.
No son todos ruiseñores
los que cantan entre flores,
sino campanitas de plata
que tocan al alba,
sino trompeticas de oro
que hacen la salva
a los soles que adoro.
Lo artificioso que admira
y lo dulce que consuela,
no es de aquel violín que vuela
ni de otra inquieta lira;
otro instrumento es quien tira
de los sentidos mejores.
No son todos ruiseñores
los que cantan entre flores,
sino campanitas de plata
que tocan al alba,
sino trompeticas de oro

que hacen la salva
a los soles que adoro.

ANDE YO CALIENTE

Ande yo caliente
y ríase la gente.
Traten otros del gobierno
del mundo y sus monarquías,
mientras gobiernan mis días
mantequillas y pan tierno,
y las mañanas de invierno
naranjada y aguardiente,
y ríase la gente.
Coma en dorada vajilla
el príncipe mil cuidados
como píldoras dorados:
que yo en mi pobre mesilla
quiero más una morcilla
que en el asador reviente
y ríase la gente.
Cuando cubran las montañas
de plata y nieve el enero,
tenga yo lleno el brasero
de bellotas y castañas
y quien las dulces patrañas
del rey que rabió me cuente,
y ríase la gente.
Busque muy en hora buena
el mercader nuevos soles;
y conchas y caracoles
entre la menuda arena,
escuchando a Filomena
sobre el chopo de la fuente,
y ríase la gente.
Pase a medianoche el mar

y arda en amorosa llama
Leandro por ver a su dama,
que yo más quiero pasar
de Yepes a Madrigar
la regalada corriente,
y ríase la gente.
Pues amor es tan cruel
que de Píramo y su amada
hace tálamo una espada
no se junten ella y él,
sea mi Tisbe un pastel
y la espada sea mi diente,
y ríase la gente.

LA LANZADA

En cuatro llagas se llaga,
el cuerpo del Redentor;
cuatro claveles de púrpura
que mueven a compasión,
pues los ha disciplinado
de su agonía el sudor;
cuatro fuentes que derraman
en terrible borbollón
la sangre de aquellas venas
que mi pecado tronchó;
cuatro boquetes de espanto
que están tragándose al sol;
cuatro ríos de corales
por cuatro cauces de amor...
¡Aún han de abrirle otra llaga,
¡oh Cordero de Sión!...
Eran cuatro y serán cinco;
¿dónde habrá crueldad mayor?
Casi desierto el Calvario

al eco de aquella Voz,
que el santo velo del templo
en dos mitades rasgó,
tiembla en sus centros el mundo
con violenta convulsión:

las aves pasan chillando
con nunca oído clamor;
los sepulcros de los muertos
se parten de dos en dos;
y —belfo de roja espuma,
raudo resuello feroz,
nerviosa oreja, y el callo
calcitrante y pisador—
dando vueltas al madero
en donde el Justo expiró,
caracolea el caballo
que cabalga el centurión. . .
Tallo de madura espiga
que está esperando su hoz;
blanco de todas las flechas,
muda estatua del dolor,
morado lirio que azotan
las furias del aquilón,
sangre dormida, los pulsos;

el labio, cárdena flor;
pozo amargo, la pupila;
yunque muerto, el corazón
la hundida mejilla, cera;
la clara faz, estupor;
casi mortaja la túnica;
la toca, vivo crespón;
el alma, toda congoja;
el cuerpo, todo tremor;
iman de siete puñales,

de la pena, girasol,
al pie de la Cruz, María,
está sin habla ni acción.
Con ella están el dilecto,
que hasta allí la acompañó,
y las tres santas mujeres,
luceros de la Pasión.
Casi rozando sus cuerpos,
entre un piafe y una coz,
pásales cerca el caballo
que cabalga el centurión.
—¿A dónde vas, buen amigo?;
¿para qué tanto rigor,
si ya está sin vida el Cuerpo
que tuve en mi entraña yo?
¡Detén, detén un instante
tu galope, centurión,
y clava en mí esa lanzada,
si es que tienes el valor
de alancear a una madre
que morir a su hijo vio!
¡refrena tu galopada!...

¡Aún es tiempo, centurión!....
Mas Longinos no la escucha;
el caballo revolvió,
bien recogido el rendaje,
puesto en el ristre el lanzón.

Hirió a Cristo el duro hierro,
¡Mas fue ella la que sintió
como la aguda moharra
calábale el corazón!
(Redonda ha caído a plomo;
la dura peña quebró).
Del costillaje divino,

partida la trabazón,
agua y sangre se derraman
en milagroso licor;

sangre, porque bien se aprecie
que entera la derramó,
y agua, porque se bautice
del mundo la Redención..

Prodigio que al mundo pasma
como el prodigio mayor,
en el verso treinta y cinco
lo declara "El que lo vio".
El Gólgota va rayando
la noche con su carbón...

Ya se encienden las estrellas...
Por el valvero asomó
la luna de Parasceve
su alabastrino farol...
Las golondrinas arrancan
las espinas al Señor...
Una voz de llanto y miedo
que en el monte retumbó,
clama: "Verdaderamente,
Este era el Hijo de Dios!".

ELEGIA SENCILLA

González Bastías, Jorge

La adolescente amiga mía,
silenciosa me vio partir,
y fui vagando por el mundo
sin saber de ella ni de mí.
Mis pupilas alucinadas
mostraban una inmensa sed...
¿por qué senderos te hallaría,

amor, conforme a mi querer?
Alguna vez en el camino
me detuve junto a una flor;
en su fragancia había un sueño
de amor. ¡Pero no era el amor!
Crucé por la montaña obscura
y fui amigo del robledal;
en roda cantaban los pájaros
alegrando la soledad.
Llegué a la orilla de los mares
y un canto nuevo conocí.
Sobre las aguas y en el viento,
el canto venía hasta mí.
En las ciudades —hierro y mármol—,
mi sentimiento profané. . .
La dulce imagen olvidada
vi en mi recuerdo alguna vez. . .
Una mujer pasó a mi lado
(hablaba con su misma voz. . .)
Se alejó blanca como un sueño
de amor, ¡pero no era el amor!

ELEGIA SENCILLA

Tenía blanco el cabello,
tenía la barba blanca,
y una dulzura de amor
y de ensueño en la mirada.
Tenía pálido el rostro,
tenía las manos pálidas;
se fue una tarde y ya nunca
más se oyeron sus palabras.
No se oyeron más sus pasos
en los patios de la casa,
ni lo han visto más sus perros
que sollozando lo aguardan.

Abandonado quedó
el bastón que acostumbraba,
nostálgico de esas pródigas
manos que ya no se alargan.
Pero aún en esas tardes
en que se recoge el alma,
en todo hay como una sombra
trémula que se agiganta.
Cuando se iba ya, dejó
en el campo una mirada
tan honda y triste, que aún
está congelada en lágrimas...
¡Tenía blanco el cabello,
tenía la barba blanca...,
tenía pálido el rostro,
tenía las manos pálidas.

CASA CON DOS PUERTAS

González Martínez, Enrique

¡Oh casa con dos puertas que es la mía,
casa del corazón, vasta y sombría,
que he visto en el desfile de los años
llena a veces de huéspedes extraños,
y otras veces —las más— casi vacía!...
Casa que en los risueños
instantes de la vida miró absorta
la fila interminable de los sueños,
de arribo fácil y de estancia corta...
¡Cuán raro fue el viador que en la partida
dejó, para los tránsitos futuros,
una hoguera encendida
en la piadosa puerta de salida
o una noble inscripción sobre los muros!
Los más dejaron, al fulgor incierto

de un prematuro ocaso,
algún jirón en el umbral desierto,
el alma errante. de algún himno muerto
o un desgaste de piedras a su paso.
Sólo al silencio de la paz nocturna
prende su lamparilla taciturna
huésped desconocido...
Y se pregunta mi inquietud cobarde
si es un cansado amor que llegó tarde
o es un viejo dolor que no ha salido.

CUANDO SEPAS HALLAR UNA SONRISA

Cuando sepas hallar una sonrisa
en la gota sútil que se rezuma
de las porosas piedras, en la bruma,
en el sol, en el ave y en la brisa;
cuando nada a tus ojos quede inerte,
ni informe, ni incoloro, ni lejano,
y penetres la vida y el arcano
del silencio, las sombras y la muerte;
cuando tiendas la vista a los diversos
rumbos del cosmos, y tu esfuerzo propio
sea como un potente microscopio
que va hallando invisibles universos;
entonces, en las flamas de la hoguera
de un amor infinito y sobrehumano,
como el santo de Asís, dirás hermano
al árbol, al celaje y a la fiera.
Sentirás en la inmensa muchedumbre
de seres y de cosas tu ser mismo;
serás todo pavor con el abismo
y serás todo orgullo con la cumbre.
Sacudirá tu amor el polvo infecto
que macula el blancor de la azucena;

233

bendecirás las márgenes de arena
y adorarás el vuelo del insecto;
y besarás el garfio del espino
y el sedeño ropaje de las dalias...
Y quitarás piadoso tus sandalias
por no herir a las piedras del camino.

EL LUNAR

González Nicolás, Augusto

Ni el candor de tu rostro, que revela
que tu sensible corazón dormita,
ni tu mórbido seno que palpita,
ni tu inocente gracia que consuela;
ni tus brillantes ojos de gacela,
ni tu boca de grana, urna bendita
donde un beso parece que se agita
cual mariposa que volar anhela,
inspiran más el alma enamorada,
por tus encantos celestiales loca
y a tu yugo hace tiempo encadenada,
que ese lunar que a adoración provoca...,
¡pequeña, fugitiva pincelada
que el amor quiso dar junto a tu boca!

EL MONJE

González Pedro, Antonio

FRAGMENTO PRIMERO

I

Noche. No turba la quietud profunda
con que el claustro magnífico reposa
más que el rumor del aura moribunda
que en los cipreses lóbregos solloza.
Mustia la frente, la cabeza baja,

negro fantasma que la fiebre crea,
cadáver medio envuelto en su mortaja,
un monje por el claustro se pasea.
De cuando en cuando de sus ojos brota
un súbito relámpago sombrío:
el trágico fulgor del alma rota
que gime y se retuerce en el vacío.
No lo acompaña en su mortal desmayo
más que la luna que las sombras ama,
que una lágrima azul en cada rayo
sobre las frentes pálidas derrama...

II

Es joven. Es su edad del alegro,
la del himno, el ensueño y el efluvio,
en que es terso azabache el bucle negro,
en que es oro bruñido el bucle rubio.
Sin conocer placeres ni pesares,
se alejó del hogar siendo muy niño,
y fue a poner al pie de los altares
un corazón más puro que el armiño.
Algún recuerdo de la infancia acaso
rompe tenaz su místico sosiego
y desata en su espíritu a su paso
huracanadas ráfagas de fuego.
Acaso las borrascas de la tierra
traspasan las barreras de su asilo
y van con ronco estrépito de guerra
a desgarrar su corazón tranquilo...

III

Un día vio en el templo, de rodillas,
desde un triclinio del solemne coro,
una virgen de pálidas mejillas,
de pupilas de cielo y trenzas de oro.
Y su gallarda imagen tentadora

lo persiguió con incesante empeño;
turbó su dulce paz hora tras hora,
en el recreo, la oración y el sueño.
Cuántas veces, orando en el santuario,
no veía flotar en su ansia viva,
envuelta en la espiral del incensario,
su fantástica sombra fugitiva.
¡Cuántas veces, con hondo devarío,
allá en las noches de nostalgia loca,
no despertaba, trémulo del frío,
buscando el beso ardiente de su boca!

IV

De súbito interrumpe su paseo
y lívido y extático se queda,
y mira con extraño devaneo
la blanca luna que a lo lejos rueda.
Y en la cúpula azul de pompa fídica
del templo secular de estilo mágico,
ensaya el ritmo de su voz fatídica
el ave de Satán, el cuervo trágico.
Y los cipreses lóbregos se quejan.
Y al vaivén de sus copas que se alcanzan,
sus siluetas se acercan y se alejan
como espectros fantásticos que danzan.
Y tras los horizontes de Occidente
la luna meláncolica se escombra.
¡Y allá en su corazón el monje siente
crecer la soledad, crecer la sombra!...

FAGMENTO SEGUNDO

I

¿Por qué, por qué, sin fe para el combate,
el alma alada que a la cumbre vuela,

olvida que es espíritu y se abate
cuando la frágil carne se rebela?
¡Por qué ludibrio de borrasca loca
la conciencia vacila y gime y calla
cuando el brutal instinto la provoca
a sostener con él recia batalla!
¿Qué hondo misterio es el que el hombre
                                    Lencierra,
que el cuerpo vence al alma en el gran duelo,
siendo el cuerpo una sombra de la tierra,
siendo el alma un relámpago del cielo?

II

Ante el sol inmortal que se levanta
y tiñe el éter de ópalo y de rosa,
el himno eterno de la vida canta
con magnífico ritmo cada cosa.
Mas, ¡ay!, el monje, en su nostalgia muda,
oye sólo zumbar el ala incierta
con que el lóbrego cierzo de la duda
bate las ruinas de su fe ya muerta.
Envuelta en el fantástico sudario
de su austera y flotante saya mística,
se arrodilla temblando en el santuario,
delante de la lámpara eucarística.
Es insondable, es infinito el velo
de la fúnebre noche que le ofusca.
Es un fantasma, es un sarcasmo el cielo;
huye más lejos cuanto más le busca.

III

Después de orar al borde del abismo,
siempre sin esperanza, siempre en vano,
y de sentir la nada de sí mismo,
le abre su corazón a un monje anciano.
Lleno de santa unción y, amor profundo,

el viejo monje largo tiempo le habla
de que busque en el piélago del mundo
sólo en la cruz su salvadora tabla.

—¡Ay —le dice— del alma que blasfema
y que se olvida de su excelso rango,
y que arrastra su fúlgida diadema
y sus cándidas alas por el fango!

"El alma que a sí misma se abandona
y que, entre el mal y el bien, el mal prefiere.
rompe el lazo que al cielo la eslabona:
¡vive para Satán, para Dios muere!

IV

Y él le oye. Y en su celda solitaria,
armado de una férula sangrienta,
a compás de una lúgubre plegaria,
verdugo de sí mismo, se atormenta.

En su místico anhelo de vencerse.
lleno de santa cólera se azota,
y de dolor su carne se retuerce
y roja sangre de su carne brota.

Es inútil su bárbaro martirio.
La fiebre estalla en su cerebro luego.
Y a través de las sombras del delirio,
él ve flotar una visión de fuego.

Es la visión de la mujer que adora,
que con su carne pone su alma en guerra,
¡que lo acosa tenaz hora tras hora,
que lo hace al cielo preferir la tierra!

FRAGMENTO TERCERO

I

Tiende la noche sus flotantes tules
y se envían los astros desde lejos,
a través de los ámbitos azules,

238

dulces besos de amor en sus reflejos.
Y hunde el monje en el éter infinito
los tristes ojos con afán profundo;
acaso escruta lo que Dios ha escrito
allá en el corazón de cada mundo.
Y bajo el nimbo de su luz risueña,
la blanca luna en cada rayo exclama:
"¡Soy una virgen pálida que sueña,
soy una virgen que se arroba y ama!"
Y ensaya el aura tibia sin sosiego,
en las trémulas copas de los álamos,
ritmos lejanos de ósculos de fuego,
de bocas que se encienden en los tálamos.

II

Hace instantes no más, con que inocencia
la rubia virgen pálida que adora
le abrió ante el tribunal de la conciencia
por la primera vez su alma de aurora.
Hondas huellas de horror en él dejaron
los recios golpes de la lid sin nombre
que en su lóbrego espíritu trabaron
el ministro del cielo con el hombre.
Cada revelación que ella le hacía
era un tremendo vendaval deshecho
que sin piedad crispaba y retorcía
las recónditas fibras de su pecho.

III

—Padre —le dijo—, perdonad mi queja:
Siempre que caigo ante el altar de hinojos,
mi pensamiento del altar se aleja
y se llenan de lágrimas mis ojos.
Al mismo altar, con una audaz porfía
que hace los sentidos se me arroben,
sigue mis pasos, tras la sombra mía,

la sombra melancólica de un joven.
Busco la soledad, y en ella vago,
y de amor cada cosa me habla de ella:
me habla de amor la música del lago;
me habla de amor el ritmo de la estrella.
Dadme, pues, padre mío, algún consuelo.
Es ya inútil luchar. Estoy vencida.
¿No es verdad que el amor brota del cielo?
¿No es verdad que sin él no hay sol, no hay
⌊vida?

IV

Y él exclamó: —No es éste un gran problema:
Dios manda que ame cuanto ser existe,
Y su mandato es una ley suprema
a cuyo imperio ningún ser resiste.
Pero el amor su fin tan sólo alcanza
cuando con la conciencia se concilia;
cuando es su aspiración y su esperanza
fundar el santo hogar de la familia.
Mas el amor que ofende a la conciencia,
dando pábulo a instintos que la oprimen,
¡deja de ser sagrado, y es demencia,
deja de ser sagrado, y es un crimen!

V

Y el monje suspendió súbitamente
su evangélica plática sencilla,
y una lágrima trémula y ardiente
resbaló sin rumor por su mejilla.
La virgen núbil, por su rostro mudo,
desde el humilde sitio de su alfombra,
ver rodar esa lágrima no pudo
porque esa lágrima rodó en la sombra.

FRAGMENTO CUARTO

I

Tarde estival. El cielo se dilata
por el gigante piélago sonoro,
como una inmensa túnica de plata
cuajada de soberbias flores de oro.
Habla todo de Dios: la limpia onda
con su albo nimbo por la playa tiende,
la casta estrella que en la bruma blonda
del páñido crepúsculo se enciende.

II

Cubierto el monje con su tosca saya,
murmurando en silencio: "Dios lo exige",
hacia una agreste aldea, por la playa,
bajo el sol que ya muere, se dirige.
El, allá en sus salvajes horizontes,
olvidará tal vez sus agrias penas:
respirará la brisa de los montes,
recobrará la sangre de sus venas.

III

Sirve la humilde aldea un cura anciano
que cumple su misión con santo anhelo,
que en cada feligrés ve un tierno hermano
que Dios le ordena conducir al cielo.
Mas ya no puede soportar la carga
de su labor de apóstol y profeta.
El peso de la edad ya lo aletarga.
Ya toca el linde de su vida inquieta.

IV

Le dice al monje: —Serás tú el baluarte
de la grey que Dios puso a mi cuidado;
tú empuñarás el místico estandarte
que yo abandono, porque estoy cansado.
Y el monje le oye y le obedece y calla,

Y con tervor a la labor se entrega.
Y mayor goce en la labor él halla,
mientras mayor abnegación despliega.

V

Allá, cuando a lo lejos ya declina
el blanco sol entre celajes rojos,
el monje hacia la playa se encamina,
trémulo el paso y húmedos los ojos.
Sus olas a sus pies el mar prosterna
con ritmo a un tiempo unísono y diverso,
y le habla sin cesar del alma eterna
que difunde la vida al universo.
Del alma que es efluvio en la laguna,
y en la undívaga brisa ritmo eólico,
y en la serena, temblorosa luna,
lágrima azul del cielo melancólico.
Del alma que es visión que canta y vaga
allá en la nube trémula y bermeja,
y que en la mustia estrella que se apaga
es recuerdo que llora y que se aleja...

FRAGMENTO QUINTO Y ULTIMO

I

En la capilla de la aldea tosca,
denso gentío de entusiasmo lleno
se agita como un piélago que enrosca
a la luz del relámpago su ceño.
Ante el altar, el monje se dibuja.
lívido el rostro, la mirada triste,
extraño el gran tumulto que se empuja,
extraño a todo cuanto en torno existe.

II

Avanzan al altar, con pie seguro
y reflejando en la pupila el cielo,

un apuesto doncel de traje obscuro
y una niña gentil de blanco velo.
El monje los contempla un corto instante
con el hondo y supremo paroxismo
de quien se ve de súbito delante
de la inmensa pendiente de un abismo.
En la diáfana tez de nieve y rosa,
y los bucles aurinos y sedeños,
y el talle de palmera de la esposa,
él descubre a la virgen de sus sueños.
En su fatal, desgarradora cuita,
en vano, en vano en su interior batalla
con el volcán de su pasión que grita,
con el volcán de su pasión que estalla.

III

Se absorbe. Se transporta, y a lo lejos,
desde el místico altar al lecho cálido,
ve marchar bajo un nimbo de reflejos
una novia gentil y un novio pálido.
Y oye entre raudos y variados giros
de misteriosas y argentinas brisas,
aleteos de besos y suspiros,
y músicas de arrullos y de risas.
Y ve jugar, bajo la luz eterna,
al umbral de un hogar lleno de efluvios,
sobre el regazo de una madre tierna,
un enjambre auroral de ángeles rubios.

IV

Y tiende a otro horizonte la mirada,
y allá en el pálido confín divisa
una lóbrega celada abandonada
donde una triste lámpara agoniza.
Forman su techo que jamás se alegra

ásperas tablas de nudosos troncos,
siempre cubiertos por la noche negra,
siempre azotadas por los cierzos roncos.
Y a la luz de la lámpara que oscila
ve arrodillarse un monje ante el vacío.
Le ve enjugarse a solas la pupila,
y en su abandono tiritar de frío.

V

Y domina su bárbaro tormento
y la hiel de sus lágrimas devora.
Y a un hombre que no es él, con dulce acento,
desposa él mismo a la mujer que adora.
Y al soplo del dolor con que está en guerra,
siente su sangre transformarse en hielo,
huir veloz bajo sus pies la tierra,
sobre su frente derrumbarse el cielo.
Y entonces, ¡ay!, a su pupila asoma
la noche allá en su espíritu escondida.
¡Y al pie del ara santa se desploma,
rígido el cuerpo, la razón perdida!

EPITAFIO

Gray, Thomas

Aquí el regazo de la tierra oculta
un joven sin renombre y sin riqueza;
su humilde cuna vio la ciencia oculta
y marcólo por suyo la tristeza.
Sincero y generoso fue, y el cielo
pagóle; dio cuanto tenía consigo:
una lágrima al pobre por consuelo;
tuvo de Dios cuanto pidió: un amigo.
Su flaqueza y virtud bajo esta losa
no más indagues de la tierra madre.
Con esperanza tímida reposa

allá en el seno de su Dios y Padre...

REGRESO AL HOGAR

Guerra Junqueiro, A.

¡Cuántos años hace que salí llorando
de este nostalgioso, cariñoso hogar!...
¿Fue hace veinte?..., ¿Treinta?... Ni yo sé ya
|cuándo.
—Aya, la mi aya, que me estás mirando:
¡Canta, y tus cantigas me harán acordar!
Di la vuelta al mundo, la vuelta a la vida.
Tan sólo hallé engaños, decepción, pesar...
Tengo el alma ingenua toda alicaída...
—Aya, la mi aya, que estás arrecida,
¡canta, y tus cantigas me harán suspirar!...
Vengo de cansancios y dolor deshecho;
en mi cara hay surcos de tanto llorar,
¡Nunca me saliera de mi nido estrecho!
—Aya, la mi aya, que me diste el pecho,
¡canta, y tus cantigas vuélvanme a cunar!
Dióme Dios, otrora, viático hechicero,
oro de mis astros, velo de claror lunar;
pero me robaron a medio sendero.
—Aya, la mi aya, soy un pordiosero,
¡canta, tus cantigas que hacían llorar!
Y como antes, en tu regazo amado
(¡vengo muerto, muerto!...) ¡déjame ocultar!
¡Ah, tu rapazuelo llega tan cambiado!...
—Aya, la mi aya, ¡llega tan cambiado!
¡Canta tus cantigas que me hacían soñar!
Cántame cantigas reposadamente,
tristes, tristes como la luna y el mar...
¡Canta, a ver si logro que el alma doliente
se me haya dormido cuando finalmente

la Muerte piadosa me venga a buscar!

LA MUERTE

Gutiérrez Federico, A.

Caminábamos juntos... ¿Qué dolor es el mío,
que logra mantenerse dentro del corazón?...
Y bajo el cielo obscuro, se me antoja el río
un confidente trágico de mi desolación.
¡Ah, yo hubiera querido ser menos que una ola,
ese grano de espuma que parece un rubí,
para desvanecerme, para dejarte sola,
para que no supieras lo que pasaba en mí!...
Y hoy que amo tu recuerdo, hoy que todo me hastía,
reflexiono, soñando con tu cuerpo de nieve:
no fue por culpa de ella ni fue por culpa mía...
Todo lo mata el tiempo; y el amor, que es tan leve
como el glóbulo que hace la gota cuando llueve,
no resiste el pesado rodar de cada día...

MIS ENLUTADAS

Gutiérrez Nájera, Manuel

Descienden, taciturnas las tristezas
al fondo de mi alma,
y entumecidas, haraposas brujas,
con uñas negras
mi vida escarban.
De sangre es el color de sus pupilas,
de nieve son sus lágrimas:
hondo pavor infunden...; yo las amo
por ser las solas
que me acompañan.
Aguárdolas ansioso si el trabajo

de ellas me separa,
y búscolas en medio del bullicio,
y son constantes,
y nunca tardan.
En las fiestas, a ratos se me pierden
o se ponen la máscara,
pero luego las hallo, y así dicen:
"¡Ven con nosotras!
¡Vamos a casa!"
Suelen dejarme cuando, sonriendo,
mis pobres esperanzas,
como enfermitas ya convalecientes,
salen alegres
a la ventana.
Corridas huyen, pero vuelven luego,
y por la puerta ellas
entran trayendo como nuevo huésped
alguna triste,
lívida hermana.
Abrese a recibirlas la infinita
tiniebla de mi alma,
y van prendiendo en ella más recuerdos,
cual tristes cirios
de cera pálida.
Entre esas luces, rígido, tendido,
mi espíritu descansa.
Y las tristezas, revolando en torno,
lentas salmodias
rezan y cantan.
Escudriñan del húmedo aposento
rincones y covachas,
el escondrijo do guardé cuitado
todas mis culpas,
todas mis faltas.

Y hurgando mudas, como hambrientas lobas,
y volviendo a mi lecho mortuorio
me las enseñan
y dicen: "Habla".
En lo profundo de mi ser bucean,
pescadores de lágrimas,
y vuelven mudas con las negras conchas
en donde brillan
gotas heladas.
A veces me revuelvo contra ellas
y las muerdo con rabia,
como la niña desvalida y mártir
muerde a la arpía
que la maltrata.
Pero en seguida, viéndome impotente,
mi cólera se aplaca;
¿Qué culpa tienen, pobres hijas mías,
si yo las hice
con sangre y alma?
Venid, tristezas de pupila turbia;
venid, mis enlutadas,
las que viajáis, por la infinita sombra
donde está todo
lo que se ama.
Vosotros no engañáis; venid, tristezas,
¿oh mis criaturas blancas,
abandonadas por la madre impía,
tan embustera,
por la esperanza!
Venid a hablarme de las cosas idas,
de las cosas que callan,
de muertos buenos y de ingratos vivos.
Voy con vosotras,
vamos a casa.

PARA ENTONCES

Quiero morir cuando decline el día,
en alta mar y con la cara al cielo;
donde parezca un sueño la agonía,
y el alma, un ave que remonta el vuelo.
No escuchar en los últimos instantes,
ya con el cielo y con el mar a solas,
más voces ni plegarias sollozantes
que el majestuoso tumbo de las olas.
Morir cuando la luz, triste, retira
sus áureas redes de la onda verde,
y ser como ese sol que lento expira:
algo muy luminoso que se pierde.
Morir, y joven: antes que destruya
el tiempo aleve la gentil corona;
cuando la vida dice aún: soy tuya,
¡aunque sepamos bien que nos traiciona!

S A B A S

Gelman, Juan

Yo ví a Sabás, el negro sin veneno,
pedir su pan de puerta en puerta.
¿Por qué, Sabás, la mano abierta?
(Este Sabás es un negro bueno).
Aunque te den el pan, el pan es poco,
y menos, ese pan de puerta en puerta.
¿Por qué, Sabás, la mano abierta?
(Este Sabás es un negro loco).
Yo vi a Sabás, el negro hirsuto,
pedir por Dios para su muerta.
¿Por qué, Sabás, la mano abierta?
(Este Sabás es un negro bruto).

Coge tu pan, pero no lo pidas;

coge tu luz; coge tu esperanza cierta
como a un caballo por las bridas...

Plántate en medio de la puerta,
pero no con la mano abierta,
ni con cordura de loco:
aunque te den pan, el pan es poco,
¡y menos el pan de puerta en puerta!

¡Caramba, Sabás, que no se diga!
Sujétate los pantalones,
y mira a ver si te compones
para educarte la barriga...
La muerte, a veces, es buena amiga
y el no comer cuando es preciso
por no comer el pan sumiso,
tiene belleza. El cielo abriga,
el sol calienta. Es blando el piso
del portal. Espera un poco:
afirma el paso irresoluto
y afloja más el freno...
Caramba, Sabás, no seas tan bruto,
¡ni tan bueno!

SONETOS

Herrera, Fernando de

Serena luz, en que presente expira
Divino amor, que enciende y junto enfrena
Pecho gentil, que en la mortal cadena
Al alto Olimpo levantarse aspira.
Ricos cercos dorados, do se mira
Tesoro celestial de eterna vena;
Armonía de angélica sirena,
que entre las perlas y el coral respira.
¿Cuál nueva maravilla, cuál ejemplo

250

De la inmortal grandeza nos descubre
Aquesa sombra del hermoso velo?
Que yo en esa belleza que contemplo,
Aunque a mi flaca vista ofende y cubre
La inmensa busco y voy siguiendo al cielo.

. . . .

Del mar las ondas quebrantarse vía
En las desnudas peñas desde el puerto,
Y en conflicto las naves, que el desierto
Bóreas bramando con furor batía,
Cuando gozoso de la suerte mía,
Aunque afligido del naufragio cierto,
Dije: no cortará del Ponto incierto
Jamás mi nave la tremida vía.
Mas, ¡ay triste!, que apenas se presenta
De mi fingido bien una esperanza,
Cuando las velas tiendo sin recelo;
Vuelo cual rayo, y súbita tormenta
Me niega la salud y la bonanza,
Y en negra sombra cubre todo el cielo.

. . . .

¿Dó vas? ¿dó vas, cruel? ¿dó vas? refrena,
Refrena el presuroso paso en tanto
Que de mi grave afán el luengo llanto
Abre en prolijo curso honda vena.
Oye la voz de mil suspiros llena,
Y de mi mal sufrido el triste canto;
Que ser no podrás ser fiera y durar tanto
Que no te mueva al fin mi acerba pena.
Vuelve a mí tu esplendor, vuelve tus ojos,
Antes que oscuro quede en ciega niebla,
Decía en sueño o ilusión perdido.
Volví, halléme solo y entre abrojos,
Y en vez de luz, cercado de tiniebla.

Y en lágrimas ardientes convertido.

ALBA DE AÑIL

Huerta, Efraín

Alba de añil vagando entre palomas,
asombro de montañas y de plumas,
blanda manta del día perfecta causa
de los estanques con violines claros.

Alba de añil soñando por jardines,
con sorpresa de estatuas y ventanas,
puliendo los deseos, dando serenas
y templadas columnas al olvido.

Alba de añil, apresurada fruta,
deshecha estrella reclamando sitio,
lluvias de cabelleras, miel sin rùta,
alba suave de codos en el valle.

Alba de añil, hiriéndonos la muerte
que tenemos por sueño y por amor,
desesperando besos, despedidas,
tirando espejos en el mar del día.

CAMINO ESPERANZA

Hernández Catá, Alfonso

Aún lo recuerdo: cada hora
tenía inconsciencia bullidora,
llanto risueño, luz, fragancia.
Cabía una vida en cada hora...
        Era la infancia.
Tras la feliz algarabía,
la carne y el mundo en un día
perdieron su clara inocencia.

252

Silencio tras la algarabía:
    adolescencia.
Con la avidez y tal fuego
las rosas abriéronse luego,
que hasta en el sueño hubo inquietud.
Devoradora como un fuego:
    fue juventud.
Ya está cerca el medio camino:
a largo paso me avecino
a la alta cumbre postrimera.
¡Ay, veré desde mi camino
    la otra ladera!

Desde allí será descender,
hondo y estéril comprender,
y nada incierto esperar.
Melancólico descender:
    ¡río hacia el mar!
Viviré preso en el recuerdo,
ya sin locura; triste, cuerdo,
de cuerpo frío y alma inerte.
Y a la salida de un recuerdo
    veré a la Muerte.
¿Ya ha de ser este todo?... ¿Todo?
¿Por qué la ciencia no halla modo
de encender alba tras la fosa?
¡No puede terminarse todo
    con la espantosa
risa de hueso!... La ternura
que repudió la vida dura
no ha de morir junto al ciprés.
¡Quién gozará de esa ternura
    allá... después?

CANTARES

¿Que inesperada fiebre me devora?
¿Que ponzoñosa indignación me inflama?
Hierve en mis venas siempre abrasadora;
arde en mi pecho repentina llama.

Un sueño —¡triste augurio del destino!—
mi pobre corazón hizo pedazos:
el hijo infausto del anoche vino
y palpitante me llevó en sus brazos.
Transportóme en sus brazos voladores
a una mansión magnífica y brillante;
todo era luces, músicas y flores;
abierto un salón vi; pasé adelante.
Allí, nupcial festín; mesa fastuosa
—¡qué sorpresa, gran Dios!— ¡era mi amada!
Era mi amada, como siempre, bella;
y era un desconocido el nuevo esposo.
Acerquéme temblando, y detrás de ella
aguardé conmovido y silencioso.

La música sonaba, y de amargura
llenaba, aún más, mi corazón herido
ella estaba radiante de ventura;
él su mano estrechaba embebecido.

Y llenando la copa transparente,
la probaba, y después se la ofrecía:
ella, al labio llevábala sonriente,
y era mi sangre ¡ay Dios! lo que bebía.
Una manzana de purpúreo brillo,
ella, amorosa, entonces le brindaba:
hincaba él en la fruta su cuchillo
¡y era mi corazón donde lo hincaba!
Mirándola después con embeleso,
tendía a su cintura el brazo fuerte.

besándola por fin, ¡y el glacial beso
sentía yo de la aterida muerte!
Hablar quería, pero el labio mío
mudo estaba al reproche y a la queja;
la música rompió con mayor brío;
lanzóse al baile la feliz pareja.
Giró en torno de mí, vertiginosa,
la multitud gentil y alborozada;
el esposo, en voz baja, habló a la esposa,
que encendida le oyó, mas no enojada.
Y huyendo la enfadosa compañía,
salieron del salón con pie furtivo;
yo les quise seguir, y no podía,
estaba medio muerto y medio vivo.
Junté las fuerzas que el dolor nos roba,
y por palpar mi desventura cierta,
llegué arrastrando a la nupcial alcoba,
y dos viejas horribles vi a la puerta
Era una la Locura, otra la Muerte,
espectros al umbral acurrucados,
que un dedo seco, tembloroso, inerte,
posaban en los labios descarnados.
Horror, espanto y duelo, todo junto,
lanzó en un grito el alma desgarrada:
después, eché a reír, y en aquel punto
me despertó mi propia carcajada.

LA ARAÑA Y LA ORTIGA

Hugo, Víctor

Me gusta la araña, me gusta la ortiga
porque se las detesta;
y que nada propicia y que todo castiga
su sombría apariencia.
Porque sois malditas, porque sois esquivas.

¡Negros seres que se arrastran!
Porque sois las presas, las tristes cautivas
de vuestra propia acechanza.
Porque de ellas la obra se ve por la gente.
¡Oh, suerte! ¡Nudos rastreros!
Porque la ortiga es una serpiente,
la araña un pordiosero,
Porque tienen la sombra del abismo,
de la noche sin estrellas.
Viajero, hazle gracia a la planta obscura,
al pobre animal.
Compadeced la fealdad, compadeced la pica-
                                        [dura.
¡Comprended el mal!
No hay nada que no tenga su melancolía;
todo pide un beso.
En su horror selvático, cuidad algún día
de no aplastar eso.
A poco que se las mire con menos soberbia,
abajo, lejos del día mejor,
la fea bestia y la maligna hierba
murmurarán: "¡Amor!".

LOS CONQUISTADORES

Heredia José, María de

Cansada de miseria, cual huye una bravía
banda de gerifaltes de la sierra natal,
la marinera gente desde Palos partía
en la embriaguez de un sueño de heroísmo brutal.
Iban a la conquista del que Cipango cría
en sus minas lejanas fabuloso metal,
y las velas latinas el viento alisio henchía

256

al borde misterioso del mundo occidental.
De noche, cuando un épico despertar anhelaban,
las fosfóricas ondas del trópico hechizaban
su ensueño con millares de doradas centellas.
O de las carabelas en la borda inclinados,
con asombro miraban, en cielos ignorados,
de fondo del océano subir nuevas estrellas.

EL PAYADOR

Hernández, José

Yo no soy cantor letrao,
mas si me pongo a cantar,
no tengo cuándo acabar,
y me envejezco cantando:
las coplas me van brotando
como agua de manantial.
Con la guitarra en la mano,
ni las moscas se me arriman,
naides me pone el pie encima,
y cuando el pecho se entona,
hago gemir la prima
y llorar la bordona.
Yo soy toro en mi rodeo
y torazo en rodeo ajeno,
siempre me tuve por güeno,
y si me quieren probar,
salgan otros a cantar
y veremos quién es menos.
No me hago al lao de la güeya,
aunque vengan degollando,
con los blandos yo soy blando
y soy duro con los duros,
y ninguno, en un apuro,

me ha visto andar titubiando.
En el peligro, ¡qué Cristos!,
el corazón se me ensancha,
pues toda la tierra es ancha,
y de esto naides se asombre,
el que se tiene por hombre,
ande quiera hace pata ancha.

Soy gaucho, y entiéndalo
como mi lengua lo explica,
para mí la tierra es chica
y pudiera ser mayor,
ni la víbora me pica,
ni quema mi frente el sol.

Nací como nace el peje,
en el fondo de la mar,
naides me puede quitar
aquello que Dios me dio,
lo que al mundo truje yo,
del mundo lo he de llevar.
Mi gloria es vivir tan libre
como el pájaro del cielo,
no hago nido en este suelo
ande hay tanto que sufrir,
y naides me ha de seguir
cuando yo remonto el vuelo.
Yo no tengo en el amor
quien me venga con querellas;
como esas aves tan bellas
que saltan de rama en rama,
yo hago en el trébol mi cama
y me cubren las estrellas.

EL SUAVE COLOR QUE DULCEMENTE...

Herrera, Fernando de

El suave color que dulcemente
espira, el tierno ardor de rosa pura,
la viva luz de eterna hermosura,
el sereno candor y alegre frente;
el semblante do yace amor presente
la mano que a la nieve de blancura
orna, pueden volver la noche obscura
en día y claridad resplandeciente.
En vos el sol se ilustra, y se colora
el blanco cerco, y le das las estrellas
que fulguran y las puntas de Diana.
Tal os contemplo, que la roja aurora
y de Venus la lumbre soberana,
en vuestra faz ardiendo son más ¡bellas

SONETOS

Hernández, Miguel

I

Guiando un tribunal de tiburones
como con dos guadañas eclipsadas,
con dos cejas tiznadas y cortadas
de tiznar y cortar los corazones,
en el mío has entrado, y en él pones
una red de raíces irritadas
que avariciosamente acaparadas
tiene en su territorio las pasiones.
Sal de mi corazón, del que me has hecho
un girasol sumiso y amarillo
al dictamen solar que tu ojo envía:
un terrón para siempre insatisfecho.

un pez embotellado y un martillo
harto de golpear en la herrería.

II

Tengo estos huesos hechos a las penas
y a las cavilaciones estas sienes:
pena que vas, tribulación que vienes,
como el mar de la playa a las arenas,
voy en este naufragio de vaivenes
por una noche obscura de sartenes
redondas, pobres, tristes y morenas.
Nadie me salvará de este naufragio
si no es tu amor la tabla que procuro,
si no es tu voz el norte que pretendo.
Eludiendo por eso el mal presagio
de que ni en ti siquiera habré seguro,
voy entre pena y pena sonriendo.

AMOR SADICO

Herrera y Reissig, Julio

Ya no te amaba, sin dejar por eso
de amar la sombra de tu amor distante.
Ya no te amaba, y sin embargo, el beso
de la repulsa nos unió un instante...
Agrio placer y bárbaro embeleso
crispó mi faz, me demudó el semblante,
ya no te amaba, y me turbé, no obstante,
como una virgen en un bosque espeso.
Y ya perdida para siempre, al verte
anochecer en el eterno luto,
—mudo el amor, el corazón inerte—,
¡huraño, atroz, inexorable, hirsuto...,
jamás viví como en aquella muerte,
nunca te amé como en aquel minuto!

ARTE POETICO

Huidobro, Vicente

Que el verso sea como una llave
que abra mil puertas.
Una hoja cae, algo pasa volando.
Cuanto miren los ojos creado sea,
y el alma del oyente quede temblando.
Inventa mundos nuevos y cuida tu palabra;
el adjetivo, cuando no da vida, mata.
Estamos en el ciclo de los nervios.
El músculo cuelga
como recuerdo en los museos;
mas no por eso tenemos menos fuerza:
el vigor verdadero
reside en la cabeza.
Porque cantáis la rosa, ¡oh poetas!,
hacedla florecer en el poema.
Sólo para nosotros
viven todas las cosas bajo el sol.
El poeta es un pequeño Dios.

COMO LA PRIMAVERA

Ibarbourou, Juana de

Como un ala negra tendí mis cabellos
sobre tus rodillas.
Cerrando los ojos su olor aspirante,
diciéndome luego:
—¿Duermes sobre piedras cubiertas de musgos?
¿Con ramas de sauces te atas las trenzas?
¿Tu almohada es de trébol? ¿Las tienes tan negras
porque acaso en ella exprimiste un zumo
retinto y espeso de moras silvestres?
¡Qué fresca y extraña fragancia te envuelve!
Hueles a arroyuelos, a tierra y a selvas.
¿Qué perfume usas? Y riendo te dije:

—¡Ninguno, ninguno!
Te amo y soy joven, huelo a primavera.
Este olor que sientes es de carne firme,
de mejillas claras y de sangre nueva.
¡Te quiero y soy joven, por eso es que tengo
las mismas fragancias de la primavera!

EL DULCE MILAGRO

¿Qué es esto? ¡Prodigio! Mis manos florecen.
Rosas, rosas, rosas a mis dedos crecen.
Mi amante besóme las manos, y en ellas,
¡oh gracia!, brotaron rosas como estrellas.
Y voy por la senda voceando el encanto
y de dicha alterno sonrisa con llanto
y bajo el milagro de mi encantamiento
se aroman de rosas las alas del viento.
Y murmura al verme la gente que pasa:
"No veis que está loca? Tornadla a su casa.
¡Dice que en las manos le han nacido rosas
y las va agitando como mariposas!"
¡Ah, pobre la gente que nunca comprende
un milagro de éstos y que sólo entiende
que no nacen rosas más que en los rosales
y que no hay más trigo que en los trigales!
Que requiere líneas y color y forma,
y que sólo admite realidad por norma.
Que cuando uno dice: "Voy con la dulzura",
de inmediato buscan a la criatura.
Que me digan loca, que en celda me encierren,
que con siete llaves la puerta me cierren,
que junto a la puerta pongan un lebrel,
carcelero rudo, carcelero fiel.
Cantaré lo mismo: "Mis manos florecen.
Rosas, rosas, rosas a mi dedos crecen".
¡Y toda mi celda tendrá la fragancia

de un inmenso ramo de rosas de Francia!

ESTANCIAS

Icaza Francisco, A. de

Este es el muro, y en la ventana,
que tiene un marco de enredadera,
dejé mis versos una mañana,
una mañana de primavera.
Dejé mis versos en que decía
con frase ingenua cuitas de amores,
dejé mis versos que al otro día
su blanca mano pagó con flores.
Este es el huerto, y en la arboleda,
en el recodo de aquel sendero,
ella me dijo con voz muy queda:
"Tú no comprendes lo que te quiero."
Junto a las tapias de aquel molino,
bajo la sombra de aquellas vides,
cuando el carruaje tomó el camino,
gritó llorando: "¡Que no me olvides!"
Todo es lo mismo: ventana y yedra,
sitios umbrosos, fresco emparrado,
gala de un muro de tosca piedra,
y aunque es lo mismo, todo ha cambiado.
No hay en la casa seres queridos;
entre las ramas hay otras flores;
hay nuevas hojas y nuevos nidos,
y en nuestras almas, nuevos amores.

LOS HUEVOS

Iriarte, Tomás de

Más allá de las islas Filipinas

hay una que ni sé cómo se llama,
ni me importa saberlo, donde es fama
que jamás hubo casta de gallinas,
hasta que allá un viajero
llevó por accidente un gallinero.
Al fin tal fue la cría, que ya el plato
más común y barato
era de huevos frescos, pero todos
los pasaban por agua (que el viajante
no enseñó a componerlos de otros modos).
Luego de aquella tierra un habitante
introdujo comerlos estrellados.
¡Oh, qué elogios se oyeron a porfía
de su rara y fecunda fantasía!
Otro discurre hacerlos escalfados...

¡Pensamiento feliz!... Otro rellenos...
¡Ahora sí que están los huevos buenos!
Uno después inventa la tortilla,
y todos claman ya: "¡Qué maravilla!"
No bien se pasó un año,
cuando otro dijo: "Sois unos petates,

yo los haré revueltos con tomates";
y aquel guiso de huevo tan extraño,
con que toda la isla se alborota,
hubiera estado largo tiempo en uso
a no ser porque luego los compuso
un famoso extranjero a la "hugonota"
esto hicieron diversos cocineros:
¡pero qué condimentos delicados
no añadieron después los reposteros!
Moles, dobles, hilados,
en caramelo, en leche,
en sorbete, en compota, en escabeche.
  Al cabo todos eran inventores.

y los últimos huevos los mejores.
Mas un prudente anciano
les dijo un día: "Presumís en vano
de estas composiciones peregrinas.
¡Gracias al que nos trajo las gallinas!"
Tantos autores nuevos,
¿no se pudieran ir a guisar huevos
más allá de las islas Filipinas?

TEN PIEDAD DE MI

Isaacs, Jorge

¡Señor!, si en sus miradas encendiste
este fuego inmortal que me devora,
y en su boca fragante y seductora
sonrisa de tus ángeles pusiste;
si de tez de azucena la vestiste
y negros bucles; si su voz canora,
de los sueños de mi alma arrulladora.
ni a las palomas de tus selvas diste,
perdona el gran dolor de mi agonía
y déjame buscar también olvido
en las tinieblas de la tumba fría.
Olvidarla en la tierra no he podido,
¿cómo esperar podré si ya no es mía?
¿cómo vivir, Señor, si la he perdido?

A M O R

Jiménez, Juan Ramón

El amor, ¿a qué huele? Parece, cuando se ama
que el mundo entero tiene rumor de primavera.
Las hojas secas tornan y las ramas con nieve,
y él sigue ardiente y joven, oliendo a rosa eterna.
Por todas partes abre guirnaldas invisibles,

todos sus fondos son líricos —risa o pena—,
la mujer a su beso cobra un sentido mágico
que, como en los senderos, sin cesar se renueva...
Viene al alma música de ideales conciertos,
palabras de una brisa liviana entre arboledas;
se suspira y se llora, y el suspiro y el llanto
dejan como un romántico frescor de madreselvas...

ADOLESCENCIA

En el balcón, un instante
nos quedamos los dos solos.
Desde la dulce mañana
de aquel día, éramos novios.
—El paisaje soñoliento
dormía sus vagos tonos,
bajo el cielo gris y rosa
del crepúsculo de otoño—.
Le dije que iba a besarla;
bajó, serena, sus ojos
y me ofreció sus mejillas
como quien pierde un tesoro.
—Caían las hojas muertas
en el jardín silencioso,
y en el aire erraba aún
un perfume de heliotropos.
No se atrevía a mirarme;
le dije que éramos novios,
y las lágrimas rodaron
de sus ojos melancólicos.

DESNUDOS

(Adioses, Ausencia, Regreso)

Nacía gris la luna, y Beethoven lloraba,

266

bajo la mano blanca, en el piano de ella...
En la estancia sin luz, ella, mientras tocaba,
morena de la luna, era tres veces bella.
Teníamos los dos desangradas las flores
del corazón, y acaso llorábamos sin vernos.
Cada nota encendía una ·herida de amores...
—...El dulce piano intentaba comprendernos—
Por el balcón abierto a brumas estrelladas,
venía un viento triste de mundos invisibles..
Ella me preguntaba de cosas ignoradas
y yo le respondía de cosas imposibles...

RIO DE CRISTAL

Río de cristal, dormido
y encantado; dulce valle,
dulce ribera de álamos
blancos y de verdes sauces.
El valle tiene un ensueño
y un corazón; sueña y sabe
dar con su sueño un son lánguido
de flautas y de cantares
Río encantado; las ramas
soñolientas de los sauces
en los remansos caídos
besan los claros cristales.
Y el cielo es plácido y blando,
un cielo blanco y flotante,
que con su bruma de plata
acaricia ondas y árboles.
—Mi corazón ha soñado
con la ribera y el valle,
y ha llegado hasta la orilla
serena para embarcarse;
pero, al pasar por la senda,
lloró de amor con un aire

viejo que estaba cantando
no sé quién, por otro valle—.

CANCION

Juan de la Cruz, San

En una noche obscura,
con ansia de amores inflamada,
¡oh dichosa ventura!,
salí, sin ser notada,
estando ya mi casa sosegada.
A oscuras y segura,
por la secreta escala disfrazada,
¿Duermes sobre piedras cubiertas de musgos?
¡oh dichosa ventura!
a obscuras, y en celada,
estando ya mi casa sosegada.
En la noche dichosa,
en secreto, que nadie me veía,
ni yo miraba cosa,
sin otra luz ni guía
sino la que en el corazón ardía.
Aquesta me guiaba;
mas cierta que la luz del mediodía,
a donde me esperaba
quien yo bien me sabía,
en parte donde nadie parecía.
¡Oh noche que guiaste,
oh noche amable más que la alborada,
oh noche que juntaste
amado con amada,
amada en el Amado transformada!
En mi pecho florido,
que entero para él solo se guardaba,

allí quedó dormido,
y yo le regalaba,
y el ventalle de cedros aire daba.
El aire de la almena,
cuando yo sus cabellos esparcía,
con su mano serena
en mi cuello hería
y todos mis sentidos suspendía.
Quedéme, y olvidéme,
el rostro recliné sobre el Amado;
cesó todo, y dejéme,
dejando mi cuidado
entre las azucenas olvidado.

S I

Kipling, Rudyard

Si logras conservar intacta tu firmeza
cuando todos vacilan y tachan tu entereza;
si a pesar de esas dudas mantienes tus creencias
sin que te debiliten extrañas sugerencias;
si puedes esperar, e inmune a la fatiga
y fiel a la verdad, reacio a la mentira,
el odio de los otros te deja indiferente,
sin creerte por ello muy sabio o muy valiente...
Si sueñas, sin por ello rendirte ante el ensueño;
si piensas, mas de tu pensamiento sigues dueño;
si triunfos o desastres no menguan tus ardores
y por igual los tratas como dos impostores;
si soportas oír la verdad deformada
y cual trampa de necios por malvados usada
o mirar hecho trizas de tu vida el ideal
y con gastados útiles recomenzar igual...
Si toda la victoria conquistada
te atreves a arriesgar en una audaz jugada,

y aun perdiendo, sin quejas ni tristeza,
con nuevos bríos reiniciar puedes tu empresa;
si entregado a la lucha con nervio y corazón,
aun desfallecido persistes en la acción
y extraes energías, cansado y vacilante,
de heroica voluntad que te ordena: ¡Adelante!...
Si hasta el pueblo te acercas sin perder tu virtud
y con reyes alternas sin cambiar de actitud;
si no logran turbarte ni amigo ni enemigo,
pero en justa medida pueden contar contigo;
si alcanzas a llenar el minuto sereno
con sesenta segundos de un esfuerzo supremo,
lo que existe en el mundo en tus manos tendrás.
¡Y además, hijo mío, un hombre tú serás!

LA QUEJA DE DON JUAN

Larreta, Enrique

¿Por qué, en vez de llorar, no amenazaste?
¿Por qué fuiste tan dulce y tan honrada?
¿Por qué siempre, a mis pies, desconsolada,
derrocar vuestra dicha me dejaste?
¿Cómo no presentistes el desgaste
de nuestro humano amor? ¿Por qué, mi amada,
no fuiste un poco infiel y despiadada
para atizar el fuego que inflamaste?

Te perdí sin saber lo que perdía;
culpa fue de tu cándida nobleza
que no quiso medir lo que ofrecía.
Hoy, torvo y solitario en mi tristeza,
pensando en ti desde que amanece el día,
mi constancia maldigo y tu firmeza.

MATER HISPANIA

León, Ricardo

I

Si buscas tus raíces, peregrino,
ven al solar de nuestra raza, hermano;
tuya es la luz del genio castellano
y es común e inmortal nuestro destino.
Pan de flor, áurea miel y añejo vino
te brinda nuestro hogar, americano;
sangre azul, rubio sol, hogar cristiano
y áticas gracias y vigor latino.
Peregrino, si buscas ideales,
¿dónde hallarlos más vivos y cabales?
Libre el acero de tu estirpe ibérica
de la herrumbe sajona y galicana,
más fuerte y pura cuánto más hispana
será mañana vuestra noble América.

II

Estas son, peregrino, las famosas
linfas del Tajo, en roca serenadas,
que dan temple y figura a las espadas,
brío al cincel y al cigarral sus rosas.
Aquéllas, las riberas perezosas
del sacro mar; las ondas azuladas
donde, al abrir sus pulsos, desangradas,
se hicieron mármol las antiguas diosas.
Aquí, el Betis, el mirto con el lauro,

y el Ebro, padre de la raza; el Duero
y el gracioso Genil; el elegante
moro andaluz y las heroicas velas
del tenebroso mar, las carabelas
y la espada y la cruz del almirante.

III

¿A tudescos, franceses o britanos,
sobre el pavés de tu arrogancia pones,
tú, el recio domador de los leones
que guardan tus escudos castellanos?
Sangre heroica y azul, sangre de hispanos
hierve en tu corazón a borbotones.
¿Irás tal vez a mendigar blasones
de hostiles pueblos y enemigas manos?
¿No sientes el orgullo de tu casta,
de tu historia y tu lengua? ¿No te basta
ser español, cuando te dio el destino,
dueño divino, gloria más segura,
solar más noble, idealidad más pura
que al numen griego y al blasón latino?

IV

¿Dónde viste el valor sin arrogancia,
dónde sin petulancia la grandeza,
grave el amor y dulce la tristeza,
viriles el dolor y la elegancia?
¿Dónde con la agudeza la sustancia,
dónde con la ternura la entereza,
juntas la autoridad y la llaneza,
y amiga de la fe la tolerancia?
¿Dónde lo real con lo ideal, lo humano
con lo divino, con la tierra el cielo?
¿Dónde la lanza del leal Quijano?
¿Dónde la pluma, el fervoroso anhelo,

dulce y alegre cuanto más cristiano,
de la mística monja del Carmelo?

V

Esto es España. Imítela quien pueda.
Fuerte y dócil al par, rotunda y suave,
dulce en las veras y en las burlas grave,
de hierro el puño y el brial de seda.
Es la actitud del vencedor de Breda
y el de Bailén; el rasgo de quien sabe,
Cortés o Villamil, romper la nave,
o la tizona, como Alonso Ojeda.
Es la noble actitud del caballero;
duro si sufre, blando si castiga;
un noble perdonar, manso y austero;
piadoso el corazón tras la loriga;
un madrigal escrito en un acero;
ésta es España; quien lo vio, lo diga.

EL SOLTERON

Lugones, Leopoldo

I

Largas brumas violetas
flotan sobre el río gris
y allá en las dársenas quietas
sueñan obscuras goletas
con un lejano país.
El arrabal solitario
tiene la noche a sus pies,
y tiembla su campanario
en el vapor visionario
de ese paisaje holandés.
El crepúsculo perplejo
entra a una alcoba glacial,
en cuyo empañado espejo

con soslayado reflejo
turba el agua del cristal.
El lecho blanco se hiela
junto al siniestro baúl
y en su herrumbrada tachuela
envejece una acuarela
cuadrada de felpa azul.
En la percha del testero,
el crucificado frac
exhala un fenol severo,
y sobre el vasto tintero
piensa un busto de Balzac.
La brisa de las campañas,
con su aliento de clavel,
agita las telarañas,
del desusado cancel.

Allá por las nubes rosas,
las golondrinas, en pos
de invisibles mariposas,
trazan letras misteriosas
como escribiendo un adiós.
En la alcoba solitaria,
sobre un raído sofá
de cretona centenaria,
junto a su estufa precaria,
meditando un hombre está.
Tendido en postura inerte
masca su pipa de boj,
y en aquella calma advierte
del silencio del reloj!

En su garganta reseca
gruñe una biliosa hez,
y bajo su frente hueca

la verdinegra jaqueca
maniobra un largo ajedréz.
¡Ni un gorjeo de alegrías!
¡Ni un clamor de tempestad!
Como en las cuevas sombrías,
en el fondo de sus días
bosteza la soledad.
Y con vértigos extraños,
en su confusa visión
de insípidos desengaños,
ve llegar los grandes años
con sus cargas de algodón.

II

A inverosímil distancia
se acongoja un violín,
resucitando en la estancia
como una ancestral fragancia
del humo de aquel esplín.
Y el hombre piensa:
Su vista recuerda las rosas té
de un sombrero de modista...,
el pañuelo de batista...,
las peinetas..., el corsé...
Y el duelo en la playa sola:
Uno..., dos..., tres ... Y el lucir
de la montada pistola...
Y el son grave de la ola
convidando a bien morir.
Y al dar a la niña inquieta
la reconquistada flor,
en la persiana discreta,
sintióse héroe y poeta
por la gracia del amor.
Epitalamio de flores

la dicha escribió a sus pies,
y las tardes de colores
supieron de esos amores
celestiales... Y después...
Ahora, una vaga espina
le punza en el corazón
si su coqueta vecina
saca la breve botina
por los hierros del balcón.
Y si con voz pura y tersa,
temas picantes conversa
con el canario jovial,
surge aquel triste percance
de tragedia baladí;
la novia..., la flor..., el lance...
Veinte años cuenta el romance...
Turguenef tiene uno así.
¡Cuán triste era su mirada,
cuán luminosa su fe
y cuán leve su pisada!
¿Por qué la dejó olvidada?
¡Si ya no sabe por qué!

III

En el desolado río
se agrisa el tono punzó
del crepúsculo sombrío,
como un imperial hastío
sobre un otoño de gró.
Y el hombre medita. Es ella
la visión triste que en un
remoto nimbo descuella:
es una ajada doncella
que le está esperando aún.
Vago pavor le amilana,

y va a escribirla por fin
desde su informe nirvana...
La carta saldrá mañana
y en la carta irá un jazmín
La pluma en sus dedos juega,
ya el pliego tiene el doblez
y su alma en lo azul navega.

A los veinte años de brega
va a escribir tuyo otra vez.
No será trunca ni ambigua

su confidencia de amor
sobre la vitela exigua.
¡Si esa carta es muy antigua!...
Ya está turbio el borrador.

Tendrá su deleite loco
blancas sedas de amistad,
para esconder su ígneo foco.
La gente reirá un poco
de esos novios de otra edad.
Ella, la anciana, en su leve
candor de virgen senil,
será un alabastro breve.

Su aristocracia de nieve
nevará un tardío abril.
Sus canas, en paz suprema,
a la alcoba sororal.
darán olor de alhucema,

y estará en la suave yema
del fino dedo el dedal.
Cuchicheará a ras del suelo
su enagua un vapor frufrú.
¡Y con qué amable consuelo
acogerá el terciopelo
su elegancia de bambú!...

Así está el hombre soñando
en el aposento aquél,
y su sueño es dulce y blando;
mas la noche va llegando y
aún está blanco el papel.
Sobre su visión de aurora,
un tenebroso crespón
los contornos descolora,
pues la noche vencedora
se le ha entrado al corazón.
Y como enturbiada espuma,
una idea triste va
emergiendo de su bruma;
¡Qué mohosa está la pluma!
¡La pluma no escribe ya!

PIE PARA "EL NIÑO DE VALLECAS" DE VELAZQUEZ

León, Felipe

(Bacía, yelmo, halo,
Este es el orden, Sancho)

De aquí no se va nadie.
Mientras esta cabeza rota
del Niño de Vallecas exista,
de aquí no se va nadie. Nadie.
Ni el místico ni el suicida.
Antes hay que deshacer este entuerto,
antes hay que resolver este enigma.
Y hay que resolverlo entre todos,
y hay que resolverlo sin cobardía.
Y es inútil,
inútil toda huída
(ni por abajo
ni por arriba).
Se vuelve siempre. Siempre.

Hasta que un día (¡un día!)
el yelmo de Mambrino
—halo ya, no yelmo, ni bacía—
se acomode a las sienes de Sancho
y a las tuyas y a las mías,
como pintiparado,
como hecho a la medida.
Entonces iremos todos
por las bambalinas.
Tú y yo, y Sancho, y el Niño de Vallecas,
y el místico y el suicida.

DIALOGO ENTRE EL POETA Y LA MUERTE

¡Oh Muerte! Ya sé que estás aquí. Ten un poquito
                                        [de paciencia.
Son las tres. ¿Nos iremos cuando se vayan las
                                            [estrellas,
cuando canten los gallos, cuando la luz primera
grite con su clarín desde la sierra,
cuando abra el sol una rendija cárdena entre el cielo
                                        [y la tierra?
Ni cuando Tú lo digas ni cuando yo lo quiera.
He venido a escribir mi testamento. Cuando escriba mi
                                    [última blasfemia,
se me caerá la pluma, se romperá el tintero sin que
                                    [nadie lo mueva,
se verterá la tinta, y sin que Tú la empujes, se abrirá
                                    [de par en par la puerta.
Entonces nos iremos. Mientras...
cuelga tu guadaña con mi cachava en el perchero del
                    [pasillo y siéntate... ¡Siéntate y espera!

FUENSANTA

López Velarde, Ramón

279

Hermana,
dame todas las lágrimas del mar.
Mis ojos están secos y yo sufro
unas inmensas ganas de llorar.

Hazme llorar, hermana,
y la piedad cristiana
de tu manto inconsútil
enjúgueme los llantos con que llore
el tiempo amargo de mi vida inútil.
Fuensanta:
dame todas las lágrimas del mar.
¡Yo no sé ni por qué quiero llorar!
de mis fieles difuntos
o porque nuestros mustios corazones
nunca estarán sobre la tierra juntos
Fuensanta:
¿Tú conoces el mar?
Dicen que es menos grande y menos hondo
que el pesar.
¡Yo no sé ni por qué quiero llorar!
Será tal vez por el pesar que escondo,
tal vez por mi infinita sed de amar.
Hermana:
dame todas las lágrimas del mar.

Y PENSAR QUE PUDIMOS...

Y pensar que extraviamos
la senda milagrosa
en que se hubiera abierto
nuestra ilusión, como perenne rosa...
Y pensar que pudimos,
enlazar nuestras manos
y apurar en un beso
la comunión de fértiles veranos...
Y pensar que pudimos,

en una onda secreta
de embriaguez, deslizarnos,
valsando un vals sin fin, por el planeta...
Y pensar que pudimos,
al rendir la jornada,
desde la sosegada
sombra de tu portal, y en una suave
conjunción de existencias
ver las cintilaciones del Zodíaco
sobre la sombra de nuestras conciencias.

CORRIDO DE DOMINGO ARENAS

Lira, Miguel N.

El panadero hacía pan,
pan de dulce,
pan de sal;
rosquitas para los niños
que lo miran hacer pan.
Todo el pueblo lo miraba
hacer el pan cotidiano;
pan de dulce,
pan de sal,
pan de nubes con azúcar,
cuernos de luna con sal.
Todo el pueblo le decía:
Don Domingo, ¿ya está el pan?"
Don Domingo les decía:
"Lo estoy poniendo a enfriar".
Don Domingo estaba manco,
con una mano hace el pan,
la otra la tiene prendida
de milagrito un altar.
Los domingos iba a misa,
era devoto al rezar:

"Santa Madre de los cielos,
¿cuándo la podré olvidar?"
Don Domingo tiene novia,
morena de nieve y bosque.
La novia lleva los ojos
ceñidos de media noche.
Sus brazos estaban frescos
como cuentas de collar;
agua en espejo fragante
de cántaro y manantial.
Primero se atormentaron,
luego ella lo abandonó.
¡Arquitectura de naipes
que sola se desplomó!
Desde entonces Don Domingo
forjó en yunque rojo vivo
el odio de su puñal,
puñal en horno caliente
puesto a dorar con el pan.
La Revolución cantando
rodaba por la montaña.
La luna en plato de lirios
por la montaña asomaba.
Gritaba Domingo Arenas:
"¡Pan de dulce, pan de sal!"
Y sus gritos picoteaban
lo blanco de la ciudad.
Graznido de balas rojas
hizo amapola las calles
en cada árbol una flor
de pajaritos de sangre.
—"Compadre: Domingo Arenas
ya viene cerca del río,
meta a sus hijas al pozo,
¡no importa que tengan frío!"

282

—"Compadre: mis hijas son
en el pozo ya escondidas.
El agua del pozo está
llena de estrellas caídas."
A las ocho de la noche
el miedo atrancó las puertas;
por las rendijas entraba
la luz de las bayonetas,
los cascos de los caballos
frotaban oro en las piedras,
los fusiles reventaban
sus flores rojas y negras.
Domingo Arenas· ha hincado
su garra en carne tabaco,
su novia tiene en el pecho
un trébol ensangrentado.
. . . .

Fusiles de terco aullido
rompen la luz de los vidrios,
en la calle se desploman
los ojos y los gemidos.
Las manos siembran incendios
y destrozan la ciudad.
A las seis de la mañana
la tropa se va a los cerros.
Domingo Arenas se lleva
el nardo de los luceros.
La ciudad se queda sola,
sonora de cartucheras.

—"Compadre: Ya no tengo hijas
se las llevó el manco Arenas
prendidas en las espuelas."

LA LEYENDA DE LOS VOLCANES

López, Rafael

I

Ahí están como invencibles torres de Dios; con
[herrumbres
de cien siglos y despojos de cien razas... sus pilares,
sosteniendo de los cielos las espléndidas techumbres,
lanzan al azul los duros capiteles de sus cumbres,
calcinadas por el fuego de las púrpuras solares.

II

Ahí están las bravas cumbres, de los astros fronterizos,
de gloriosas tradiciones y episodios mil cubiertos;
y cargando las mortajas de las nieves invernizas,
como dos blancos patriarcas que conversan las cenizas
levantadas en el viejo polvo de las razas muertas.

III

En la orilla diltada de dos mares cuyas olas
gritan en sonoros tumbos su potente señorío,
cual inmóviles cantiles, como enormes rompeolas
de la vida —dialogando con el infinito a solas—
ver pasar la flor humana brevemente, como un río.

IV

En pie ya sobre este valle, como dos custodios fieros
que vigilan la riqueza de un jardín paradisíaco,
con sus hálitos de llamas y sus hondos ventisqueros,
los han visto nuestros padres en los éxodos primeros
escupir sus rojas cóleras a los signos del Zodíaco.

V

Torvos frailes que persiguen el secreto de Dios mismo,
y que buscan allá arriba, las señales de sus huellas,
tal parece que en el culto singular de su idealismo,

rugen el dolor del mundo sollozando en el abismo..
y comulgan en sus misas de silencio, con **estrellas**.

VI

¿Veis allá en sus fumarolas, en sus grietas, por sus
                                                [abras,
llamas lívidas que corren en el ábrego nocturno?...
Son las brujas que se juntan en el sábado, macabras,
y que buscan, murmurando cabalísticas palabras,
en sus vuelos trashumantes los anillos de Saturno.

VII

Ellos saben de los vuelos de las águilas caudales,
y del rayo que los marca con sus rúbricas veloces;
y en sus flancos rueda el trueno de los broncos
                                                [vendavales,
en sus torcas de mil años se hunden cósmicas señales.
que en sus agrias frentes juegan con sus blancos
                                                [albornoces.

VIII

Mas también cosas amables los aliñan; en sus faldas
tienden sus encajerías de follaje las palmeras;
y se cubren los colosos las indómitas espaldas
—como dos emperadores— con el manto de
                                                [esmeraldas
hecho por las dulces manos de las suaves primaveras.

IX

Esplendentes en el valle los alcázares andinos
sus arquitecturas se alzan decoradas a portentos;
les tapizan las auroras, y los múrices divinos
con sus rosas imperiales, y los soles ponentinos
—oro y ágata— los techan con crepúsculos sangrientos.

X

Por encima de la noche, su gigante flecha lanza
el triunfal Popocatépetl en su lírica ascensión
y espejismos de oro sueñan en la alegre lontananza...
Tal se eleva de la angustia más profunda la esperanza
y la vida se decora con mirajes de ilusión.

XI

Ellos saben los tormentos de las razas ya vencidas
que formaron a la sombra de su mole colosal,
un imperio con florestas por jardines, cual los druidas,
cuando vieron las dos alas de aquella águila tendidas,
recogerse en las riscosas esmeraldas de un nopal.

XII

¿Qué feroz Huitzilópochtli, que Ahuizotl de mano
[aviesa
tendió sobre el Ixtaccíhuatl, muda, pálida y sin vida
a la virgen ignorada que en sus hielos quedó presa?...
¿No será el trágico símbolo de una raza, la princesa
que insepulta entre sus riscos para siempre está
[dormida?

XIII

En sus torres asomados los eternos centinelas,
cuando los conquistadores espantaron el quetzal,
y con mágicos alisios en las almas y en las velas
acercaron a estas playas sus audaces carabelas,
vieron redondearse el Globo con el mundo occidental.

XIV

En un golpe de tormenta que dejó brotar sus brumas
—oponiéndose a los hombres rubios, vástagos del sol—
contemplaron a Cuauhtémoc más valiente que los
[pumas,

al terrible Sagitario del salvaje airón de plumas
que atronaba sus vertientes con su arisco caracol.

XV

Cuando como de un sudario la silente luna empina
sobre el pálido Ixtaccíhuatl, su azufrosa calavera,
pasa en una visión trágica Moctezuma Ilhuicamina,
arrancando el vano espectro de la infiel doña Marina
por las sierpes de Medusa de su indiana cabellera.

XVI

En aquella alba de gloria de infinitas claridades
que una noche de tres siglos derrumbó con sus
[fulgores,
los volcanes advirtieron en sus mudas soledades
ascender hasta sus cumbres, las nacientes claridades
que arrojó a todos los vientos la campana de Dolores.

XVII

El orgullo de sus frentes cristaliza los anhelos
y los triunfos de los héroes victoriosos; a ellas sube
por el gran vapor de lágrimas de la Patria envuelta
[en duelos,
la esperanza de un Hidalgo, la epopeya de un Morelos;
un fanal en un eclipse y un bridón sobre una nube.

XVIII

Y el gran indio, Prometeo, que arrancó de sus granitos
la substancia eterna donde recortó su propia forma,
y caldeó su sangre pura con los fuegos infinitos
que le muerden las entrañas al crucificar los mitos
en las Cruces fulgurantes de las leyes de Reforma.

XIX

Almas, si queréis gloriosas palmas, sed como volcanes:

conservad, vivos, los fuegos de las esperanzas buenas,
y alegremente encaradas a borrascas y huracanes,
surgiréis más luminosas de los múltiples afanes,
cual las esplendentes cumbres en los vértigos serenos...

XX

Ahí están inconmutables. Torres de Dios. Soberanos.
Indice de tradiciones, de leyendas, cementerios.
Arrecifes de las luchas y el afán de los humanos,
en sus cúspides se rompen los bullicios ciudadanos
y sus pórfidos son lápidas de ciudades y de imperios.

XXI

Ahí están; y en la grandeza de su triunfo, solitarios
en la paz y en el silencio de su augusta eternidad,
veo que en cuadrante insólito, un gran sol extraor-
[dinario
marca la hora memorable que da vida a un cemen-
[terio:
la hora santa, la hora inmensa, la hora de la libertad...

LA PIEDRA

Lermontov, Miguel

I

Implorando limosna, llegó un mendigo
al palacio de un noble, grande y soberbio;
el magnate no quiso darle socorro
y le dijo al humilde: —¡Márchate presto!
Mas el pobre, obstinado, no se marchaba,
y entonces el magnate, de orgullo ciego,
agarrando una piedra, pesada y dura,
la lanzó a la cabeza del pedigüeño.
El astroso mendigo cogió la piedra,
la estrechó rencoroso contra su pecho

y murmuró: —La guardo, pero no dudes
de que al correr los años te la devuelvo.

II

Y pasaron los años, como las nubes
pasan por los caminos sobre ancho cielo;
y pasaron los años, y el poderoso
acusado de un crimen se miró preso.
El magnate arruinado, yendo a la cárcel,
hallóse frente a frente del pordiosero,
y éste lanzó la piedra, mas al lanzarla,
reflexionando un poco, la arrojó al suelo.
Y dijo: —Rencorosa guardé esta piedra;
más fue inútil guardarla por tanto tiempo:
siendo feliz y rico, mucho te odiaba;
hoy pobre y perseguido... ¡te compadezco!

ANOCHE, CUANDO DORMIA

Machado, Antonio

Anoche, cuando dormía
soñé, ¡bendita ilusión!,
que una fontana fluía
dentro de mi corazón.
Di, ¿por qué acequia, escondida
agua, vienes hasta mí,
manantial de nueva vida
en donde nunca bebía?
Anoche, cuando dormía,
soñé, ¡bendita ilusión!,
que una colmena tenía
dentro de mi corazón;
y las doradas abejas
iban fabricando en él.

con las amarguras viejas,
blanca cera y dulce miel.
Anoche, cuado dormía,
soñé, ¡bendita ilusión!,
que un ardiente sol lucía
dentro de mi corazón.
Era ardiente porque daba
calores de rojo hogar,
y era sol porque alumbraba
y porque hacía llorar.
Anoche, cuando dormía,
soñe, ¡bendita ilusión!,
que era Dios lo que tenía
dentro de mi corazón.

YO VOY SOÑANDO CAMINOS

Yo voy soñando caminos
de la tarde, ¡las colinas
doradas, los verdes pinos,
las polvorientas encinas!...
¿Adónde el camino irá?
Yo voy cantando, viajero
a lo largo del sendero...
La tarde cayendo está.
"En el corazón tenía
la espina de una pasión;
logré arrancármela un día:
ya no siento el corazón"...
Y todo el campo un momento
se queda mudo y sombrío,
meditando. Suena el viento
en los álamos del río.
La tarde más se obscurece,
y el camino, que serpea

y débilmente blanquea,
se enturbia y desaparece.
Mi cantar vuelve a plañir:
"Aguda espina dorada,
quién te pudiera sentir
en el corazón clavada".

DEL PASADO EFIMERO

Este hombre del casino provinciano,
que vio a Carancha recibir un día,
tiene mustia la tez, el pelo cano,
ojos velados por melancolía;
bajo el bigote gris, labios de hastío,
y una triste expresión, que no es tristeza,
sino algo más y menos: el vacío
del mundo en la oquedad de su cabeza.
Aún luce de corinto terciopelo
chaqueta y pantalón abotinado,
y un cordobés color de caramelo,
pulido y torneado.
Tres veces heredó; tres ha perdido
al monte su caudal: dos ha enviudado.
Sólo se anima ante el azar prohibido,
sobre el verde tapete reclinado,
o al evocar la tarde de un torero,
la suerte de un tahur, o si alguien cuenta
la hazaña de un gallardo bandolero,
o la proeza de un matón, sangrienta.
Bosteza de política banales
dicterios al gobierno reaccionario,
y augura que vendrán los liberales,
cual torna la cigüeña al campanario.
Un poco labrador, del cielo aguarda

y al cielo teme; alguna vez suspira,
pensando en su olivar, y al cielo mira
con ojo inquieto, si la lluvia tarda.
Lo demás, taciturno, hipondríaco,
prisionero en la Arcadia del Presente,
le aburre; sólo el humo del tabaco
simula algunas sombras en su frente.
Este hombre no es de ayer ni es de mañana,
sino de nunca; de la cepa hispana
no es el fruto maduro ni podrido,
es una fruta vana
de aquella España que pasó y no ha sido,
ésa que hoy tiene la cabeza cana.

LOS ADELFOS

Machado, Manuel

Yo no soy como las gentes que a mi tierra vinieron
—soy de la raza mora, vieja amiga del sol—,
que todo lo ganaron y todo lo perdieron.
Tengo el alma de nardo del árabe español.
Mi voluntad se ha muerto una noche de luna
en que era muy hermoso no pensar ni querer...
Mi ideal es tenderme sin ilusión ninguna...
De cuando en cuando un beso y un nombre de mujer.
En mi alma hermana de la tarde, no hay contornos...,
y la rosa simbólica de mi única pasión
es una flor que nace en tierras ignoradas
y que no tiene aroma, ni forma ni color.
Besos ¡pero no darlos! Gloria..., ¡la que me deben!
¡Que todo como un aura se venga para mí!
Que las olas me traigan y las olas me lleven
y que jamás me obliguen el camino a elegir.
¡Ambición!, no la tengo. ¡Amor!, no lo he sentido.

Ni ardí nunca en un fuego de fe ni gratitud.
Un vago afán de arte tuve... Ya lo he perdido.
Ni el vicio me seduce, ni adoro la virtud.
De mi alta aristocracia dudar jamás se pudo.
No se ganan, se heredan elegancia y blasón...
Pero el lema de casa, el mote del escudo
es una nube vaga que eclipsa en vano el sol.
Nada os pido. Ni os amo ni os odio. Con dejarme,
lo que hago por vosotros hacer podéis por mí...
¡Que la vida se tome la pena de matarme,
ya que yo no me tomo la pena de vivir!
Mi voluntad se ha muerto una noche de luna
en que era muy hermoso no pensar ni querer...
De cuando en cuando un beso sin ilusión ninguna.
¡El beso generoso que no he de devolver!

EL BUEN OLVIDO

Magallanes Moure, Manuel

¡Hace ya tanto tiempo! Te creí tan distante,
tan perdida en el hondo sendero del olvido,
y ha bastado esta noche tranquila e inquietante,
y han bastado este aroma en el aire dormido,
y estas sombras profundas y este vago claror
de la luna en creciente, para que yo te tienda
mi alma a través de todo, como una buena senda
lunada de esperanza y olorosa de amor.
Porque olvidé tus besos, tengo sed de tu boca,
porque olvidé tu acento, tengo ansias de tu voz,
porque olvidé tu alma, mi alma ahora te evoca
al pie de la montaña, bajo el cielo de Dios.
Amada, ¿ves la luna? Dame, dame tu mano.
Dame también tus labios. Seremos como hermano
y hermana. Nos iremos por el vago sendero

que se interna en la noche. Nos seguirá un austero
silencio, y poco a poco será el buen recordar.
Roces, palabras, besos. ¡Te creí tan distante
Y en la pálida noche, el placer fulgurante
de sentirnos de nuevo, de volvernos a hallar.

"COPLAS" A LA MUERTE DE SU PADRE
(Fragmentos)

Manrique, Jorge

Recuerde el alma dormida,
avive el seso y despierte,
  contemplando
cómo se pasa la vida,
cómo se viene la muerte
  tan callado:
cuán presto se va el placer,
cómo después de acordado,
  da dolor;
cómo, a nuestro parecer,
cualquier tiempo pasado
  fue mejor.
Pues si vemos lo presente
cómo en un punto se es ido
  y acabado,
si juzgamos sabiamente,
daremos lo no venido
  por pasado.
No se engañe nadie, no,
pensando que ha de durar
  lo que espera
más que duró lo que vio,
pues que todo ha de pasar
  por tal manera.

Nuestras vidas son los ríos
que van a dar en la mar,
   que es el morir;
allá van los señoríos
derechos ha de acabar
   y consumir;
allí los ríos caudales,
allí los otros medianos
   y más chicos,
allegados, son iguales
los que viven por sus manos
   y los ricos...
Los estados y riqueza
que nos dejan a deshora,
   ¡quién lo duda!
No les pidamos firmeza,
pues que son de una señora
   que se muda.
Que bienes son de Fortuna,
que revuelve con su rueda
   presurosa,
la cual no puede ser una,
ni ser estable ni queda
   en una cosa...
Esos reyes poderosos
que vemos por escrituras
   ya pasadas,
con casos tristes, llorosos,
fueron sus buenas venturas
   trastornadas;
así que no hay cosa fuerte:
que a papas y emperadores
   y prelados
así los trata la muerte

como a los pobres pastores
    de ganados.
¿Que se fizo el rey don Juan?
Los infantes de Aragón,
    ¿que se ficieron?
¿Que fue de tanto galán?
¿Que fue de tanta invención
    como trujeron?
Las justas y los torneos,
paramentos, bordaduras
    y cimeras,
¿fueron sino devaneos?
¿que fueron sino verduras
    de las eras?

. . . .

Aquel de buenos abrigos,
amado por virtuoso
    de la gente,
el Maestre don Rodrigo
Manrique, tanto famoso
    y valiente;
sus grandes fechos y claros
no cumple que los alabe,
    pues los vieron;
ni los quiero facer caros,
pues el mundo todo sabe
    cuáles fueron.
¡Qué amigo de sus amigos!
¡Qué señor para criados
    y parientes!
¡Qué enemigo de enemigos!
¡Qué maestro de esforzados
    y valientes!
¡Qué sesos para discretos!
¡Qué gracia para donosos!

¡Qué razón!
¡Qué benigno a los sujetos,
y a los bravos y dañosos,
    un león!

. . . .

Después de puesta la vida
tantas veces por su ley
    al tablero;
después de tan servida
la corona de su rey
    verdadero;
después de tanta fazaña
a que no puede bastar
    cuenta cierta,
en su villa de Ocaña
vino la muerte a llamar
    a su puerta,
diciendo: "Buen caballero,
dejad el mundo engañoso
    y su **halago**;
vuestro corazón de acero
muestre su esfuerzo famoso
    en este trago;
y pues de vida y salud
ficiste tan poca cuenta
    por la fama,
esfuércese la virtud
para sufrir esta afrenta
    que vos llama.
No os faga tan amarga
la batalla temerosa
    que esperáis,
pues otra vida más larga
de fama tan gloriosa

acá dejáis.
Aunque esta vida de **honor**
tampoco no es eternal
    ni verdadera,
mas con todo es muy mejor
que la otra temporal
    perecedera.
El vivir que es perdurable
no se gana con estados
    mundanales,
ni con vida deleitable
donde moran los pecados
    infernales;
mas los buenos religiosos
gánanlo con oraciones
    y con lloros;
los caballeros famosos,
con trabajos y aflicciones
    contra moros".

RESPONDED EL MAESTRE:

"No gastemos tiempo ya
en esta vida mezquina
    por tal modo,
que mi voluntad está
conforme con la divina
    para todo
y consiento en mi morir
con voluntad placentera,
    clara y pura,
que querer hombre vivir
cuando Dios quiera que muera
    es locura".

SALMO DE AMOR

Marquina, Eduardo

¡Dios te bendiga, amor, porque eres bella!
¡Dios te bendiga, amor, porque eres mía!
¡Dios te bendiga, amor, cuando te miro!
¡Dios te bendiga, amor, cuando me miras!

¡Dios te bendiga si me guardas fe;
si no me guardas fe, Dios te bendiga!
¡Hoy, que me haces vivir, bendita seas;
cuando me hagas morir, seas bendita!

¡Bendiga Dios tus pasos hacia el bien;
tus pasos hacia el mal, Dios los bendiga!
¡Bendiciones a ti cuando me acoges;
bendiciones a ti cuando me esquivas!

¡**Bendígate la luz de la mañana**,
que al despertarte hiere tus pupilas,
bendígate la sombra de la noche,
que en su regazo te hallará dormida!

¡Abra los ojos para bendecirte,
antes de sucumbir, el que agoniza!
¡Si al herir te bendice el asesino,
que por su bendición Dios te bendiga!

¡Bendígate el humilde a quién socorras!
¡Bendígate, al nombrarte, tus amigas!
¡**Bendígante los siervos de tu casa**!
¡Los complacidos deudos te bendigan!

¡Te dé la tierra bendición en flores,
y el tiempo, en copia de apacibles días,
y el mar se aquiete para bendecirte,
y el dolor se eche atrás y te bendiga!

¡Vuelva a tocar con el nevado lirio
Gabriel tu frente, y la declare ungida!
¡Dé el cielo a tu piedad don de milagro,
y sanen los enfermos a tu vista!
¡Oh querida mujer!... ¡Hoy que me adoras,
todo de bendiciones es el día!
¡Yo te bendigo, y quiero que conmigo
Dios y el cielo y la tierra te bendigan!

MI CABALLERO

Martí, José

Por las mañanas
mi pequeñuelo
me despertaba
con un gran beso.
Puesto a horcajadas
sobre mi pecho,
bridas forjaba
con mis cabellos
Ebrio él de gozo,
de gozo yo ebrio,
me espoleaba
mi caballero:
¡qué suave espuela
sus dos pies frescos!
¡Cómo reía
mi jinetuelo!
¡Y yo besaba
sus pies pequeños,
dos pies que caben
en un solo beso!

CULTIVO UNA ROSA BLANCA

Martí, José

Cultivo una rosa blanca
en julio como en enero,
para el amigo sincero
que me da su mano franca;
y para el cruel que me arranca
el corazón con que vivo,
cardo ni ortiga cultivo:
cultivo una rosa blanca.

ME DA MIEDO QUERERTE

Mata, Pedro

Me da miedo quererte. Es mi amor tan violento,
que yo mismo me asusto de mi modo de amar;
de tal forma me espanta mi propio pensamiento,
que hay noches que no quiero dormir por no soñar.
No sé lo que me pasa. Pero hay veces que siento
unos irresistibles deseos de matar:
respiro olor de sangre, y luego me arrepiento
y me entran unas ganas muy grandes de llorar.
¡Oh, si en esos momentos pudiera contemplarte
dormida entre mis brazos!... ¡Si pudiera besarte
como nunca hombre alguno a una mujer besó!...
Después, rodear tu cuello con un cordón de seda
y apretar bien el nudo, ¡para que nadie pueda
poner los labios donde feliz, los puse yo!

DIME LA COPLA, JIMENA

Mesa, Enrique de

Ya se van los ganados

a Extremadura;
ya se queda la sierra
triste y obscura.
Ya se van los pastores,
ya van marchando.
Más de cuatro zagalas
quedan llorando.
Dime la copla, Jimena...
Aroma la cantilena
su voz armoniosa y pura:
Ya se van los ganados
a Extremadura.
En silencio el majadal,
desierto el agreste chozo,
refugio del pastor mozo
a orillas del pastizal.
Tenue ventisca otoñal
presagia invernada dura:
Ya se queda la sierra
triste y obscura.
Ve partir al trashumante
rebaño desde el sendero.
¡Noche alegre de San Juan,
noche de fuego y de amor,
en que ha elegido galán,
bajo del hato el pastor!
¿Será su amor zalamero
flor de almendro tempranero?
Ya blanquean los borregos
el verdor de la cañada;
los zagales cañariegos
dan al aire su tonada:
Ya van marchando.
Más de cuatro zagalas

quedan llorando.

Hacía remoto confín,
a un silbo, el rebaño arranca;
armado de su carlanca
la escolta fiero el mastín.

Morena moza, fragante
como tomillo salsero,
Ya se van los ganados
a Extremadura.

Zagala, cierra tu zarzo,
que es duro el viento invernal,
si viene dulzura en marzo,
pronto tornará el zagal.

Hay niebla en el roquedal
y otoño niebla la altura:
que mata el cierzo invernizo,
¿o será tronco roblizo
de la lumbre trashoguero?

Como el agua del regato,
saltarín y bullidor,
bajaba el zagal del hato
por las veredas en flor.

En la paz de la mañana,
junto al dulzor del balido,
disuena el agrio ladrido
de la perra trujillana.

El cristal de una fontana
entre las guijas murmura:
Ya se queda la sierra
triste y obscura.

Al tramontar el alcor,
perdidos entre la bruma,
lejano silba el pastor
al rebaño que trashuma.

Tras el mastín labrador
van los corderos balando:
Más de cuatro zagalas
quedan llorando.

VERGÜENZA

Mistral, Gabriela

Si tú me miras, yo me vuelvo hermosa
como la hierba a que bajó el rocío
y desconocerán mi faz gloriosa
las altas cañas cuando baje al río.
Tengo vergüenza de mi boca triste,
de mi voz rota y mis rodillas rudas;
ahora que me miraste y que viniste,
me encontré pobre y me palpé desnuda.
Ninguna piedra en el camino hallaste
más desnuda de luz en la alborada
que esta mujer a la que levantaste,
porque oíste su canto, la mirada.

Yo callaré para que no conozcan
mi dicha los que pasan por el llano
en el fulgor que da mi frente tosca
y en la tremolación que hay en mi mano...
Es noche y baja a la hierba el rocío:
mírame largo y habla con ternura,
¡que ya mañana al descender el río
la que besaste llevará hermosura!

BALADA

El pasó con otra;
yo le vi pasar.
Siempre dulce el viento

y el camino en paz.
¡Y estos ojos míseros
le vieron pasar!
El va amando a otra
por la tierra en flor.
Ha abierto el espino;
pasa una canción.
¡Y él va amando a otra
por la tierra en flor!
El besó a la otra
a orillas del mar;
resbaló en las olas
la luna de azahar.
¡Y no untó mi sangre
la extensión del mar!
El irá con otra
por la eternidad.
Habrá cielos dulces.
(Dios quiere callar).
¡Y el irá con otra
por la eternidad!

EL NIÑO SOLO

Como escuchase un llanto, me paré en el repecho
y me acerqué a la puerta del rancho del camino.
Un niño de ojos dulces me miró desde el lecho,
¡y una ternura inmensa me embriagó como un vino!
La madre se tardó, curvada en el barbecho;
el niño, al despertar, busco el pezón de rosa
y rompió en llanto... Y lo estreché contra el pecho,
y una canción de cuna me subió temblorosa...
Por la ventana abierta, la luna nos miraba.
El niño ya dormía, y la canción bañaba,
como otro resplandor, mi pecho enriquecido...

Y cuando la mujer, trémula, abrió la puerta,
me vería en el rostro tanta ventura cierta,
¡que me dejó al infante en los brazos dormido!

EL RUEGO

Señor, tú sabes cómo, con encendido brío,
por los seres extraños mi palabra te invoca.
Vengo ahora a pedirte por uno que era mío,
mi vaso de frescura, el panal de mi boca,
cal de mis huesos, dulce razón de la jornada,
gorjeo de mi oído, ceñidor de mi veste.
Me cuido hasta de aquellos en que no puse nada;
¡no tengas ojo torvo si te pido por éste!
Te digo que era bueno, te digo que tenía
el corazón entero a flor de pecho, que era
suave de índole, franco como la luz del día,
henchido de milagro como la primavera.
Me replicas, severo, que es de plegaria indigno
el que no untó de preces sus dos labios febriles
y se fue aquella tarde sin esperar tu signo,
trizándose las sienes como vasos sutiles.
Pero yo, mi Señor, te arguyo que he tocado,
de la misma manera que el nardo de su frente,
todo su corazón dulce y atormentado,
¡y tenía la seda del capullo naciente!

LOS DIAS

Moratín, Leandro Fernández de

¿No es completa desgracia
que, por ser hoy mis días,
he de verme sitiado
de incómodas visitas?
Cierra la puerta, mozo,
que sube la vecina,

su cuñada y sus yernos
por la escalera arriba.
Pero, ¡qué!... no la cierres;
si es menester abrirla,
si ya vienen chillando
doña Tecla y sus dos hijas.
El coche que ha parado,
según lo que rechina,
es el de don Venancio,
¡famoso petardista!
¡Oh! Ya está aquí don Lucas
haciendo cortesías,
y don Mauro el abate,
opositor a mitras;
don Jenaro, don Zoilo
y doña Basilisa,
con una lechigada
de niños y de niñas.
¡Qué necios cumplimientos!
¡Qué frases repetidas!
Al monte de Torozos
me fuera por no oírlas.
Ya todos se preparan
(y no bastan las sillas)
a engullirse bizcochos
y dulces y bebidas.
Llénanse de mujeres
comedor y cocina,
y de los molinillos
no cesa la armonía.
Ellas haciendo dengues
y allí y aquí pellizcan,
todo lo gulusmean
y todo las fastidia.

Ellos, los hombronazos,
piden a toda prisa
del rancio de Canarias,
de Jeréz y Montilla.
Una, dos, tres botellas,
cinco, nueve, se chiflan.
Pues, señor, ¿hay paciencia
para tal picardía?
¿Es esto ser amigos?
¿Así el amor se explica,
dejando mi despensa
asolada y vacía?
Y en tanto los chiquillos,
canalla descreída,
me aturden con sus golpes,
llantos y chilladiza.
El uno acosa al gato
debajo de las sillas;
el otro se echa a cuestas
un cangilón de almíbar;
y el otro, que jugaba
detrás de las cortinas.
un ojo y las narices
le aplastó la varilla.
Ya mi bastón les sirve
de caballito y brincan;
mi peluca y mis guantes
al pozo me los tiran,
mis libros no parecen,
que todos me los pillan,
y al patio se los llevan
para hacer torrecitas.
¡Demonios! Yo que paso
la solitaria vida

en virginal ayuno
abstinente eremita;
yo que del matrimonio
renuncié las delicias
por no verme comido
de tales sabandijas,
¿he de sufrir ahora
esta algazara y trisca?
Vamos, que mi paciencia
no ha de ser infinita.
Váyanse en hora mala,
salgan todos aprisa.
recojan abanicos,
sombreros y basquiñas.
Gracias por el obsequio
y la cordial visita,
gracias; pero no vuelvan
jamás a repetirla.
Y pues ya merendaron,
que a lo que venían,
si quieren baile, vayan
al Soto de la Villa.

FAREWELL

Neruda, Pablo

Desde el fondo de ti, y arrodillado,
un niño triste, como yo, nos mira.
Por esa vida que arderá en sus venas
tendrían que amarrarse nuestras vidas.
Por esas manos, hijas de tus manos,
tendrían que matar las manos mías.
Por esos ojos abiertos en la tierra
veré en los tuyos lágrimas un día.
Yo no lo quiero, amada.

Para que nada nos amarre,
que no nos una nada.
Ni la palabra que aromó tu boca,
ni lo que dijeron las palabras.
Ni la fiesta de amor que no tuvimos,
ni tus sollozos junto a la ventana.
(Amo el amor de los marineros,
que besan y se van.
Dejan una promesa.
No vuelven nunca más.
En cada puerto una mujer espera,
los marineros besan y se van,
una noche se acuestan con la muerte
en el lecho del mar).
Amo el amor que se reparte
en besos, lecho y pan.
Amor que puede ser eterno,
y puede ser fugaz.
Amor que quiere libertarse
para volver a amar.
Amor divinizado que se acerca.
Amor divinizado que se va.
Ya no se encantarán mis ojos en tus ojos,
ya no se endulzará junto a ti mi dolor.
Pero hacia donde vaya, llevaré tu mirada,
y hacia donde camines, llevarás mi dolor.
Fui tuyo, fuiste mía. ¿Que más? Juntos hicimos
un recodo en la ruta donde el amor pasó.
del que corté en tu huerto lo que he sembrado
                                            [yo
Yo me voy. Estoy triste; pero siempre estoy
                                        [triste.
Vengo desde tus brazos. No sé hacia donde voy.
Desde tu corazón me dice adiós un niño.

Y yo le digo adiós.

HOY QUE ES EL CUMPLEAÑOS DE MI HERMANA

Hoy, que es el cumpleaños de mi hermana, no tengo
nada que darle, nada. No tengo nada, hermana.
Todo lo que poseo siempre lo llevo lejos.
A veces hasta mi alma me parece lejana.
Pobre como una hoja amarilla de otoño
y cantor como un hilo de agua sobre una huerta,
los dolores, tú sabes cómo me caen todos,
como al camino caen todas las hojas muertas.
Mis alegrías nunca las sabrás, hermanita,
y mi dolor es ése, no te las puedo dar;
vinieron como pájaros a posarse en mi vida,
una palabra dura las haría volar.
Pienso que también ellas me dejarán un día,
que me quedaré solo, como nunca lo estuve.
¡Tú lo sabes, hermana, la soledad me lleva
hacia el fin de la tierra como el viento a las nubes!
¡Pero para qué es esto de pensamientos tristes!
¡A ti menos que a nadie debe afligir mi voz!
Después de todo, nada de esto que digo existe.
¡No vayas a contárselo a mi madre, por Dios!
Uno no sabe cómo va hilvanando mentiras,
y uno dice por ellas y ellas y ellas hablan por uno.
Piensa que tengo el alma toda llena de risas,
y no te engañarás, hermana, te lo juro.

POEMA NUMERO 15

Me gustas cuando callas, porque estás como ausente,
y me oyes desde lejos, y mi voz no te toca.
Parece que los ojos se te hubieran volado

y parece que un beso te cerrara la boca.
Como todas las cosas están llenas de mi alma,
emerges de las cosas llena del alma mía.
Mariposa de sueño, te pareces a mi alma
y te pareces a la palabra melancolía.
Me gustas cuando callas y estás como distante.
Y estás como quejándote, mariposa en arrullo.
Y me oyes desde lejos, y mi voz no te alcanza.
Déjame que me calle con el silencio tuyo.
Déjame que te hable también con tu silencio,
claro como una lámpara, simple como un anillo.
Eres como la noche, callada y constelada.
Tu silencio es de estrella, tan lejano y sencillo.
Me gustas cuando callas, porque estás como ausente.
Distante y dolorosa como si hubieras muerto.
Una palabra entonces, una sonrisa bastan.
Y estoy alegre, alegre de que no sea cierto.

POEMA NUMERO 20

Puedo escribir los versos más tristes esta noche.
Escribir, por ejemplo: "La noche está estrellada,
y tiritan, azules, los astros a lo lejos".
El viento de la noche gira en el cielo y canta.

Puedo escribir los versos más tristes esta noche.
Yo la quise, y a veces ella también me quiso.
En las noches como ésta, la tuve entre mis brazos.
La besé tantas veces bajo el cielo infinito.

Ella me quiso; a veces yo también la quería.
Cómo no haber amado sus grandes ojos fijos.
Puedo escribir los versos más tristes esta noche.
Pensar que no la tengo. Sentir que la he perdido.
Oír la noche inmensa, más inmensa sin ella.

Y el verso cae al alma como al pasto el rocío.
Qué importa que mi amor no pudiera guardarla.

La noche está estrellada, y ella no está conmigo.
Mi alma no se contenta con haberla perdido.
Como para acercarla, mi mirada la busca.

Mi corazón la busca, y ella no está conmigo.
La misma noche que hace blanquear los mismos árboles.
Nosotros, los de entonces, ya no somos los mismos.
Ya no la quiero, es cierto, pero cuánto la quise.
Mi voz buscaba el viento para tocar su oído.
De otro. Será de otro. Como antes de mis besos.
Su voz, su cuerpo claro, sus ojos infinitos.
Ya no la quiero, es cierto, pero cuánto la quise.
Es tan corto el amor y es tan largo el olvido.
Porque en noches como ésta la tuve entre mis brazos,
mi alma no se contenta con haberla perdido.
Aunque éste sea el último dolor que ella me causa,
y éstos sean los últimos versos que yo le escribo.
Eso es todo. A lo lejos alguien canta. A lo lejos.

A KEMPIS

Nervo, Amado

Sicut nubes, quasi naves,
vélut umbra...

Ha muchos años que busco el yermo,
ha muchos años que vivo triste,
ha muchos años que estoy enfermo,
¡y es por el libro que tú escribiste!
¡Oh, Kempis, antes de leerte amaba
la luz, las vegas, el mar océano;
mas tú dijiste, que todo acaba,
que todo muere, que todo es vano!
Antes, llevado de mis antojos,
besé los labios que el beso invitan,

313

las rubias trenzas, los grandes ojos,
¡sin acordarme que se marchitan!
Mas, como afirman doctores graves
que tú, maestro, citas y nombras,
el hombre pasa como las naves,
como las nubes, como las sombras...
Huyo de todo terreno lazo,
ningún cariño mi mente alegra,
y con tu libro bajo del brazo
voy recorriendo la noche negra...
¡Oh Kempis, Kempis, asceta yermo,
pálido asceta, qué mal me hiciste!
Ha muchos años que estoy enfermo,
¡y es por el libro que tú escribiste!

COBARDIA

Pasó con su madre. ¡Qué rara belleza!
¡Qué rubios cabellos de trigo garzul!
¡Qué ritmo en el paso! ¡Qué innata realeza
de porte! ¡Qué formas bajo el fino tul!...
Pasó con su madre. Volvió la cabeza,
¡me clavó muy hondo su mirada azul!
Quedé como un éxtasis...
Con febril premura,
"¡Síguela!", gritaron cuerpo y alma al par.
...Pero tuve miedo de amar con locura,
de abrir mis heridas, que aún suelen sangrar,
¡y no obstante toda mi sed de ternura,
cerrando los ojos, la dejé pasar!

EL DIA QUE ME QUIERAS

El día que me quieras tendrá más luz que junio;
la noche que me quieras será de plenilunio,
con notas de Beethoven vibrando en cada rayo

sus inefables cosas,

y habrá juntas más rosas

que en todo el mes de mayo.

Las fuentes cristalinas

irán por las laderas

saltando cantarinas

el día que me quieras.

El día que me quieras, los sotos escondidos

resonarán arpegios nunca jamás oídos.

Extasis de tus ojos, todas las primaveras

que hubo y habrá en el mundo serán cuando me

[quieras.

Cogidas de la mano cual rubias hermanitas,

luciendo golas cándidas, irán las margaritas

por montes y praderas,

delante de tus pasos, el día que me quieras...

y si deshojas una, te dirá su inocente

postrer pétalo blanco: ¡Apasionadamente!

Al reventar el alba del día que me quieras,

tendrán todos los tréboles cuatro hojas agoreras,

y en el estanque, nido de gérmenes ignotos,

florecerán las místicas corolas de los lotos.

El día que me quieras será cada celaje

ala maravillosa, cada arrebol miraje

de "Las Mil y Una Noches", cada brisa un cantar,

cada árbol una lira. cada monte un altar

El día que me quieras, para nosotros dos

cabrá en un solo beso la beatitud de Dios.

EN PAZ

Artifex vitae, artifex sui

Muy cerca de mi ocaso, yo te bendigo, Vida,

porque nunca me diste ni esperanza fallida,
ni trabajos injustos, ni pena inmerecida.
Porque veo al final de mi rudo camino

que yo fui el arquitecto de mi propio destino;
que si extraje las hieles o la miel de las cosas,
fue porque en ellas puse hiel o mieles sabrosas;
cuando planté rosales, coseché siempre rosas.

...Cierto, a mis lozanías va a seguir el invierno:
¡mas tú no me dijiste que mayo fuese eterno!
Hallé sin duda largas las noches de mis penas,
mas no me prometiste tú sólo noches buenas,

y en cambio tuve algunas santamente serenas...
Amé, fui amado, el sol acarició mi faz.
¡Vida, nada me debes! ¡Vida, estamos en paz!

DOS SIRENAS

Dos sirenas que cantan: el Amor y el Dinero.
Mas tú sé como Ulises, previsor y sagaz:
tapa bien las orejas a piloto y remero,
y que te aten al mástil de tu barco ligero;
que, si salvas la suerte, ¡tu gran premio es la paz!

Es engaño el Dinero y el Amor es engaño
cuando juzgas tenerlos, una transmutación
al Amor trueca en tedio; trueca al Oro en estaño..
El amor es bostezo y el placer hace daño.
(Esto ya lo sabías, ¡oh buen rey Salomón!).

Pero el hombre insensato por el oro delira,
y de Amor vanamente sigue el vuelo fugaz...
Sólo el sabio, el asceta, con desprecio los mira.
Es mentira el Dinero y el Amor es mentira:
si los vences, conquistas el bien sumo: ¡la Paz!

SI UNA ESPINA ME HIERE...

Si una espina me hiere, me aparto de la espina
...¡pero no la aborrezco!
Cuando la mezquindad

envidiosa me clava los dardos de su inquina,
esquívase en silencio mi planta y se encamina
hacía más puro ambiente de amor y caridad.
¿Rencores? ¡De qué sirven! ¡Qué logran los rencores!.
Ni restañan heridas, ni corrigen el mal.
Mi rosal tiene apenas tiempo para dar flores
y no prodiga savia en pinchos punzadores
si pasa mi enemigo cerca de mi rosal,
    llevará las rosas de más sutil esencia;
  si notare en ellas algun rojo vivaz,
¡será el de aquella sangre que su malevolencia
de ayer vertió, al herirme con encono y violencia,
y que el rosal devuelve trocada en flor de paz!

EL VERTIGO
(Fragmento)

Núñez de Arce, Gaspar

Guarneciendo de una ría
la entrada incierta y angosta,
sobre un peñón de la costa
que bate el mar noche y día,
se alza gigante y sombría
ancha torre secular
que un rey mandó edificar
a manera de atalaya,
para defender la playa
contra los riesgos del mar.

Cuando viento borrascoso
sus almenas no conmueve,
ni turba el rumor más leve
la majestad del coloso,

queda en profundo reposo
largas horas sumergido
y sólo se escucha el ruido
con que los aires azota
alguna blanca gaviota
que tiene en la peña el nido.
Mas cuando en recia batalla
el mar rebramando choca
contra la empinada roca
que allí le sirve de valla,
cuando en la enhiesta muralla
ruge el huracán violento,
entonces, firme en su asiento
el castillo desafía
la salvaje sinfonía
de las olas y del viento.
Dio magnánimo el monarca
un feudo a Juan de Tabares
las seis villas y lugares
de aquella agreste comarca.
Cuanto con la vista abarca
desde el alto parapeto,
a su yugo está sujeto.
Y en los reinos de Castilla
no hay señor de horca y cuchilla
que no le tenga respeto.
Para acrecentar sus bríos
contra los piratas moros,
colmóle el rey de tesoros,

mercedes y señoríos.
Mas, cediendo a sus impíos
pensamientos de Luzbel,
desordenado y cruel,
roba, incendia, asuela y mata,

y es más bárbaro pirata
que los vencidos por él.
Pasma, al mirar su serena
faz y su blondo cabello,
que encubra rostro tan bello
los instintos de una hiena,

Cuando en el monte resuena
su bronca trompa de caza,
con mudo terror abraza
la madre al niño inocente
y huye medrosa la gente
del turbión que la amenaza.
Desde su escarpada roca
baja al indefenso llano
con el acero en la mano
y la blasfemia en la boca.
Excita, con rabia loca,
el furor de su mesnada
y no cesa la algarada
con que a los pueblos castiga
sino cuando se fatiga,
más que su brazo, su espada.
De condición dura y torva,
no acierta a vivir en paz
y, como incendio voraz,
destruye cuanto le estorba.
Todo a su paso se encorva;
la súplica se exaspera,

goza en la matanza fiera,
y con el botín del robo
vuelve, como hambriento lobo,
a su infame madriguera.
De cuyos espesos muros,
en las noches sosegadas,
brotan torpes carcajadas,
maldiciones y conjuros.
Con los cantares impuros
de rameras y bandidos,
salen también confundidos,
de los hondos calabozos,
desgarradores sollozos
y penetrantes quejidos.
Una noche, una de aquellas
noches que alegran la vida,
en que el corazón olvida
sus dudas y sus querellas,
en que lucen las estrellas
cual lámparas de un altar
y en que, convidando a orar
la luna, como hostia santa,
lentamente se levanta
sobre las olas del mar,
Don Juan, dócil al consejo
que en el mal le precipita,
como el hombre que medita
un crimen, está perplejo.
Bajo el ceñudo entrecejo
rayos sus miradas son
y con sorda agitación
a largos pasos recorre
de la maldecida torre

el imponente salón.
Arde el tronco de una encina
en la enorme chimenea:
el tuero chisporrotea
y el vasto hogar ilumina.
Sobre las manos reclina

su ancha cabeza un lebrel,
en cuya lustrosa piel
vivos destellos derrama
la roja y trémula llama
que oscila delante de él.
El fuego, con inseguros

rayos, el hogar alumbra,
pero deja en la penumbra
los más apartados muros.
Hacia los lejos obscuros
la luz sus alas despliega,
y riñen, muda refriega
en el fondo húmedo y triste,
la sombra que se resiste
y la claridad que llega.

EN EL DESIERTO

Othón, Manuel José

I

¿Por qué a mi helada soledad viniste
cubierta con el último celaje
de un crepúsculo gris?... Mira el paisaje,
árido y triste, inmensamente triste.
Si vienes del dolor y en él nutriste
tu corazón, bien vengas al salvaje
desierto, donde apenas un miraje
de lo que fue mi juventud existe.

Mas si acaso no vienes de tan lejos,
y en tu alma aún del placer quedan los dejos
puedes tornar a tu revuelto mundo.
Si no, ven a lavar tu ciprio manto
en el mar amarguísimo y profundo
de un triste amor o de un inmenso llanto.

II

Mira el paisaje; inmensidad abajo;
inmensidad, inmensidad arriba;
en el hondo perfil la sierra altiva
al pie minada por horrendo tajo.
Bloques gigantes que arrancó de cuajo
el terremoto de la roca viva;
y en aquella sabana pensativa
y adusta, ni una senda, ni un atajo.
Asoladora atmósfera candente,
donde se incrustan águilas serenas
como esclavos que se hunden lentamente.
Silencio, lobreguez, pavor tremendos
que vienen sólo a interrumpir apenas
el galope triunfal de los berrendos.

III

En la estepa maldita, bajo el peso
de sibilante brisa que asesina,
yergues tu talla escultural y fina
como un relieve en confín impreso.
El viento, entre los médanos opreso,
canta cual una música divina,
y finge bajo la húmeda neblina
un infinito y solitario beso.

Vibran en el crepúsculo tus ojos
un dardo negro de pasión y enojos
que en mi carne y mi espíritu se clava;
y destacada contra el sol muriente,
como un airón flotando inmensamente
tu bruna cabellera de india brava.

IV

La llanura amarguísima y salobre,
y en la gris lontananza como puerto,
enjuta cuente de océano muerto,
el peñascal, desamparado y pobre.
Unta la tarde en mi semblante yerto
aterradora lobreguez y sobre
tu piel tostada por el sol, el cobre
y el sepia de las rocas del desierto.
Y en regazo donde sombra eterna
del peñascal bajo la enorme arruga
es para nuestro nido y caverna,
las lianas de tu cuerpo retorcidas
en el torso viril que te subyuga
con una gran palpitación de vidas.

V

¡Qué enferma y dolorosa lontananza!
¡Qué inexorable y hosca la llanura!
Flota en todo el paisaje tal pavura
como si fuera un campo de matanza.
Y la sombra que avanza... avanza... avanza,
parece con su trágica envoltura
el alma ingente, plena de amargura,
de los que han de morir sin esperanza.
Y allí estamos nosotros, oprimidos

por la angustia de todas las pasiones,
bajo el peso de todos los olvidos.
En un cielo de plomo el sol ya es muerto;
¡y en nuestros desgarrados corazones,
el desierto, el desierto y el desierto!

VI

¡Es mi adiós!... Allá vas, bruna y austera,
por las planicies que el bochorno escalda,
al verberar tu ardiente cabellera
como una maldición sobre tu espalda..
En mis desolaciones, ¿qué me espera?...
(y apenas veo tu arrastrante falda)
una deshojazón de primavera
y una eterna nostalgia de esmeralda.
El terremoto humano ha destruido
mi corazón, y todo en él expira.
¡Mal hayan el recuerdo y el olvido!
Aún te columbro, y ya olvidé tu frente;
sólo, ¡ay!, tu espalda miro, cual se mira
lo que huye y se aleja eternamente.

ENVIO

En tus aras quemé mi último incienso
y deshojé mis postrimeras rosas.
Do se alzaban los templos de mis diosas
ya sólo queda el arenal inmenso.
Quise entrar en tu alma, y ¡qué descenso,
qué andar por entre ruinas y entre fosas!
¡A fuerza de pensar en tales cosas,
me duele el pensamiento cuando pienso!
¡Pasión!... ¿Qué resta ya de tanto y tanto
deliquio? En ti, ni la normal dolencia
ni el dejo impuro, ni el sabor del llanto.

¡Y en mí!, ¡qué hondo y tremendo cataclismo!
¡Qué sombra y qué pavor en la conciencia
y qué horrible disgusto de mí mismo!

ANNABEL LEE

Poe Edgard, Allan

Hace ya muchos, muchos años,
en un reino junto al mar
vivía una doncella a quien puedes conocer
por el nombre de Annabel Lee,
y esta muchacha vivía sin otro pensamiento
que el de amar y ser amada por mí.
Era yo un niño y era ella una niña
en este reino junto al mar,
pero nos amábamos con un amor que era más
                                        [que amor
—yo y mi Annabel Lee—,
con un amor que los ángeles del cielo
envidiaban a ella y a mí.
Esta es la razón por la cual, hace muchos años,
en este reino junto al mar,
el viento sopló desde una nube, helando
a mi hermosa Annabel Lee;
entonces parientes ilustres vinieron
para llevarla lejos de mí
y encerrarla en su sepulcro
en este reino junto al mar.
Los ángeles, no tan felices en el cielo,
nos envidiaron a ella y a mí.
¡Si! Esa fue la razón (como todos los hombres
                                        [lo saben

en este reino junto al mar)
por la cual el viento salió de una nube una noche
para helar y matar a mi Annabel Lee.

Pero nuestro amor era mucho mas fuerte
que el de aquellos mayores a nosotros
—que el de muchos mas sabios que nosotros—,
y ni siquiera los ángeles sobre el cielo
ni los demonios en el fondo del mar
podrán separar mi alma del alma
de mi hermosa Annabel Lee.
Porque la luna blanca nunca asciende sin
                              [traerme ensueños
de la hermosa Annabel Lee,
y las estrellas nunca se descubren sin que sienta
                              [los ojos
de la hermosa Annabel Lee.
Y así, toda la noche reposo al lado
de mi querida —mi querida—, mi vida y mi
                              [esposa,

en el sepulcro junto al mar,
en su tumba junto al mar.

LA ROSA DESVELADA

Prado, Pedro

Si tú supieras lo que buscas tanto,
si no ignorases lo que tanto anhelo,
ni tu tendrías desespero y llanto,
ni yo dudara del azul del cielo.

Los dos sentimos que nos cubre un velo,
pero ahora ese desvelo yo levanto;
y ambos sabemos que termina en duelo,

entre un misterio prodigioso y santo.
Algo agoniza, y al morir transido,
surge de la visible sepultura

la rosa del amor que, hacia el olvido,
en el eterno olvido siempre dura;
más allá del amor hemos vivido,
allí donde el amor se transfigura.

PRELUDIO

Prado, Pedro

El gran silencio la quietud exprime
como a un fruto de ácida dulzura;
se escucha entre la sombra que perdura
un vago arrullo que acaricia y gime.
Como un azul despliegue que palpita,
en leve indicio pasa y va ondulante,
emergiendo en mi sueño, semejante
al más dormido cuando el pez lo agita.
Imagen rota de mi amor disperso
que la distancia del recuerdo humilla:
como un espejo, todo el universo,
deshecho en resplandor, me ciega y brilla.
Tal si vertiese un canto la azucena,
leve de espuma y vuelo, así indeciso,
y quedase escuchándolo, rehizo
mi ardiente olvido la perdida pena.
¿De qué materia y luz rehace el vuelo,
de qué ignoto perfume desatado,
de qué designio y concepción de cielo,
de qué rumbo y amor nunca esperado?
Grávida de nobleza, de una suave

celeste luz que toda la ilumina,
invisibles las alas, se encamina
plegado el canto que denota, el ave.

Sin la vana palabra que trasciende
límites a la forma y su sentido,
la música de un pétalo caído
la expresa en el silencio, que la entiende.

Bordadora del sueño, amiga mía,
en aire claro y en sutiles vientos,
¿tañedora de cuáles instrumentos,
la luz realzas al herir el día?

Te veo cual ninguna a ti te viera,
alma de rosa azul resplandeciente,
bogando a la deriva en la corriente,
del eco de la luna prisionera.

Como a la ola de la última marea,
oigo al silencio deshacer su espuma;
la sombra de su música me abruma
y me rinde hasta el peso de una idea.

Déjame en esta altura en que culminas,
mientras tu mano en el laúd descansa;
¡oh fuente original de la esperanza,
sin alas quedo cuando tu terminas!
Mi vida es como un vuelo detenido
que persigue en un ansia insatisfecha,
al caer disparado de una flecha,
que se queda en los aires suspendido.
Fuego del alma, y de la vida cumbre,
entro en la luz que desvanece el viento,
cual si entrara en mi propio pensamiento...
¡delicia pura y pura pesadumbre!

C A N C I O N

Prados, Emilio

Me pierdo en mi soledad
y en ella misma me encuentro,
que estoy tan preso en mí mismo
como en la fruta está el hueso.
Si miro dentro de mí,
lo que busco veo tan lejos
que, por temor a no hallarlo,
más en mí mismo me encierro.
Y si fuera de mi salgo,
más de prisa a mí me vuelvo,
que ya ni me entiende el mundo,
ni en el mundo nada entiendo.
Así por dentro y por fuera
se equilibra mi destierro:
dentro de mí por temor;
fuera, por falta de miedo.
Entre mis dos soledades,
igual que un fantasma hueco,
vivo el límite de sangre,
sombra y fiel de mis deseos.
Bien |sé| yo que en la balanza
que pesa mi pensamiento,
el platillo del temor
es al que yo más me aprieto.
Pero lo que busco en él
de tal manera lo anhelo,
que sólo quiero alcanzarlo
cuando esté libre del cuerpo.
Hoy mi soledad me basta,
que en ella sé lo que espero,

lo que por ella he perdido
y lo que con ella tengo.

CASTILLA

Pérez de Ayala, Ramón

Cruzaban tierra de Campos desde Zamora a Palencia
—que llaman tierra de Campos lo que son campos de
[tierra—.
Hacen siete de familia: buhonero, buhonera,
los tres hijos y dos burras, flacas las dos y una ciega.
En un carricoche renco, bajo la toldilla, llevan
unas pocas baratijas y unas pocas herramientas
con que componer paraguas y lañar vajilla en piezas:
tres colchoncillos de estopa, tres cabezales de hierba
y tres frazadas de borra: toda su casa y hacienda.
Cae la tarde. La familia marcha por la carretera.
De rostro a un pueblo de adobes que sobre un teso
[se otea.

Dos hijos, zagales ambos, van juntos de delantera
Uno, bermejo, en la mano sostiene una urraca muerta.
El padre rige del diestro las borricas, a la recua.
Viste blusa azul y larga que hasta el tobillo le llega,
la tralla de cuero al hombro derribada la cabeza.
A la zaga del carrillo, despeinada, alharaquienta,
ronca de tanto alarido, las manos al cielo abiertas,
los pies desnudos a rastras, camina la buhonera.
Pasa la familia ahora junto al solar de las eras.
Este trilla, **aquél** aparva, tal limpia y estotro abecha.
Un gañán, riendo, grita: "¿Hubo somanta, parienta?"
La familia sube al pueblo y acampa junto a la iglesia.
¿Qué ocurre, buena señora? ¿Por qué así gime y
[reniega?

"Mi fija, que se me muere, mi fija la más pequeña".
"¿Dónde está que no la vemos? "Dentro del carrico
[pena.

Anda más muerta que viva". Nunca tal cosa dijera.
Van las mujeres de huida clamando: "¡Malhaya sea!
La peste nos trae al pueblo. Echalos, alcalde, fuera.
Suban armados los mozos. Llamen al médico apriesa".
El médico ya ha llegado. Mirando está ya a la enferma:
una niña de ocho meses que es sólo hueso y pellejo.
"Vecinas —ha dicho el médico—, no hay peste, es
[epidemia.
La niña se ha muerto de hambre. Y al que se muere
[lo entierran"

"Lleva la bisutería: alma y vida, y mi princesa.
Lleva la bisutería contigo bajo la tierra.
Los pendientes de esmeralda llévalos en las orejas.
Al cuello véase el collar, ese collar de marquesas.
En ese pelo dorado, vayan las doradas peinas.
Llévalo todo, sí, todo; que nada, nada nos queda".
Campanas tocan a gloria. Marchan por la carretera,
cruzando tierra de Campos, desde Zamora a Palencia.

QUETZALCOATL

Paz, Martín

Poco antes de partir, Quetzalcóatl, un día
reunió a los más jóvenes mancebos de Anáhuac.
De cada tribu india
llegando más de un mozo famoso en la comarca.
Y de pronto el profeta,

vertiendo en frases lentas pensamientos profundos

331

dijo al **más** bien logrado de todos los atletas:
—Ve y arranca y destroza aquel aislado junco.
Y con facilidad, el junco fue arrancado.
Después: Desprende a un tiempo un centenar de
juncos—.
El atleta tiró y su esfuerzo fue vano,
lo intentó nuevamente y lograrlo no pudo.
Y clamó Quetzalcóatl: —Para eso os he llamado:
vendrán los hombres blancos un día por el mar
y no debéis estar, como aquel junco, aislados.
¡Hay que apretarse en haces y hacer un solo haz!—
Pueblos de nuestra América:
no puede en nuestro mundo ser estable la paz.
No olvidar la sentencia
del viejo Quetzalcóatl:
¡Hay que apretarse en haces y hacer un solo haz!

EL SOLDADO RUSO

Peredo, Manuel

Inmóvil un soldado
del Czar está a la puerta,
alto, hermoso, robusto
cual encina soberbia;
mas sólo decir sabe:
—Estoy de centinela—.
Díjele yo al soldado:
—**Veinte años no más cuentas,**
la edad del amor puro.
¿Cuál es pues, la bella
a quién el alma diste?
—Estoy de centinela—.
Un desdichado niño
ahógase en el Neva:

para darle socorro
todo el mundo se apresta.
—¡Ayúdanos, soldado!—
—!Estoy de centinela!—
Al padre del soldado,
azotándole en pena
del que el impuesto debe,
por la plaza pasean,
—¡Hijo mío, defiéndeme!
—Estoy de centinela.
Cuando tal vi, apartéme
del soldado con pena;
y llorando y gritando
díjeme: "En esta tierra,
¡ay! los soldados tienen
el corazón de piedra.

RUMBO

Pérez Martínez, Héctor

I

Por invocada soledad te miro
llegar de nube blanca revestida.
Llorar la sombra sombras de zafiro
en sortija de luz descolorida.

Sábanas de crespón cuando te miro
ponen de luto el aire de la vida
trémolos de cristal cuando te miro
llegar de nube blanca revestida.

Por invocada soledad sendero
de las sombras de hoy y de mañana
ábrase al paso frío del Enero.

Dilatada sombra artificio lento
y en esta soledad resulta vana
la imagen que de ti miro, invento.

II

Por tenida de austera amarga ausencia
da a mis sentidos negra vestidura;
te recuerdo de ayer y brilla pura
la actualidad frutal de tu presencia.

Mi ávido luto asalta tu inocencia.
Dolor de lejanía se madura
en verso vano que huye transparencia.
Mi brazo imita curvas de cintura.

Si tu distancia niega tu beleño
en desquite a mí vienes temblorosa
sobre la nube impávida del sueño.

Y cuando estás en mí, frutal y alada,
ausente Amor que tu presencia goza
no dice del rencor gloria pasada.

CESAR EN CASA

Peza, Juan de Dios

Juan, aquel militar de tres abriles,
que con gorra y fusil sueña en ser hombre,
y que ha sido en sus guerras infantiles
un glorioso heredero de mi nombre.

Ayer, por tregua al belicoso juego,
dejando en un rincón la espada quieta,
tomó por voluntad, no a sangre y fuego,
mi mesa de escribir y mi gaveta.

Allí guardó un laurel, y viene al caso
repetir lo que saben mil testigos:
esa corona de oropel y raso
la debo, no a la gloria, a mis amigos.

Con sus manos pequeñas y traviesas
desató el niño, de la verde guía,
el lazo tricolor en que hay impresas
frases que él no descifra todavía.

Con la atención de un ser que se emociona,
miró las hojas con extraño gesto,
y poniendo en mis manos la corona,
me preguntó con intención: —¿Que es esto?—.

—Esto es —repuse— el lauro que promete
la gloria al genio que en su luz inunda...
—¿Y tú por qué lo tienes? —Por juguete—
le respondió mi convicción profunda.

Viendo la forma oval, pronto el objeto
descubre el niño, de la noche gala;
se lo ciñe faltándome al respeto
y hecho un héroe se aleja por la sala.

¡Qué hermosa dualidad! Gloria y cariño
con su inocente acción enlazó ufano,
pues con el lauro semejaba el niño
un diminuto emperador romano.

Hasta creí que de su faz severa
irradiaban celestes resplandores
y que anelaba en su imperial litera
ir al circo a buscar los gladiadores.

Con su nuevo disfraz quedé asombrado
(no extrañeis en un padre estos asombros)

y corrí por un trapo colorado
que puse y extendí sobre sus hombros.

Mirélo así con cándido embeleso,
me transformé en su esclavo humilde y rudo,
y —¡Ave César! —le dije— dame un beso.
¡yo que muero de penas, te saludo!

—¿César? —me preguntó lleno de susto
y yo sintiendo que su amor me abrasa,
—¡César! —le respondí —César Augusto
de mi honor, de mi honra y de mi casa!

Quitéle el manto, le volví la espalda,
recogí mi corona de poeta,
y la guardé deshecha y empolvada,
en el fondo sin luz de mi gaveta.

REIR LLORANDO

Viendo a Garrick —actor de la Inglaterra—
el pueblo al aplaudirlo le decía:
—Eres el mas gracioso de la tierra,
y el mas feliz. . .
Y el cómico reía.
Víctimas del spleen, los altos lores
en sus noches mas negras y pesadas,
iban a ver al rey de los actores
y cambiaban su spleen en carcajadas.

Una vez, ante un médico famoso
llegóse un hombre de mirar sombrío:
—Sufro —le dijo— un mal tan espantoso
como esta palidez del rostro mío.
Nada me causa encanto ni atractivo;

no me importa mi nombre ni mi suerte;
en un eterno spleen, muriendo vivo,
y es mi única ilusión la de la muerte—.

—Viajad y os distraeréis.
—¡Tanto he viajado!
—Las lecturas buscad.
—**¡Tanto he leído!**
—Que os ame una mujer.
—¡Si soy amado!
—Un título adquirid.
—¡Noble he nacido!
—¿Pobre seréis quizá?
—Tengo riquezas.
—¿De lisonjas gustáis?
Tantas escucho...
—¿Que tenéis de familia?
—Mis tristezas...
—¿Váis a los cementerios?
—Mucho, mucho...
—¿De vuestra vida actual tenéis testigos?
—Sí, mas no dejo que me impongan yugos,
yo les llamo a los muertos mis amigos;
y les llamo a los vivos mis verdugos.

—Me deja —agrega el médico— perplejo
vuestro mal, y no debo acobardaros;
tomad hoy por receta este consejo
"Sólo viendo a Garrick podréis curaros".

—¿A Garrick?
—Sí a Garrick... La mas remisa
y austera sociedad le busca ansiosa;
todo aquel que lo ve muere de risa,
tiene una gracia artística asombrosa
—¿Y a mí me hará reír?

—¡Ah! sí, os lo juro,
él sí; nada más él; mas... ¿qué os inquieta?
—Así —dijo el enfermo—, no me curo;
¡yo soy Garrick!... Cambiadme la receta.

¡Cuántos hay que, cansados de la vida,
enfermos de pesar, muertos de tedio,
hacen reír como el actor suicida,
sin encontrar para su mal remedio!

¡Ay! ¡Cuántas veces al reír se llora!
¡Nadie en lo alegre de la risa fíe,
porque en los seres que el dolor devora
el alma gime cuando el rostro ríe!

Si se muere la fe, si huye la calma,
si solo abrojos nuestra planta pisa,
lanza a la faz la tempestad del alma
un relámpago triste: la sonrisa.

El carnaval del mundo engaña tanto,
que las vidas son breves mascaradas;
aquí aprendemos a reir con llanto,
y también a llorar con carcajadas.

¡ A D I O S... !

Pino Suárez, José María

Adiós, voy a partir, en breves horas
gallarda nave se dará a la vela
y surcará las ondas mugidoras,
como alado corcel que raudo vuela,
llevándome de aquí.

Mañana que al alzarse en el Oriente
el Astro-Rey surgiendo de los mares,

te traiga con sus rayos, dulcemente,
las notas que te arranquen mis pesares,
acuérdate de mí!

Que en la noche callada y misteriosa
cuando en las ondas plácidas del río
surje la luna bella, esplendorosa,
soñando en el amor, dulce bien mío,
¡me acordaré de ti!

Y si al herir la clave de tu piano
brota a raudales toda la poesía
que le arranca tu genio soberano,
acuérdate de mí, gentil María,
¡acuérdate de mí!

Que cuando vague a orillas del torrente
de la selva escuchando los rumores,
en el **éxtasis** puro que se siente
de esa vida entre pájaros y flores...
¡me acordaré de ti!

A LA FORTUNA

Plaza, Antonio

I

Fortuna, pérfida y loca,
tu capricho al orbe manda;
con el audaz eres blanda
con el tímido eres **roca.**

Ciega que a gozar provoca
y hace al hombre padecer;
vana eres como el placer,
y aunque alientas alma infame,

no hay hombre que no te ame,
porque al fin eres mujer.

II

Veleta de oro que gira
según el viento se muda;
Astarté ante quien desnuda
la prostitución se mira;
aunque en tu favor mentira,
por llegar a poseer,
todos echan a correr
tras de ti, de ansias beodos;
pero tú burlas a todos
porqué al fin eres mujer.

III

Maga de rostro severo,
con el asta de Amaltea,
linda vuelves a la fea
y general a un arriero;
ennobleces al fullero,
al bruto le das saber;
a un bicho le haces valer;
pero al conceder tu amor
siempre eliges lo peor,
porque al fin eres mujer.

IV

Prostituta, la virtud
es tu esclava a quien humillas:
ante el crimen te arrodillas
y dispensas plenitud
de bienes a multitud

de pícaros, **que** magüer
ahorcados debieron ser;
no extraño que des tus dones
a estupidos y bribones
porque al fin eres mujer.

V

Reina de las joyas falsas,
al que hoy elevas al cielo
lo arrojas mañana al suelo
y al abatido lo ensalzas.
Al hombre mísero alzas
para dejarlo caer;
porque con solo querer
haces todo en el instante...
eres tú muy inconstante,
porque al fin eres mujer.

VI

Vieja del mechón inmundo,
soberana sin conciencia,
ante cuya omnipotencia
de hinojos se postra el mundo.
A todo hombre nauseabundo
que arrastra su innoble ser
ante el oro y el poder,
tú le proteges, injusta,
que la adulación te gusta
porque al fin eres mujer.

VII

Quien vivir sabe, te acecha;
desvelas al codicioso,

no te busca el perezoso,
el pródigo te desecha;
el imbécil se despecha;
porque a nadie tu poder
contento puede tener.
y te maldicen no pocos,
que a todos los vuelves locos,
porque al fin eres mujer.

VIII

Quien no tiene confianza
en ti, siempre te aborrece,
y quien menos te merece,
Fortuna, siempre te alcanza.
Nadie pierde la esperanza
de llegarte a poseer,
sólo yo, mísero ser,
quizá filósofo y necio,
Fortuna, no hago aprecio,
porque al fin eres mujer.

IX

Tú, lo mismo que mi suegra.
me aborreces, vil Fortuna.
y aunque yo desde la cuna
he visto tu cara negra,
no me aflige ni me alegra
tu villano proceder;
y sin pena, sin placer,
te doy la espalda, ¿qué quieres?
me fastidian las mujeres,
y tú al fin eres mujer.

A UNA RAMERA

I

Mujer preciosa para el bien nacida,
mujer preciosa por mi mal hallada,
perla del solio del Señor caída
y en albañal inmundo sepultada;
cándida rosa en el Edén crecida
y por manos infames deshojada;
cisne de cuello alabastrino y blando
en indecente bacanal cantando.

II

Objeto vil de mi pasión sublime,
ramera infame a quien el alma adora
¿por qué ese Dios ha colocado, dime,
el candor en tu faz engañadora?
¿Por qué el reflejo de su gloria imprime
en tu dulce mirar? ¿Por que atesora
hechizos mil en tu redondo seno,
si hay en tu corazón lodo y veneno?

III

Copa de bendición de llanto llena,
do el crimen su ponzoña ha derramado;
ángel que el cielo abandonó sin pena,
y en brazos del demonio se ha entregado;
mujer más pura que la luz serena,
más negra que la sombra del pecado,
oye y perdona si al cantarte lloro,
porque, ángel o demonio, yo te adoro.

IV

Por la senda del mundo yo vagaba

indiferente en medio de los seres;
de la virtud y el vicio me burlaba;
me reí del amor de las mujeres,
que amar a una mujer nunca pensaba;
y hastiado de pesares y placeres
siempre vivió con el amor en guerra
mi ya cansado corazón de tierra.

V

Pero te vi... te vi... ¡Maldita hora
en que te vi, mujer! Dejaste herida
mi alma que te adora, como adora
el alma que de un llanto está nutrida;
horrible sufrimiento me devora,
que hiciste la desgracia de mi vida
mas dolor tan intenso, tan profundo,
no lo cambio, mujer, por todo un mundo.

VI

¿Eres demonio que arrojó el infierno
para abrirme una herida mal cerrada?
¿Eres un ángel que mandó el Eterno
a velar mi existencia infortunada?
¿Este amor, tan ardiente, tan interno,
me enaltece, mujer, o me degrada?
No lo sé... no lo sé... yo pierdo el juicio.
¿Eres el vicio tú?... ¡Adoro el vicio!

VII

¡Amame tú también! Seré tu esclavo,
tu pobre perro que doquier te siga;
seré feliz si con mi sangre lavo
tu huella, aunque al seguirme me persiga
ridículo y deshonra; al cabo, al cabo,
nada me importa tu manchada historia

si a través de tus ojos veo la gloria

VIII

Yo mendigo, mujer, y tu ramera,
descalzos por el mundo marcharemos;
que el mundo nos desprecie cuanto quiera,
en nuestro amor un mundo encontraremos;
y si horrible miseria nos espera,
ni de un rey por el trono la daremos,
que cubiertos de andrajos asquerosos,
dos corazones latirán dichosos.

IX

Un calvario maldito hallé en la vida
en el que mis creencias expiraron,
y al abrirme los hombros una herida,
de odio profundo el alma me llenaron;
por eso el alma de rencor henchida
odia lo que ellos aman, lo que amaron,
y a ti sola, mujer, a ti yo te entrego
todo ese amor que a los mortales niego.

X

Porque nací, mujer, para adorarte
y la vida sin ti me es fastidiosa,
que mi único placer es contemplarte.
Aunque tú halles mi pasión odiosa,
yo, nunca, nunca, dejaré de amarte.
Ojalá que tuviera alguna cosa
más que la vida y el honor más cara
y por ti sin violencia la inmolara.

XI

Sólo tengo una madre, ¡me ama tanto!
sus pechos mi niñez amamantaron,
y mi sed apagó su tierno llanto
y sus vigilias hombre me formaron;
a ese ángel para mí tan santo,
última fe de creencias que pasaron,
a ese ángel de bondad, ¡quién lo creyera!
¡olvido por tu amor... loca ramera!

XII

Sé que tu amor no me dará placeres,
sé que burlas mis grandes sacrificios;
eres tú la más vil de las mujeres;
conozco tu maldad, tus artificios;
pero te amo, mujer, te amo como eres;
amo tu pervesión, amo tus vicios;
y aunque maldigo el fuego en que me inflamo,
mientras más vil te encuentro más te amo.

XIII

Quiero besar tu planta a cada instante,
morir contigo de placer beodo;
porque es tuya mi mente delirante,
y tuyo es, ay, mi corazón de lodo.
Ya que soy en amores inconstante,
hoy me siento por ti capaz de todo;
por ti será mi corazón do imperas,
virtuoso, criminal, lo que tú quieras.

XIV

Yo me siento con fuerza muy sobrada,

y hasta un niño me vence sin empeño.
¿Soy águila que duerme encadenada
o vil gusano que titán me sueño?
Yo no sé si soy mucho o no soy nada;
si soy átomo grande o dios pequeño;
pero gusano o dios, débil o fuerte,
sólo sé que soy tuyo hasta la muerte.

XV

No me importa lo que eres, lo que has sido,
porque en vez de razón para juzgarte,
yo sólo tengo de ternura henchido
gigante corazón para adorarte.
Seré tu redención, seré tu olvido,
y de ese fango vil vendré a sacarte,
que si los vicios en tu ser se imprimen
mi pasión es más grande que tu crimen.

XVI

Es tu amor nada más lo que ambiciono,
con tu imagen soñando me desvelo.
de tu voz con el eco me emociono;
y por darte la dicha que yo anhelo
si fuera rey te regalar un trono,
si fuera Dios, te regalara el cielo;
y si Dios de ese Dios tan grande fuera,
me arrojara a tus plantas, ¡vil ramera!

LA NOCHE

PASTERNAK, Boris

La noche avanza sin tregua
y poco a poco se esfuma,

347

mientras que arriba del mundo dormido
el piloto se pierde entre las nubes.
Se ha perdido entre la niebla
entre cuyo vapor desaparece;
y es una cruz en un lienzo
o una marca en un paño.
Abajo de él, los clubs nocturnos,
las ciudades extranjeras desconocidas,
los cuarteles, los maquinistas
y las estaciones, los rieles y las calles.
Mientras tanto en las nubes
la sombra del ala se prolonga
y vuela entre enjambres
y estrellas vagabundas.
hacia el vértigo y hacia el miedo,
hacia el espacio inédito,
hacia mil universos ignorados,
la Vía Lactea contemplando.
En el espacio infinito
los continentes se consumen.
Y en el subsuelo y en los sótanos
todo envejece.
En París, bajo los techos,
(¿o es Venus o Marte?)
alguien busca en los muros
el anuncio de algún cine.
Y alguien que no concilia el sueño
en este horizonte maravilloso
bajo el techo
de su vieja buhardilla,
contempla el planeta
como si el firmamento,
tuviese algo que informar
acerca de su nocturna tormenta,

No descanses jamás, ¡trabaja!
¡No interrumpas nunca la tarea!
No reposes, lucha contra el sueño
como el piloto contra las estrellas.

¡Artista, no descanses jamás!
¡No te entregues al sueño!
¡Tú eres el rehén de la eternidad
que el tiempo tiene cautivo!

EL RETORNO

Pound, Ezra

¡Vedlos, retornan! ¡Ved los vacilantes
movimientos, los pies pesados,
el arduo andar y el titubeo
incierto!
Vedlos, retornan uno a uno,
semidespiertos y asustados,
como si la nieve dudase
y, dentro del viento, volviéndome,
murmurase:
—Esos fueron los "Alados del Terror",
los inviolables.
¡Dioses de sandalias aladas!
¡Los plateados lebreles
con ellos iban, husmeando las huellas
del aire!
¡Ay! ¡Ay!
Rápidos fueron en destruir y pillar,
finos de olfato.
¡Eran almas sangrientas!
¡Lentos en la trailla,
pálidos son los hombres
de la trailla!

A UNA NARIZ

Quevedo, Francisco de

Erase un hombre a una nariz pegado,
érase una nariz superlativa,
érase una nariz sayón y escriba,
érase un peje espada muy barbado.

Era un reloj de sol mal encarado,
érase una alquitara pensativa,
érase un elefante boca arriba,
era Ovidio Nasón mas narizado.

Erase el un espolón de una galera,
érase una piramide de Egipto:
las doce tribus de narices era.

Erase un naricísimo infinito,
muchísima nariz, nariz tan fiera,
que en la cara de Anás fuera delito.

LETRILLA SATIRICA

Madre, yo al oro me humillo:
el es mi amante y mi amado,
pues, de puro enamorado,
de continuo anda amarillo;
que, pues, doblón o sencillo,
hace todo cuanto quiero,
poderoso caballero es don Dinero

Nace en las Indias honrado,
donde el mundo le   compaña;
viene a morir en España
y es en Génova enterrado.
Y pues quien le trae al lado

es hermoso aunque sea fiero,
poderoso caballero es don Dinero.

Es galán y es como un oro,
tiene quebrado el color,
persona de gran valor,
tan cristiano como moro;
pues que da y quita decoro
y quebranta cualquier fuero,
Poderoso caballero es don Dinero.

Son sus padres principales
y es de nobles descendientes,
porque en las venas de Oriente
todas las sangres son reales;
y pues es quien hace iguales
al rico y al pordiosero,
poderoso caballero es don Dinero.

¿A quién no le maravilla
ver en su gloria sin tasa
que es lo más ruín de su casa
doña Blanca de Castilla?
Mas, pues que su fuerza humilla
al cobarde y al guerrero,
poderoso caballero es don Dinero.

Sus escudos de armas nobles
son siempre tan principales,
que sin sus escudos reales
no hay escudos de armas dobles;
y pues a los mismos nobles
da codicia su minero,
poderoso caballero es don Dinero.

Por importar en los tratos
y dar tan buenos consejos,
en las casas de los viejos

gatos le guardan de gatos.
Y pues él rompe recatos
y ablanda al juez mas severo,
poderoso caballero es don Dinero.

Es tanta su majestad
(aunque son sus duelos hartos),
que con estar hecho cuartos
no pierde su calidad;
pero pues da autoridad
al gañán y al jornalero,
poderoso caballero es don Dinero.

Nunca vi damas ingratas
a su gusto y afición,
que a las caras de un doblón
hacen sus caras baratas.
Y pues las hace bravatas
desde una bolsa de cuero,
poderoso caballero es don Dinero.

Más valen en cualquier tierra
(¡mirad si es harto sagaz!)
sus escudos en la paz
que rodelas en la guerra.
Pues al natural destierra
y hace al propio forastero,
poderoso caballero es don Dinero.

CANCION

Quiros, Pedro de

El tiempo en que vivieron
sin ser tuyos mis ojos, Celia mía,
a cuantos entonces vieron,
miraron hoy como noche, porque el día,
vestido de arreboles,
no pudo amanecer sin tus dos soles.

Ya de las luces bellas,
mi amor, mi mariposa no encendida,
será por medio de ellas
el ave rara que en Arabia anida;
pues si abrasado yace,
Fénix será el amor que en ti renace.

¡Ay, dulce, hermoso dueño!
Si es sueño grave mi felice suerte,
como hay vida que es sueño,
sea mi vida dilatada muerte,
porque esté más segura;
vida que es muerte, sueño que es ventura.

Morir por adorarte,
aunque sin esperar el merecerte,
amar por sólo amarte,
tener por dulce fin sólo el quererte,
es gloria donde el alma
tiene sin interés su fe por palma.

Mas, ¡ay, Celia divina!
que cuando me acredito más de amante,
y cuanto más camina
mi amor en su propósito constante,
en un grave tormento
vacila el alma, gime el pensamiento.

No sé si declararte
podrá su pena el corazón difunto,
pues, con imaginarte
de más dichoso amor posible asunto,
en lágrimas deshecho,
triste a los ojos se traslada el pecho.

Ya te he dicho la causa,
con brevedad, de mi insufrible daño;
que no es bien hacer pausa
en el dolor quien teme un desengaño;

mal mi pasión resisto. . .
¡Ay, Celia, quién tu luz no hubiera visto!

AUSCHWITZ

Quasimodo, Salvatore

Allá abajo en Auschwitz, lejos del **Vístula**,
amor, a lo largo de la llanura nórdica
en un campo de muerte: fría, fúnebre,
la lluvia en el moho de los postes
y la mañana de hierro de los recintos:
ni árbol, ni pájaros en el aire gris
o en nuestros pensamientos sino inercia
y dolor que la memoria abandona
a su silencio sin ironía.

Tú no quieres elegías, idilio: sólo
razones de nuestra suerte aquí;
tú, tierna a los contrastes de la mente,
insegura ante una presencia clara
de la vida. Y la vida está aquí,
en cada uno que semeja una certeza:
aquí oíremos llorar al ángel, al monstruo,
nuestras horas futuras

golpear al **más** allá, que está **aquí**,
en eternidad
y en movimiento, no en imagen
de sueños, de posible piedad.

Y aquí las metamorfosis, aquí los mitos.
Sin nombre de símbolos o de un dios,
son crónicas, lugares de la tierra,
son Auschwitz, amor. ¡Cómo de pronto
se volvió humo de sombra
el cuerpo amado de Alfo y de Aretusa!

De aquel infierno abierto con un rótulo
blanco: "El trabajo os volverá libres",
surgió, constante, el humo
de miles de mujeres arrojadas
al alba de las celdas contra el muro
del tiro al blanco, o ahogadas clamando
misericordia al agua con la boca
de esqueleto bajo las duchas de gas.
Los hallarás **tú**, soldado, en tu historia,
bajo formas de ríos, de animales,
¿o también **tú** eres cenizas de Auschwitz,
medalla de silencio?
Quedan largas trenzas encerradas en urnas
de vidrio, ceñidas **aún** por amuletos,
y sombras infinitas de pequeños zapatos
y bufandas de hebreos: son reliquias
de un tiempo de cordura, de sabiduría
del hombre que se hace a la medida
de las armas,
con los mitos, nuestras metamorfosis.

Sobre la tierra donde amor y llanto
se pudrieron y piedad, bajo la lluvia
allá abajo, batía un no dentro de nosotros,
un no a la muerte, muerta en Auschwitz
para no repetir aquella fosa
de cenizas, la muerte.

LOS ANIMALES SON MADRUGADORES...

Ramos Carrión, Miguel

Los animales son madrugadores
(sencilla observación que hace cualquiera),
gocen ellos del sol, la luz primera

y del alba los pálidos fulgores.

Despiértense los pájaros cantores,
hijos de la florida primavera,
y vayan muy temprano a la pradera
labriegos y gañanes y pastores.

El hombre culto, no siempre a tal hora
dormido ocupe el lecho todavía,
disfrutando molicie seductora.

Yo sólo con placer madrugaría
para gozar de **los** encantos de una aurora..
que es Aurora González y García.

TIERRA DE PROMISION

Rivera, José Eustasio

Mágicas luces el ocaso presta
al ventisquero de bruñida albura;
y junto al sol, que en el cristal fulgura,
arbola un ciervo su enramada testa.

Al yerto soplo de la cumbre enhiesta,
arisco frunce la nariz obscura,
y en su relieve escultural perdura
un campo rosa de la brava cuesta.

Súbito, en medio del granate vivo,
infla su cuello, bramador y altivo;
con ágil casco las neveras hiende,
y sobre el bloque rutilante y cano,
como la zarza de Horeb se enciende
su cornamenta en el fulgor lejano.

Atropellados por la pampa suelta,
los raudos potros en febril disputa
hacen silbar sobre la sorda ruta
los huracanes en su crin revuelta.

356

Atrás, dejando la llanura envuelta
en polvo, alargan la cerviz enjuta,
y a su carrera retumbante y bruta
cimbran los pinos y la palma esbelta.

Ya cuando cruzan el austral peñasco,
vibra un relincho por las altas rocas;
entonces paran el triunfante casco,
resoplan roncos, ante el sol violento
y alzando en grupo las cabezas locas
oyen llegar el retrasado viento...

GUSANO

Rojas, Manuel

Lo mismo que un gusano que hilara su capullo,
hila en la rueca tuya tu sentir interior;
he pensado que el hombre debe crear lo suyo,
como la mariposa sus alas de color.

Teje serenamente, sin soberbia ni orgullo,
tus ansias y tu vida, tu verso y tu dolor.
Será mejor la seda que hizo el trabajo tuyo,
porque en ella pusiste tu paciencia y tu amor.

Yo, como **tú,** en mi rueca hilo la vida mía,
y cada nueva hebra me trae la alegría
de saber que entretejo mi amor y mi sentir.

Después, cuando la muerte se pare ante mi
[senda,
con mis sedas **más** blancas levantaré una tienda,
y a su sombra, desnudo, me tenderé a dormir.

LOS ESPOSOS ALDEANOS

Rojas Zorrilla, Francisco de

—No quiere el segador el aura fría,
ni por abril el agua mis sembrados,
ni yerba ni dehesa mis ganados,
ni los pastores la estación umbría,
ni el enfermo la alegre luz del día,
la noche los gañanes fatigados,
blancas corrientes los amenos prados,
más que te quiero, dulce esposa mía.

Que si hasta hoy su amor desde el primero
hombre juntaran, cuando así te ofreces
en un sujeto, a todos los prefiero,
y aunque sé, Blanca, que mi fe agradeces,
y no puedo querer más que te quiero.
aún no te quiero como tu mereces.

—No quieren más las flores al rocío
que en los fragantes vasos el sol bebe,
las arboledas la deshecha nieve
que es cima de cristal y después río;
el indice de piedra el Norte frío,
el caminante al iris cuando llueve,
la obscura noche la traición aleve,
más que te quiero, dulce esposa mía.
Porque es mi amor tan grande, que a tu
[nombre,
como a cosa divina construyera
aras donde adorarte; y no te asombre,
porque si el ser de Dios no conociera,
dejara de adorarte como hombre
y por Dios te adorara y te tuviera.

358

LA NARIZ DE CYRANO

Rostand, Edmond

"Tenéis la nariz tan grande". Yo os abono
que podáis variar bastante el tono.
Por ejemplo: Agresivo: "Si en mi cara
tuviese tal nariz, me la amputara".
Amistoso: "¿Se baña en vuestro vaso
al beber, o un embudo usáis al caso?"
Descriptivo: "Es un cabo? ¿Una escollera?
Mas ¿que digo? ¡Si es una cordillera!"
Curioso: "¿De que os sirve ese accesorio?
¿De alacena, de caja o de escritorio?"
Burlón: "¿Tanto a los pájaros amáis,
que en el rostro una alcándara les dáis?"
Brutal: "¿Podéis fumar si que el vecino
—¡Fuego en la chimenea! —grité?" Fino:
"Para colgar las carpas y sombreros
esa percha muy útil ha de seros".
Solícito: "Compradle una sombrilla;
el sol ardiente su color mancilla".
Dramático "Evitad riñas y enojos:
si os llegara a sangrar, diera un mar rojo".
Enfático: "¡Oh nariz!... ¿Qué vendaval
te podría resfriar? Solo el mistral".
Pedantesco: "Aristófanes no cita
mas que un ser solo que con vos compita
en ostentar nariz de tanto vuelo:
el Hipocampelephantocamelo".
Respetuoso: "Señor os beso la mano;
digna es vuestra nariz de un soberano".
Ingenuo: "¿De qué hazaña o qué portento
en memoria se alzó este monumento?"

Lisonjero: "Nariz como la vuestra
es para un perfumista linda muestra".
Lírico: "¿Es una concha? ¿Sois tritón?"
Rústico: "¿Eso es nariz o es melón?"
Militar: "Si a un castillo se acomete,
aprontad la nariz, ¡terrible ariete!"
Práctico: "¿La ponéis en lotería?
¡El premio gordo esa nariz sería!"
Y, finalmente, a Píramo imitando:
"¡Malhadada nariz, que, perturbando
del rostro de tu dueño la armonía,
te sonroja tu propia villanía."
Algo por el estilo me dijerais
si más letras e ingenio vos tuvierais;
mas veo que de ingenio, por la traza,
tenéis el que tendrá una calabaza,
y ocho letras tan sólo, a lo que infiero,
las que forman el nombre: Majadero.
Sobre que, si a la faz de este concurso
me hubieseis dirigido tal discurso
e, ingenioso, estas flores dedicado,
ni una tan sólo hubieseis terminado,
pues con más gracia yo me las repito
y que otro me las diga no permito.

M A D R E

Rueda, Salvador

De los recuerdos de tu herencia triste
sólo conservo, ¡oh madre!, tu rosario,
sus cuentas me parecen el calvario
que en tu vida de penas recorriste.

Donde los dedos al rezar pusiste,
como quién reza a Dios ante el santuario

360

en mis horas de enfermo solitario
voy poniendo los besos que me diste.

Sus cristales prismáticos y obscuros,
collar de cuentas y de besos puros,
me forman al dormir, círculo bello.

Y de mi humilde lecho entre el abrigo
me parece que duermes tu conmigo
con los brazos echados a mi cuello.

EL SEMINARISTA DE LOS OJOS NEGROS

Ramos Carrión, Miguel

I

Desde la ventana de un casucho viejo
abierto en verano, cerrado en invierno
por vidrios verdosos y plomos espesos
una salmantina de rubio cabello
y ojos que parecen pedazos de cielo,
mientras la costura mezcla con el rezo,
ve todas las tardes pasar en silencio
los seminaristas que van de paseo.

Baja la cabeza, sin erguir el cuerpo,
marchan en dos filas pausados y austeros,
sin más nota alegre sobre el traje negro
que la beca roja que ciñe su cuello
y que por la espalda casi roza el suelo.

II

Un seminarista, entre todos ellos,
marcha siempre erguido, con aire resuelto.
La negra sotana dibuja su cuerpo
gallardo y airoso, flexible y esbelto,

El solo, a hurtadillas, y con el recelo
de que sus miradas observen los clérigos,
desde que en la calle vislumbra a lo lejos
a la salmantina de rubio cabello
la mira muy fijo, con mirar intenso.
Y siempre que pasa le deja el recuerdo
de aquella mirada de sus ojos negros

III

Monótono y tarde va pasando el tiempo
y muere el estío y el otoño luego,
y vienen las tardes plomizas de invierno.
Desde una ventana del casucho viejo,
siempre sola y triste, rezando y cosiendo,
una salmantina de rubio cabello
ve todas las tardes pasar en silencio
los seminaristas que van de paseo.

Pero no ve a todos; ve sólo a uno de ellos.
el seminarista de los ojos negros.

IV

Cada vez que pasa gallardo y esbelto,
observa la niña que pide aquel cuerpo
en vez de sotana, marciales arreos.

Cuando en ella fija sus ojos abiertos
con vivas y audaces miradas de fuego,
parece decirla —¡Te quiero! ¡Te quiero!
¡Yo no he de ser cura! ¡Yo no puedo serlo!
¡Si yo no soy tuyo, me muero, me muero!
¡A la niña entonces se le oprime el pecho.
la labor suspende, y olvida los rezos,
y ya vive sólo en su pensamiento,
el seminarista de los ojos negros.

V

En una lluviosa mañana de invierno
la niña que alegre saltaba del lecho,
oyó tristes cánticos y fúnebres rezos:
por la angosta calle pasaba un entierro.

Un seminarista sin duda era el muerto,
pues cuatro llevaban en hombros el féretro,
con la beca roja encima cubierto,
y sobre la beca el bonete negro.
Con sus voces roncas cantaban los clérigos;
los seminaristas iban en silencio
siempre en las dos filas hacia el cementerio,
como por las tardes al ir de paseo.

La niña angustiada miraba el cortejo:
los conoce a todos a fuerza de verlos...
Sólo uno, uno solo faltaba entre ellos,
el seminarista de los ojos negros.

VI

Corriendo los años, pasó mucho tiempo.
Y allá en la ventana del casucho viejo,
una pobre anciana de blancos cabellos,
con la tez rugosa y encorvado el cuerpo,
mientras la costura mezcla con el rezo,
recuerda, recuerda, triste por las tardes...
el seminarista de los ojos negros.

A L A M O R

Ramírez, Ignacio ("El nigromante")

¿Por qué, Amor, cuando espiro desarmado,

de mí te burlas? Llévate esa hermosa
doncella, tan ardiente y tan graciosa,
que por mi oscuro asilo has asomado.

En tiempo más feliz, yo supe osado
extender mi palabra artificiosa
como una red, y en ella, temblorosa,
mas de una de tus aves he cazado.

Hoy de mí los rivales hacen juego,
cobardes atacándome en gavilla;
y libre yo, mi presa al aire entrego.

A inerme león el asno humilla:
vuélveme, Amor, mi juventud; y luego
tú mismo a mis rivales acaudilla.

FRAGMENTOS

¿Qué es nuestra vida sino tosco vaso
cuyo precio es el precio del deseo
que en él guardan Natura y el Acaso?

Cuando agotado por la edad me veo
solo en las manos de la sabia tierra,
recibir otra forma y otro empleo.

Cárcel es y no vida, la que encierra
sufrimientos, pesares y dolores.
Ido el placer, ¿la muerte a quién aterra?

Madre Naturaleza, ya no hay flores
por do mi paso vacilante avanza;
nací sin esperanza ni temores,
vuelvo a ti sin temores ni esperanza.

Anciano, Anacreón dedicó un día

un himno breve a Venus orgullosa,
solitaria bañábase la diosa
en ondas que la hiedra protegía.

Las palomas jugaban sobre el carro,
y una sonrisa remedó la fuente,
y la fama contó que ha visto preso
al viejo vate por abrazo ardiente,
y las aves murmuran de algún beso.

FAVILAS

Rebolledo, Efrén

¿Cómo quieres que te borre de mi vida
si en tus brazos muchas veces fui feliz,
Si muy grande y profunda fue la herida
¿cómo quieres que no deje cicatriz?

En tu labio de sensual color bermejo
bebí el vino del deleite hasta la hez:
en mi labio aún se conserva el dulce dejo,
aún nubla mi cerebro la embriaguez.

Cual recuerdo la penumbra tibia y grata
do besaba con transportes el albor
de tu cuello, que emergía de la bata
como el diáfano pistilo de una flor.

Aún me causa sensación perturbadora
la caricia electrizante de tu pie,
aún me excita tu mirada tentadora
donde danzan los espíritus del té

En mí queda la memoria del pasado
como dura en la epidermis la señal
que sutiles alfileres han marcado
a la huella del diamante en un cristal.

De tus ojos aún mis ojos están llenos,
y mi mano, como un molde, guarda fiel
el contorno de la curva de tus senos
y el contacto satinado de tu piel.

Y en mis noches tenebrosas se destaca
tu desnudo y escultórico perfil
de igual modo que en el tubo de una laca
resplandece la blancura del marfil.

TU NO SABES LO QUE ES SER ESCLAVO

Tú no sabes lo que es ser esclavo
de un amor impetuoso y ardiente
y llevar un afán como un clavo,
como un clavo clavado en la frente.

Tú no sabes los males sufridos
de morder en la boca anhelada,
resbalando su inquieta caricia
por contornos de carne nevada.

Tú no sabes los males sufridos
por quien lucha sin fuerzas y ruega,
y mantiene sus brazos tendidos
hacia un cuerpo que nunca se entrega.

Y no sabes lo que es el despecho
de pensar en tus formas divinas,
revolviéndome solo en mi lecho
que el insomnio ha sembrado de espinas.

UN RECUERDO

Riva Palacio, Vicente

Es un recuerdo dulce, pero **triste**,
de mi temprana edad;
mi madre me llevaba de la mano
por la orilla del mar.

Alzábanse las sombras de la noche
como pardo cendal
y a gritar comenzaba en la cañada
el guaco pertinaz.

Cantaban los turpiales en el bosque
con dulce suavidad;
los penachos del mangle caballero
agitaba el terral.

Y de la selva entre los verdes musgos
se adormecía el caimán,
y bajaban los peces a sus nidos
de concha y de coral.

Zumbaban los insectos en el bosque
en continuo afán,
y en medio a los rumores domando,
los tumbos de la mar.

Mas de improviso, atravesando el viento,
escuchóse fugaz
de las campanas de vecina aldea
tañido funeral.

Detúvose mi madre, y en silencio
la contemplé rezar,
y de llanto llenáronse sus ojos
y se mutó su faz.

—¿Por qué lloras, mi madre? —le decía
con dulce ingenuidad,

y ella me contestó dándome un beso.
—Es preciso llorar,
que con lúgubre toque las campanas
anunciándome están

que un hombre, como todos, de esta vida
pasó a la eternidad...
—¿Y tú te has de morir?, —le dije entonces—
¿tu amor me faltará?—

Y ella sin contestar, no más lloraba,
y yo lloraba más
Sobre su seno recliné mi rostro,
y ella con dulce afán
enjugando mis lágrimas decía:
—Vamos, ya está, ya está—

   Pocos años después perdí a mi madre,
no ceso de llorar;
y en sueños la contemplo cada día
del cielo viene va.
Llega, se acerca hasta tocar mi frente
su rostro celestial,
y con acento tierno me repite:
Vamos, ya está... ya está...

POR QUÉ ME QUITE DEL VICIO

Rivas Larrauri, Carlos

No es por hacerles desaigre...
Es que ya no soy del vicio...
Astedes mi lo perdonen,
pero es qui hace más de cinco
años que no tomo copas,
anqui andi con los amigos...
¿Que si no me cuadran?... ¡Harto!

368

Pa'que hi de hacerme el santito;
si he sido reteborracho...
¡Como pocos lo haigan sido!
¡Pero ora ya no tomo,
manque me lleven los pingos!
Desde antes que me casara
encomencé con el vicio,

y luego ya de casado,
también le tupí macizo...
¡Pobrecita de mi vieja!
¡Siempre tan güena conmigo...!
¡Por más que la hice sufrir
nunca me perdió el cariño!
Era un santa la probe,
y yo con ella un endino,
no'más por que no sofriera

llegué a quitarme del vicio,
pero poco duró el gusto...
La de malas se nos vino
y una noche redepente

quedó com'un pajarito...
Dicen que jue el corazón...
¡yo no sé lo que haiga sido!,
¡pero sento en la concencia

que jué mi vicio cochino!
el que hizo que nos dejara
solitos a |mí y a m'hijo
a l'edad en que |más| falta

la madre con su cariño.
Me sentí disesperado
de verme solo con m'hijo...
¡Pobrecita criatura!
¡Mal cuidado, mal vestido!

siempre solo... ricordando
al ángel que había perdido!
Entonces, pa'no pensar
golví a darle recio al vicio
porque poniéndome chuco
me jallaba más tranquilo,
y cuando ya estaba briago
y casi juera de juicio
¡parece que mi defunta
taba allí junta conmigo!
Al salir de mi trabajo,
m'iba yo con los amigos
y aluego ya a medios chiles
mercaba yo harto refino,
y regresaba a mi casa
ande mi aguardaba m'hijo.
Y allí... ¡duro!, trago y trago
hasta ponerme bien pítimo...
¡Y ai'stá la tarugada!
Ya indinantes les he dicho
lueguito vía a mi vieja
que llegaba a hablar conmigo
y comenzaba a decirme
cosas de mucho cariño,
y yo a contestar con ella,
como si juera dialtiro
cierto que la'staba viendo,
y en tan mientras que m'hijo
si abrazaba a |mí| asustado
diciéndome el probe niño:
—Onde está mi mamacita...
Dime onde está, papacito.
¿Es verdá que ti está hablando?
¿Como yo no la deviso?...

—Pos que no la ve tarugo...
¡Vaya que li haga cariños!
Y el probecito lloraba
y pelaba sus ojitos
buscando ritiasustado
a aquélla a quién tanto quiso...
Una nochi, al regresar
d'estarle dando al oficio,
llego y al abrir la puerta,
¡Ay, Jesús, lo que deviso!
Hecho bola sobre el suelo
taba tirado mi niño
risa y risa, como un loco,
y pegando chicos gritos...
—¿Qué te pasa... ¿Qué sucede?
¿Ti has giielto loco, dialtiro?—
Pero entonces, en la mesa,
vide'l frasco del refino
que yo bía dejao lleno,
interamente vacío...
Luego, luego me di cuenta
y me puse retemuino;
—¡Qui has hecho iscuintle malvado!
¡Ya bebites el refino!...
¡Pa qui aprendas a ser giieno
voy a romperte el hocico!...
Y luego con harto susto
que l'hizo golvé al juicio,
y con una voz de angustia
que no hi di olvidar, me dijo:
—¡No me pegues, no me pegues,
no soy malo, papacito,
fue por ver a mi mamita
como cuando habla contigo...

¡Jué pa'que ella me besara
y m'hiciera hartos cariños!
. . . .
Dende entonces ya no tomo,
onqui ande con los amigos.
No es por hacerles desaigre,
pero ya no soy del vicio...
Y cuando quero rajarme
porque sento el gusanito
de tomarme alguna copa,
nomás m'acuerdo de m'hijo
¡Y entonces sí ya no tomo
manque me lleven los pingos!

SINFONIA OPTIMISTA

Ruiz Cabañas, Samuel

Allegro

Oh, dádiva, oh, destino, la misión de cantar
es divina y humana, pues no excluye el llorar.
Los pájaros poetas que transforman las ramas
en jocunda oración:
que violan los recónditos y azules panoramas
con alas que prolongan su propio corazón;
también se están huraños, en un espanto mudo,
también alzan insólito y discordante pío:
también tiemblan de frío
sobre el árbol desnudo
y en el nido vacío...
No te sorprenda así verlos cantando
una vez y otra vez,
quizá llorando.
¡Sigue su ejemplo y cántale a la vida!
¡Aun con los rojos labios de tu herida!

ADAGIO

Enráizate a la vida por el brazo más fuerte,
como los recios árboles al hondo manantial.
La vida no es tu feudo, pues te espera la muerte;
pero **tú** eres el vínculo de todo lo inmortal.

Tu precario episodio, si merece vivirse
es sólo como síntesis de la causa vital;
hasta que vayan, limpios, tus átomos a unirse
a la eterna armonía del don universal.

Este don que no es tuyo sino en mínima parte
pero que será máximo, y ya no será fin
si logras desasirte, superhumanizarte,
prodigando tu espíritu de confín a confín.

Muriendo y renaciendo por milagro fecundo
se acendra en tu celdilla la futura virtud:
¡Oh, molecula cósmica de un incógnito mundo!
¡Cálida gota viva en ímpetu de alud!

Mientras, busca tu surco, como pequeño grano,
y húndete quedamente en su negra humedad.
Resurgirás, un día, vencedor del arcano,
¡para la vida óptima de luz y eternidad!

ME PIDEN VERSOS

Rizal, José

I

Piden que pulse la lira
Ha tiempo callada y rota:
¡Si ya no arranco una nota
Ni una musa ya me inspira!
Balbuce fría y delira

Si la tortura mi mente;
Cuando ríe, sólo miente,
Como miente su lamento;
Y es que en mi triste aislamiento
Mi alma ni goza ni siente

II

Hubo un tiempo... ¡y es verdad!
Pero ya aquel tiempo huyó.
:n que vate me llamó
_a indulgencia o la amistad
Ahora de aquella edad
El recuerdo apenas resta,
Como quedan de una fiesta
Los misteriosos sonidos
Que retienen los oídos
Del bullicio de la orquesta.

III

Soy planta apenas crecida
Arrancada del Oriente,
Donde es perfume el ambiente
Donde es un sueño la vida:
¡Patria, que jamás se olvida!
Enseñáronme a cantar
Las aves con su trinar;
Con su rumor, las cascadas;
Y en sus playas dilatadas,
Los murmurios de la mar.

IV

Mientras en la infancia mía
Pude a su sol sonreír,
Dentro de mi pecho hervir

Volcán de fuego sentía;
Vate fui, porque quería
Con mis versos, con mi aliento,
decir al rápido viento:
"Vuelta; su fama pregona:
¡Cántala de zona en zona;
De la tierra al firmamento!"

V

¡La dejé!. . . . Mis patrios lares,
¡Arbol despojado y seco!,
Ya no repiten el eco
de mis pasados cantares.
Yo crucé los vastos mares
Ansiando cambiar de suerte,
Y mi locura no advierte
Que, en vez del bien que buscaba,
El mar conmigo surcaba
El espectro de la muerte

VI

Toda| mi hermosa ilusión,
Amor, entusiasmo, anhelo,
Allá quedan bajo el cielo
De tan florida región;
No pidáis al corazón
Cantos de amor, que está yerto;
Porque en medio del desierto
Donde discurro sin calma,
Siento que agoniza el alma
Y mi numen está muerto.

TRIUNFAL

Roldán, Belisario

Hubo de todo en el romance aquel...
Flores, celos, amor, liantos, excesos;
y un día... un día sin luz, en uno de esos
amargos días del invierno cruel.
—Es preciso —dijiste— poner el
punto final a nuestros muchos besos...
Debo partir y parto... Dejo ilesos
tu corazón, poeta y tu troquel...
No supe que decir... Tu voz tenía
una extraña inflexión desconocida
y eres dueño sin duda de tu vida...
Además, mi bohemia impenitente,
según es lo normal y lo corriente,
estaba trasudando altanería...
Nos dimos el adiós de un modo triste...
Tú bajaste los ojos, yo la frente:
Hubo un silencio largo; gravemente
sonriendo tus labios... y partiste.
Cuando ya lejos hacia mí volviste
la faz turbada, dolorosamente
atravesó los oros del poniente
un adiós postrimer que no dijiste...
Mas escucha, mujer, lo que sentí...
Sentí bajo el arrullo del pañuelo
remoto que agitabas, un consuelo
que en un instante serenó mi mal;
—sentí que tu existencia inmaterial,
prófugamente se quedaba en mí...
¡Qué vale que el destino se la lleve
—pensé entonces irguiéndome en la playa—
ni que a otras tierras ignoradas vaya

ni que otras fuentes del amor abreve!
¡Qué vale que su pie nervioso y leve,
musa traviesa de mi ciencia gaya,
errando sin cesar bajo la saya
busque la senda del olvido aleve!
¡Qué vale que del vaso huya el jazmín
si se ha trocado el vaso en la redoma
donde yacen su espíritu y su aroma!
¡Qué vale que te alejes, fugitiva,
si suspensa a una rama siempre viva
has quedado hecha flor en mi jardín'

A DOÑA MANUELA DE ALCAZAR, LA MAS AGRACIADA, DISCRETA Y LINDA NIÑA QUE HABIA EN SEVILLA, TRATANDO DE PONERSE LOS PRIMEROS CHAPINES

Salinas, Juan de

Peces, que a vuestro albedrío,
en deleitoso país,
por los senos discurrís
de este claro, manso río
huíd por consejo mío,
del corvo anzuelo a la mar,
que a **Filis** vi preparar,
famosa en la pesquería,
el corcho que no tenía
en su caña de pescar.

Guáite, Gil, entre esos riscos
de una zagala en chapines,
como dos mil serafines,
como diez mil basiliscos...
Cien mil arcos berberiscos,
con bélicas algazaras,
no matizan tantas jaras
de vivos matices rojos

como un flechar de tus ojos. . .
¡Ay de ti si los miraras!

DOLOROSA

Sánchez Mazas, Rafael

Castellana por esa faz morena
y esos malos puñales y ese duelo
y esas blondas antiguas del pañuelo
y ese pecho con sangre y esa pena.

Castellana por esa faz serena
y esos trajes de negro terciopelo
y ese dulce llorar mirando al cielo
y esos ojos de madre santa y buena.

Y castellana por tener amores
que no se mueren, por tener dolores
más largos que los gozos y estar sola,
llorando sin consuelo por el hijo
y rogando a los pies de un crucifijo,
lo mismo que si fueras española.

SERRANILLA

Santillana, Marqués de

Moca tan fermosa
non vi en la frontera
como una vaquera
de la Finajosa.

Faciendo la vía
do vi la vaquera
de la Finojosa.

En un verde prado
de rosas e flores,
guardando ganado
con otros pastores,
la vi tan graciosa

del Calatraveño,
a Sancta María,
vencido del sueño,
por tierra fragosa
perdí la carrera,
de la Finojosa.

non tanto mirara
su mucha beldat,
porque me dexara
en mi libertat.
Mas dixe: "Donosa
(por saber quién era).

que apenas creyera
que fuese vaquera
de la Finojosa.

Non creo las rosas
de la primavera
sean tan fermosas,
nin de tal manera,
fablando sin glosa,
si antes supiera
d'aquella vaquera

¿dónde es la vaquera
de la Finojosa?"

Bien como riendo
dixo: "Bien vengades,
que ya bien entiendo
lo que demandades:
non es deseosa
de amar, nin lo espera,
aquesa vaquera
de la Finojosa".

SERRANILLA

Santillana, Marqués de

Mozuela de Bores,
allá do la llama
púsome en amores.

Cuidé que olvidado
amor me tenía,
como quien se había
gran tiempo dejado
de tales dolores,
que más que la llama
queman amadores.

Mas vila fermosa,
de buen continente,
la cara placiente,
fresca como rosa,
de tales colores
cual nunca vi dama
nin otra, señores.

Por lo cual: "Señora
(le dije), en verdad
la vuestra **beldad**

saldrá desde agora
de entre estos algores
pues merece fama
de grandes loores".

Dijo: "Caballero,
tirados afuera:
dejad la vaquera
pasar al otero,
que dos labradores
me piden de Frama
entrambos pastores".
"Señora, pastor
seré si queredes:
mandarme podedes
como a servidor:
mayores dulzores
será a **mí** la brama
que **oír** ruiseñores".

Así concluimos
el nuestro proceso,

sin facer exceso,
y nos avenimos.
Y fueron las flores

de cabe Espinama
los encubridores.

FUE EN UN JARDIN

Sassone, Felipe

Fue en un jardín en tálamo de flores,
bajo la media luz de media luna,
entre estatuas desnudas, al son de una
música de agua de los surtidores.

A mi ímpetu sensual cayó rendida
virgen en flor... El goce fue infinito.
. . . .
Un sollozo, un suspiro, un beso, un grito...,
y un olvido supremo de la **vida**.

Entre mis brazos retorcióse loca,
convulsionada en el espasmo ardiente.
¡De su sangre el sabor sentí en mi boca!

Y cuando, en calma ya, la dije "Mía",
noté entre las estatuas de la fuente
la cabeza de un fauno que reía.

LA AVENTURA QUE NO FUE

Sassone, Felipe

La aventura que no fue,
mi pena recuerda y canta.
. . . .
La paloma de la Luna
esponjó el buche y las alas:
sus blancas plumas hicieron
más clara la noche clara.

El cielo loco de estrellas;

la fuente, loca de plata;
nosotros, locos de amor,
mirándonos cara a cara,
con sed de besos los labios,
con ansias de muerte el alma.
En tus pupilas prendida,
una gota iba a ser lágrima;
ni la gota rompió en llanto,
ni tus suspiros volaban.
ni para decirme adiós
halló mi pena palabras,
y partí en mi jaca negra,
más negra en la noche clara.
¡Galopaban a la par
mi corazón y mi jaca!
Entre las frondas se oía
el chorro de la fontana.
¿Tuvo el agua de la fuente
diamantes de tus pestañas?
¿Aquella gota de fuego
que en tus pupilas temblaba,
corrió cuando me partí
por la rosa de tu cara?
¡Dentro de mí la sentía
y el corazón me quemaba!
Se fue perdiendo a lo lejos
la triste canción del agua;
su violín rascaba el grillo
y su carraca la rana;
ritmo de dodecasílabo
el galope de mi jaca;
cuatro gusanos de luz
los martillos de sus patas;
cuatro vivas lumbres de oro

sus herraduras de plata.
El vano afán de mis brazos
a las espuelas confiaba;
la jaca sintió en su ijar
el acicate de mi ansia,
y huyendo con mi dolor
por la carretera blanca,
muerta de amor en la noche
mi pobre ilusión dejaba.

. . . .

¡La noche loca de estrellas
sobre el silencio de mi alma!

EL GUANTE

Schiller, Federico

En los estrados del circo,
do luchan monstruos deformes,
sentado el monarca augusto
está con toda su corte.
Los magnates lo rodean,
y en los más altos balcones
forman doncellas y damas
fresca guirnalda de flores.
La diestra extiende el monarca;
ábrese puerta de bronce,
y rojo león avanza
con paso tranquilo y noble.
En los henchidos estrados
clava los ojos feroces,
abre las sangrientas fauces,
sacude la crín indócil,
y en la polvorosa arena
tiende su pesada mole.

La diestra extiende el monarca;
rechinan los férreos goznes
de otra puerta, y ágil tigre
salta al palenque veloce.
Ruge al ver la noble fiera
que en el circo precedióle,
muestra la roja garganta,
agita la cola móvil,
gira del rival en torno,
todo el redondel recorre,
y aproximándose lento
con rugido desacorde,
hace lecho de la arena
do yace el rey de los bosques.
La diestra extiende el monarca;
se abre al punto puerta doble,
y aparecen dos panteras
tintas en rubios colores.
Ven tendido al regio tigre,
y en su contra raudas corren;
mas el león da un rugido,
y a sus pies tiéndense inmóviles.
Desde el alta galería,
blanco guante, al sitio donde
las terribles fieras yacen,
revolando, cayó entonces;
y la bella Cunigunda,
la más bella de la corte.
a un gallardo caballero
le decía estas razones:
—Si vuestro amor es tan grande
cual me **juráis** día y noche,
recoge el blanco guante
como a un galán corresponde—.
Silencioso el caballero,

con altivo y audaz porte,
desciende a la ardiente arena,
teatro de mil horrores;
avanza con firme paso
hacia los monstruos feroces
y con temeraria mano
el blanco guante recoge.
Voz de **júbilo** y asombro
los callados aires rompe,
y damas y caballeros
aplauden al audaz joven.
ya sube al lucido estrado,
ya está en los altos balcones,
ya se dirige a la bella,
ya con ojos seductores
Cunigunda le promete
de amor los supremos goces;
mas el altivo mancebo
grita: —¡Guarda tus favores:
el guante al rostro le arroja
y huye de ella y de la corte.

BELLEZA INMORTAL

Shakespeare, William

Yo te comparo a un día de verano,
pero eres **más** hermosa y **más** templada.
Flores de mayo brotarán en vano,
pues la pompa estival no dura nada,
  Alguna vez la luz solar calcina
y hasta el oro del sol es menos fino;
toda **beldad** alguna vez declina,
siguiendo así su natural camino.
  Pero tu estío no ha de pasar nunca,
ni perderás la gracia que te inviste.

ni ha de lograr la muerte tu conquista.

Así en la eterna estrofa que no trunca
el tiempo al cual nada resiste,
tu vivirás mientras el hombre exista.

MONOLOGO DE HAMLET

Ser o no ser: he aquí la grande duda.
¿Cuál es más noble? ¿Presentar el pecho
de la airada fortuna a las saetas,
o tomar armas contra un mar de azares
y acabar de una vez?... Morir... Dormirse...
Nada más, y escapar en sólo un sueño
a este dolor del alma, al choque eterno
que es la herencia del alma en esta vida.
¿Hay más que apetecer?... Morir... Dormirse..
¿Dormir? Tal vez soñar... Ahí está el daño,
porque ¿quién sabe los horribles sueños
que pueden esperar en el sepulcro
al infelice que se abrió camino
entre el tumulto y confusión del mundo?
A este recelo sólo, a éste, ¿quién sabe?,
debe su larga vida la desgracia.
Si no, ¿quién tolerará los reveses
y las burlas del tiempo, la injusticia
del opresor y el ceño del soberbio?
¿Las ansias de un amor menospreciado?
¿La dilación de la justicia?... ¿El tono
e insolente desdén de los validos?
¿Los desaires que el mérito paciente
tiene que devorar..., cuando una daga,
siempre a su alcance, libertarle puede
y sacarlo de afán?...
¿Quién sufriría

sobre su cuello el peso que lo agobia,
gimiendo y jadeando hora tras hora,
sin ver al fin, a no ser que el recelo
de hallar que no concluye en el sepulcro
la penosa jornada...., que aún se extiende
a límites incógnitos, de donde
nadie volvió jamás..., confunde al alma
y hace que sufra conocidos males,
por no arrojarse a los que no conoce?
....
Esa voz interior, esa conciencia
nos hace ser cobardes: ella roba
a la resolución el sonrosado
color nativo, haciéndola que cobre
la enferma palidez del miramiento,
y la empresa más ilustre gloria,
al encontrarla, tuercen la corriente
y se evaporan en proyectos vanos.

EL MAL DEL SIGLO

                                Silva José, Asunción

El paciente:
  —Doctor, un desaliento de la vida,
que en lo íntimo de mí se arraiga y nace,
el mal del siglo..., el mismo mal de Werther,
de Rolland, de Manfredo y de Leopordi.
Un cansancio de todo, un absoluto
desprecio por lo humano..., un incesante
renegar de lo vil de la existencia,
digno de mi maestro Schopenhauer;
un malestar profundo que se aumenta
con todas las torturas del análisis...
El médico:
  —Eso es cuestión de régimen. Camine

de mañanita; duerma largo; báñese;
beba bien; como bien, cuídese mucho.
¡Lo que usted tiene es hambre!

LUZ DE LUNA

Silva José, Asunción

Ella estaba con él... A su frente
pensativa y pálida,
penetrando al través de las rejas
de antigua ventana,
de la luna naciente venían
los rayos de plata.
El estaba a sus pies, de rodillas,
perdido en las vagas
visiones que cruzan en horas felices
los cielos del alma.

Con las trémulas manos asidas,
con el mudo fervor de los que aman,
palpitando en los labios los besos,
entrambos hablaban
el lenguaje mudo,
sin voz ni palabras,
que en momentos de dicha suprema
tembloroso el espíritu habla...

. . . .

El silencio que crece... La brisa
que besa las ramas...
Dos seres que tiemblan... La luz de la luna
que el paisaje baña...
¡Amor, un instante detén allí el vuelo,
murmura tus himnos de triunfo y recoge las
[alas!

. . . .

Unos meses después, él dormía
bajo de una lápida
el último sueño del que nadie vuelve,
el último sueño de paz y de calma...
Anoche, una fiesta
con su grato bullicio animaba
de ese amor el tranquilo escenario.
¡Oh burbujas del rubio champaña!
¡Oh perfume de flores abiertas!
¡Oh girar de desnudas espaldas!
¡Oh cadencias del valse que mueve
torbellinos de tules y gasas!
Allí estuvo más linda que nunca,
por el baile tal vez agitada...
Se apoyó levemente en mi brazo,
dejamos las salas,
y un instante después penetramos
en la misma estancia
que un año antes no más la había visto
temblando, callada,
cerca de él...
...Amorosos recuerdos,
tristezas profundas,
cariñosas memorias que vibran
cual sones de arpa,
tristezas lejanas
del amor que en sollozos estallan,
presión de sus manos,
son de sus palabras,
calor de sus besos,
¿por qué no volvisteis a su alma?
. . . .

A su pecho no vino un suspiro,
a sus ojos no vino una lágrima,

ni una nube nubló aquella frente
pensativa y pálida,
y mirando los rayos de luna
que al través de la reja llegaban,
murmuró con su voz donde vibran,
como notas y cantos y músicas de campanas
                                    [vibrantes de plata:
"¡Qué valses tan lindos!
¡Qué noche tan clara!"

LEYENDA DE LA FLOR DE CEIBO

Silva Valdés Fernan

Me lo dijo un indio viejo y medio brujo
que se santiguaba y adoraba al sol:
"Los ceibos del tiempo en que yo era niño
no lucían flores rojas como hoy.
Pero una mañana sucedió el milagro
—es algo tan bello que cuesta creer—;
con la aurora vimos el ceibal de grana;
cual si por dos lados fuera a amanecer.
Y era que la moza más linda del pago,
esperando al novio toda la velada,
por entretenerse se había pasado
la hoja del ceibo por entre los labios.
Entonces los ceibos, como por encanto,
se fueron tiñiendo de rojo color..."
Tal lo que me dijo aquel indio viejo
que se santiguaba y adoraba al sol.

LA DURMIENTE

Somoza, José

La luna, mientras duermes, te acompaña;
tiende su luz por tu cabello y frente,
va del semblante al cuello, y lentamente

389

cumbres y valles de tu seno baña.

Yo, Lesbia, que al umbral de tu cabaña
hoy velo, lloro y ruego inútilmente,
el curso de la luna refulgente
dichoso he de seguir, o amor me engaña.

He de entrar cual la luna en tu aposento;
cual ella, al lecho en que tu faz reposa,
y cual ella a tus labios acercarme.

Cual ella respirar tu dulce aliento,
y cual el disco de la casta diosa,
puro, trémulo, mudo retirarme.

AMOR, NO SE QUE CALIDOS RUMORES

Souvirón José, María

Amor, no sé qué cálidos rumores
tienen esta mañana las colmenas.
Amor, no sé qué pálidos colores
hay en las cumbres altas y serenas.

No sé, amor, de qué trémulos dulzores
están las flores y las frutas llenas,
ni por que son más dulces los olores
que vienen al abrir las alacenas...

No sé que tiene, amor, esta mañana,
que suenan como un ángelus lejano,
cuando sale el rebaño, las esquilas;
y que, al abrir de pronto la ventana,
alondras al alcance de mi mano
se quedaron mirándome tranquilas.

CARTA LIRICA A OTRA MUJER

Storni, Alfonsina

Vuestro nombre no sé ni vuestro rostro

390

conozco yo, y os imagino blanca,
débil como los brotes iniciales,
pequeña, dulce... Ya ni sé... Divina.
En vuestros ojos, placidez de lago
que se abandona al sol y dulcemente
le absorbe su oro mientras todo calla.
Y vuestras manos, finas, como aqueste
dolor, el mío, que se alarga, alarga
y luego se me muere y se concluye
así, como lo veis, en algún verso.
Ah, ¿sois así? Decidme si en la boca
tenéis un rumoroso colmenero,
si las orejas vuestras son a modo
de pétalos de rosas ahuecados...
Decidme si lloráis humildemente
mirando las estrellas tan lejanas,
y si en las manos tibias se os aduermen
palomas blancas y canarios de oro.
Porque todo eso y mas sois, sin duda,
vos, que tenéis al hombre que adoraba
entre las manos dulces; vos, la bella,
que habéis matado, sin saberlo acaso,
toda esperanza en mí... Vos, su criatura,
porque él es todo vuestro: cuerpo y alma
estáis gustando del amor secreto
que guardé silencioso... Dios lo sabe
porque, que yo no alcanzo a penetrarlo.
Os lo confieso que una vez estuvo
tan cerca de mi brazo, que a extenderlo
acaso mía aquella dicha vuestra
me fuera ahora... ¡Sí!, acaso mía...
Mas, ved, estaba el alma tan gastada,
que el brazo mío no alcanzó a extenderse:
la sed divina, contenida entonces,
me pulió el alma... ¡Y él ha sido vuestro!

¿Comprendéis bien? Ahora, en vuestros brazos
él se adormece y le decís palabras
pequeñas y menudas que semejan
pétalos volanderos y muy blancos.
Acaso un niño rubio vendrá luego
a copiar en los ojos inocentes
los ojos vuestros y los de él,
unidos en un espejo azul y cristalino...
¡Oh, ceñidle la frente! ¡Era tan amplia!
¡Arrancaba tan firme los cabellos
a grandes ondas, que a tenerla cerca,
no hiciera yo otra cosa que ceñirla!
Luego dejad que en vuestras manos vaguen
los labios suyos; él me dijo un día
que nada era tan dulce al alma suya
como besar las femeninas manos...
Y acaso alguna vez, yo, la que anduve
vagando por afuera de la vida
—como aquellos filósofos mendigos
que van a las ventanas señoriales
a mirar sin envidia toda fiesta—,
me allegue humildemente a vuestro lado
y con palabras quedas, susurrantes,
os pida vuestras manos un momento,
para besarlas yo como él las besa...
Y al recubrirlas lenta, lentamente,
vaya pensando: "Aquí se aposentaron
¿cuánto tiempo sus labios, cuánto tiempo
en las divinas manos que son suyas?
¡Oh que amargo deleite este deleite
de buscar huellas suyas y seguirlas
sobre las manos vuestras tan sedosas,
tan finas, con sus venas tan azules!
¡Oh, qué nada podría (ni ser suya,
ni dominarle el alma, ni tenerlo

392

rendido aquí a mis pies) recompensarme
este horrible deleite de hacer mío
un inefable, apasionado rastro!
¡Y allí en vos misma, sí, pues sois barrera,
barrera ardiente, viva, que al tocarla
ya me remueve este cansancio amargo,
este silencio de alma en que me escudo,
este dolor mortal en que me abismo,
esta inmovilidad del sentimiento
que sólo salta bruscamente cuando
nada es posible!

DOLOR

Quisiera esta tarde divina de octubre
pasear por la orilla lejana del mar;
que la arena de oro, y las aguas verdes;
y los cielos puros me vieran pasar.

Ser alta, soberbia, perfecta, quisiera,
como una romana, para concordar
con las grandes olas, y las rocas muertas,
y las anchas playas que ciñen el mar.

Con el paso lento, y los ojos fríos,
y la boca muda, dejarme llevar;
ver cómo se rompen las olas azules
contra los granitos, y no parpadear;

ver cómo las aves rapaces se comen
los peces pequeños, y no despertar;
pensar que pudieran las frágiles barcas
hundirse en las aguas, y no suspirar;

ver que se adelanta, la garganta al aire;
el hombre mas bello; no desear amar...

Perder la mirada distraídamente,
perderla y que nunca la vuelva a encontrar.

Y, figura erguida entre cielo y playa,
sentir el olvido perenne del mar.

LA CARICIA PERDIDA

Se me va de los dedos la caricia sin causa,
se me va de los dedos... En el viento, al rodar,
la caricia que vaga sin destino ni objeto,
la caricia perdida, ¿quién la recogerá?,
puede amar esta noche con piedad infinita,
puede amar al primero que acertara a llegar.
Nadie llega. Están solos los floridos senderos.
La caricia perdida rodará...
Si en el viento te llaman esta noche, viajero,
si estremece las ramas un dulce suspirar,
si te oprime los dedos una mano pequeña
que te toma y te deja, que te logra y se va;
si no ves mano, ni la boca que besa,
si es el aire quien teje la ilusión de llamar,
oh viajero que tienes como el cielo los ojos,
en el viento fundida, ¿me reconocerás?

PARA VIVIR NO QUIERO...

Salinas, Pedro

Para vivir no quiero
islas, palacios, torres.
¡Qué alegría más alta:
vivir en los pronombres!

Quítate ya los trajes,
las señas, los retratos;
yo no te quiero así,
disfrazada de otra,
hija siempre de algo.

Te quiero pura, libre
irreductible: **tú**.
Sé que cuando te llame
entre todas las gentes
del mundo,
sólo **tú** serás **tú**.
Y cuando me preguntes
quién es el que te llama
el que te quiere suya.
enterraré los nombres,
los rótulos, la historia.
Iré rompiendo todo
lo que encima me echaron
desde antes de nacer.
Y vuelto ya **al** anónimo
eterno del desnudo,
de la piedra del mundo,
te diré
"Yo te quiero, soy yo".

HORIZONTAL

Horizontal, sí, te quiero,
mírale la cara al cielo,
de cara. Déjate ya
de fingir un equilibrio
donde lloramos **tú** y yo.
Ríndete a la gran verdad,
a lo que has de ser conmigo
en la muerte o en el beso.
Horizontal es la noche
tendida ya, paralela,
en el mar, gran masa trémula
sobre la tierra acostada,
vencida sobre la playa.

El estar de pié, mentira:
sólo correr o tenderse.

Y lo que **tú** y yo queremos
y el día —ya tan cansado
de estar con su luz, derecho—

es que nos llegue, viviendo,
y con temblor de morir,
en lo mas alto del beso,
ese quedarse rendidos,

por el amor mas ingrávido,
el peso de ser de tierra
materia, carne de vida.
En la noche y la trasnoche
y el amor y el trasamor,
ya cambiados,
en horizontes finales,
tú y yo, de nosotros mismos.

ESPERO CURARME DE TI

Sabines, Jaime

Espero curarme de ti en unos días, .
debo dejar de fumarte, de beberte, de pensarte.
Es posible, siguiendo las prescripciones de la moral
[en turno
me receto tiempo, resistencia, soledad.
¿Te parece bien te quiera una semana?
No es mucho, ni es poco, es bastante.
En una semana se pueden reunir todas las palabras
[de amor
que se han pronunciado sobre la tierra
y se les puede prender **fuego**;
te voy a calentar con esa hoguera del amor
quemado. Y también el silencio.
Porqué las mejores palabras del amor

están entre dos gentes que no se dicen nada..

Hay que quemar también ese otro lenguaje
lateral y subversivo del que ama.
(Tú sabes como te digo que te quiero cuando digo:
"Qué calor hace", "Dame agua", "¿Sabes manejar?".
"Se hizo de noche"...

Entre las gentes, a un lado de tus gentes y las mías,
te he dicho "ya es tarde"
y tu sabías que te decía "Te quiero")
Una semana **más** para reunir todo el amor del
[tiempo,
para dártelo, para que hagas con él
lo que tú quieras:
tíralo a la basura, no sirve,
es cierto.
Sólo quiero una semana para entender las cosas.
Porque esto es muy parecido
a estar saliendo de un manicomio
para entrar a un panteón.

EN LA DISTRIBUCION DE PREMIOS DE LA EXPOSICION

Sierra, Justo

(Fragmentos)
Has triunfado por fin, oh patria mía,
y te corona de esplendor el día,
el destino sonríe a tu alma fuerte.
¡Sublime desposada de la muerte!
. . . .
De las urnas de hielo de los montes
si el soplo frío del invierno baja
y se extiende la fúnebre mortaja
a los ayer calientes horizontes:

vendrá la primavera y cuando tiemble
de amor la madre tierra en sus entrañas,
las mieses bordarán de flores de oro
los pliegues de tu manto en   montañas.

. . . .

Ser feliz mereciste
tú que sólo dejaste el hacha, altiva,
cuando ya grande y libre
amar la libertad pudiste en calma,
y empapada mostrar la santa oliva
con tu sangre y las lágrimas de tu alma,
por eso hoy, bajo tu lecho augusto
convocas a los nobles lidiadores
del trabajo, y en prueba de victoria,
les muestras ese sol, el fulgurante
broche de luz de tu laurel de gloria.

. . . .

¡Oh! pobre patria mártir, ¿será nunca
realidad este sueño?
Prefieres, patria mía, a este futuro
a merced de otro pueblo comprenderte;
prefieres ir por tu sendero obscuro,
¡pálida desposada de la muerte!
¿por   fuera de aquí tus hijos cambian
su alegría en amargo desconsuelo?
¿Será '   acaso la postrer sonrisa
que te reserva del cielo?
Quizá. Porqué coronan
en lugar del vapor, tus altos montes
nubes impuras que presagian duelo,
el trabajo y la paz huyen de tu suelo,
se enlutan tus calientes horizontes.
Vas a gastar la savia de tu vida
en pos de una quimera.

¡Pobre nación suicida!
¿Qué no es la libertad un sueño impío
que pone miedo en el honrado pecho
cuando sólo se pide el poderío
de la fuerza brutal sobre el derecho?
Yo, ante ti me arrodillo, patria mía,
en esta hora de recuerdos, santa,
no quiero ▮▮▮ tu grito de agonía,
a estos tus hijos hasta ti levanta,
el trabajo y la paz son su bandera.
En pueblos que trabajan con fe austera
ni esclavos hay, ni nunca habrá tiranos.
Haz que salude al mundo reverente
la corona de espigas en tu frente
y el timón del arado entre tus manos.
Oye mi voz no es sólo el triste canto
del poeta que siempre te bendijo;
en el fondo del himno se halla el llanto
que vierte, ¡oh patria! el corazón del hijo.

INTENTO

Silvain Julio, César

Con un cincel de espera
mi pensamiento talla
el perfil de tu recuerdo
en el tiempo.
Y el aire
graba tu nombre en las paredes
para el fonógrafo del silencio.
Te nombré quedamente
(mi sangre empuja la punta de los
vasos como buscándote).

Yo sé que algún duende de la noche
está jugando con nosotros
ahora
sus bromas dolorosas
de esperanza.
Entonces, la almohada
—para consolarme—
ahueca el espacio de una cabeza
a mi costado.

¡Y YO ERA TODO AMOR!

Saénz, Raquel

¡Sé cruel!... ¡Más cruel aún, que tus crueldades
me ayudarán a despreciar la vida!
En el dolor se templan voluntades
y en el crisol atroz de tus maldades
mi alma en acero surgirá fundida.
El dolor me ha hecho estoica, me ha hecho fuerte.
Esa tu gran crueldad, me ha inmunizado
de otro nuevo dolor; y ni la muerte
me acobarda; ya ves que por quererte
si la dicha he perdido... algo he ganado.
Ya todo me es igual; nada deseo,
¡Ni por tu amor, el alma se transporta!
Mi escepticismo es mi mejor trofeo.
Después que tú mentiste... en nada creo,
y todo, todo junto... ¡que me importa!

ASI QUIERO MORIR

Sansores, Rosario

Así quiero morir, dulce bien mío,
sirviendome de lecho tu regazo;
de luz, la luz de tus ardientes ojos,

y de blando cojín. tus tiernos brazos.

Así quiero morir, sintiendo el fuego
que despiden tus lánguidas pupilas,
sintiendo la dulzura de tus besos
y la loca embriaguez de tus caricias.

Que murmuren tus labios en mi oído
dulces promesas de cariño eterno,
y que unidos tus labios a los míos
se eleve mi alma al recibir tu beso.

PRIMER AMOR

Primer amor, perfume de mimosas,
y en la vida extensión de la pradera
como una nube trémula y ligera
ver cruzar las pintadas mariposas

Primer amor, ternuras misteriosas,
ansiedad de algo nuevo que se espera
y bajo un cielo azul de primavera
quedarnos dulcemente silenciosas.

Sentir y no saber lo que se siente;
soñar y no saber lo que se miente;
la emoción que recorre nuestras venas.

Primer amor, presentimientos vagos
tal como en la ternura de los lagos
la brisa pasa sin rozarla apenas. . .

ÓNIX

José Juan, Tablada

Torvo fraile del templo solitario,

que al fulgor del nocturno lampadario
o a la pálida luz de las auroras
desgranas de tus cuentas el rosario...
¡Yo quisiera llorar como tú lloras!
Porqué la fe en mi pecho solitario
se extinguió como el turbio lampadario
entre la roja luz de las auroras,
y mi vida es un fúnebre rosario
más triste que las lágrimas que lloras.

Casto amador de pálida hermosura
o torpe amante, sensual, impura.
que vas —novio feliz o amante ciego—
llena el alma dar de amor o de amargura...
¡Yo quisiera abrasarme con tu fuego!
Porque no me seduce la hermosura,
ni el casto amor, ni la pasión impura;
porque en mi corazón dormido y ciego
ha caído un gran soplo de amargura,
que también pudo ser lluvia de fuego.

¡Oh guerrero de lírica memoria,
que al asir el laurel de la victoria
caíste herido con el pecho abierto
para vivir la vida de la gloria!...
¡Yo quisiera morir como tú has muerto!
Porque el templo sin luz de mi memoria,
sus escudos triunfales la victoria
no ha llegado a colgar; porque no ha abierto
el relámpago de oro de la Gloria
mi corazón obscurecido y muerto...

Fraile, amante, guerrero, yo quisiera
saber que obscuro advenimiento espera
el amor infinito de mi alma.
si de mi vida en la tediosa calma
no hay un dios, ni un amor, ni una bandera.

EL PRINCIPE

Tagore, Rabindranath

Madre comprendo tu enojo
por verme tan rezagada,
pero no atino a hacer nada...
¡y ello no es por mero antojo!

¿Como quieres, madre, dí,
que preocupada no esté,
si hoy al príncipe veré
cuando pase por aquí?

Madre, ¿cómo en tu opinión
estaré mejor peinada?
¿Con que traje engalanada
debo asomarme al balcón?

¡Oh madre, no me mires así tan fijamente,
como si tu hija hubiera perdido la razón!
Porque ya ¹que el príncipe, pasando indiferente,
no ha de elevar, por verme, su vista a mi balcón.

Bien se yo, madre mía, que al príncipe
                                    ⌊arrogante
sólo un momento verélo, y... nada más.
que será como cuando se acerca el sollozante
sonido de una flauta y aléjase fugaz...

Pero, madre, va a pasar
el príncipe por aquí,
y yo me quiero arreglar
para mirarlo pasar,
¡aunque el no me mire a mi!

Madre, ¡el príncipe esperado ya pasó!
¡Vieras tú cómo quebraba
sus rayos de oro el sol
en su espléndida carroza!

403

Me dio un vuelco el corazón
al contemplarlo... Quedéme
temblando como una flor
azotada por la brisa...

¡Oh, madre!, no me mires así, tan extrañada,
porque yo ya sé que el príncipe mi ofrenda
[desdeñó;
que mi cadena bajo las ruedas destrozada
quedó en su carroza, cual mancha ensangrentada
que el polvo del camino piadoso recubrió.
Ya sé que ignoran todos, ¡oh buena madre mía!,
cuál era mi regalo y a quién lo dirigía.
Pero el hermoso príncipe pasó por el lugar
y fue mi dicha tanta, fue tanta mi alegría,
¡que mi mayor tesoro se lo arrojé al pasar

EL NIÑO ES ASI...

Tagore

Si el niño quisiera, en este mismo instante podría
[marcharse al cielo.
Pero algo le retiene aquí. ¡Le gusta tanto reposar su
[cabecita en el seno
de su madre, y mirarla sin descanso!
Sabe una infinidad de palabras maravillosas. Pero
[como son tan pocos los
que en este mundo podrían entenderle, no abre la boca.
[y se esfuerza por
aprender palabras de los labios de su madre. ¡Por esto
[adopta este aire
tan inocente!

hierba un montón de oro y de perlas, y vino a este
[mundo como un mendigo
¡Pequeño mendigo desnudo, que se finge desvalido
[para pedir a su madre

el tesoro de su amor!

Por qué sacrificó su libertad si se encontraba tan a
[gusto en la tierra
de la luna nueva? ¡Ah, **él** sabe muy bien cuán infinito
[es el placer de adentrarse
en el corazón de su madre y no ignora que es **más**
[dulce que la libertad
sentirse prisionero entre los brazos queridos!

Antes vivía en el mundo de la alegría perfecta y
[no sabía llorar. Pero
recogió las lagrimas, porque si con su sonrisa ganaba
[para sí el corazón
anhelante de su madre, sus sollozos tejieran para el
[un doble lazo de
amor y de piedad.

LAS DOS HERMANAS

Tennyson, Alfred

Eramos dos hermanas y ella la   hermosa.
—El viento enfurecido ruge en el torreón—
La abrazó entre sus llamas la pasión borrascosa,
y falta de energías, cedió a la tentación,
porque la amaba mucho, porque era candorosa,
porque era bello el conde como bella canción.

Con su fuego la culpa borró la ardiente
[hoguera.
—Sigue bramando el viento con insensato
[ardor—.

No tuvieron pidad para su primavera
y diéronle la muerte tras vergüenza y dolor.
Yo tenía el deber de vengarla, ¡ay!, y era
el conde mas hermoso que un ensueño de amor.
Días, semanas, meses aceché con paciencia.

--El viento enfurecido ruge en el torreón—.
Preparé una gran fiesta, lo llame a mi presencia
y después en mi lecho lo embriagué de pasión...
¡Fue un delirio insensato de amor, odio y
[demencia!...
Era **más** bello el conde que una bella canción!...
   Me levanté en la noche taciturna y silente.
—Enloquecido el viento brama en el torreón—.
Sus labios entreabiertos besé con beso ardiente,
y cogiendo un puñal, sin temblar de emoción,
lo clavé por tres veces en su pecho inconciente,
¡aunque era bello el conde **como** bella canción!
Ensortijé su rubia cabellera sedosa
—allá lejos el viento derrumbó el torreón—,
y ya trocado el odio en ternura piadosa,
besé sus muertos ojos con amarga pasión
y le cubrí de flores y de telas preciosas...
¡Era **más** bello el conde que una bella canción!

VIVO SIN VIVIR EN MI...

Teresa de Jesús, Santa

   Vivo sin vivir en **mí**,
y tan alta vida espero,
que muero porque no muero.
Aquesta divina unión
del amor con quién yo vivo,
hace a Dios ser mi cautivo
y libre mi **corazón**,
mas causa en **mí** tal pasión
ver a mi Dios prisionero,
que muero porque no muero.

   ¡Ay qué larga **es** esta vida!
¡**Qué** duros estos destierros,

406

esta cárcel y estos hierros
en que el alma está metida!
Sólo esperar la salida
me causa un dolor tan fiero,
que muero porque no muero.

¡Ay, qué vida tan amarga
do no se goza el Señor!
Y si dulce es el amor,
no lo es la esperanza larga;
quíteme Dios esta carga,
mas pesada que de acero,
que muero porqué no muero.

Sólo con la confianza
vivo de que he de morir,
porqué muriendo, el vivir
me asegura mi esperanza;
no te tardes, que te espero,
que muero porque no muero.

Mira que el amor es fuerte;
vida, no seas molesta;
mira que sólo te resta,
para ganarte, perderte;
venga ya la dulce muerte,
venga el morir muy ligero,
que muero porque no muero.

Aquella vida de arriba
es la vida verdadera;
hasta que esta vida muera
no se goza estando viva;
muerte, no me seas esquiva;
vivo muriendo primero,
que muero porque no muero.

Vida, ¿qué puedo yo darle
a mi Dios que vive en mí,

sino es perderte a ti
para mejor a El gozarle?
Quiero muriendo alcanzarle,
pues a él sólo es el que quiero,
que muero porque no muero.

Estando ausente de ti,
¿qué vida puedo tener,
sino muerte padecer
la mayor que nunca vi?
Lástima tengo de mí,
por ser mi mal tan entero,
que muero porque no muero.

El pez que del agua sale,
aún de alivio no carece;
a quien la muerte padece,
al fin la muerte le vale;
¿qué muerte habrá que se iguale
a mi vivir lastimero?,
que muero porque no muero.

Cuando me empiezo a aliviar,
viéndote en el Sacramento,
se me hace más sentimiento
el no poder gozar;
todo es para mas penar
por no verte como quiero,
que muero porque no muero.

Cuando me gozo, Señor,
con esperanza de verte,
viendo que puedo perderte,
se me dobla mi dolor;
viviendo en tanto pavor
y esperando como espero,
que muero porque no muero.

Sácame de aquesta muerte,

mi Dios, y dame la vida;
no me tengas impedido
en este lazo tan fuerte;
mira que muero por verte,
y vivir sin ti, no puedo,
que muero porque no muero.
Lloraré mi muerte ya
y lamentaré mi vida,
en tanto que detenida
por mis pecados está;
¡oh mi Dios!, ¿cuándo será
cuando te diga de vero
que muero porque no muero?

CONSOLACION OTOÑAL

Torres Bodet, Jaime

Cuando llegue el otoño que inicia
la ficción de este abril entusiasta,
en la tarde ya límpida y casta
que deshoja una sabia caricia,
a la postre cansados de habernos
vanamente agrandado las cosas,
cortaremos las últimas rosas
que presagien amables inviernos;
y diremos quizás: éste ha sido

el amor, esta fue la tristeza;
un perfume, una estrella, un sonido..
Ya la vida cumplió su promesa.

De la fe que en la sombra forjamos
y del breve anhelar que vivimos,
y de toda la dicha que ansiamos
y de toda la hiel que bebimos,
¿qué divina quietud se reintegra
al dolor de este otoño que gime,

y qué grave perdón nos redime
o qué mansa virtud nos alegra?

Sólo amor en su anhelo persiste;
mas no es hoy como en antes el beso
seductor y fugaz y por eso
nos ofrece un sabor menos triste...

Y pues todo fue así, y éste ha sido
el amor y ésta fue la tristeza,
¿para qué deplorar lo vivido?
Un perfume, una estrella, un sonido...
Ya la vida cumplió su promesa.

MANOS DE MUJER

Torres Rioseco, Arturo

El corazón doliente de mi lira
está enfermo de un dulce apetecer:
quiere, para encenderse como pira,
unas manos ardientes de mujer.

Corazón que se crispa y desespera
con la sonrisa del amanecer,
se trocaría en armonioso canto
entre unas manos blandas de mujer.

Se está muriendo de una inquietud fina
y anda todo medroso de placer,
como el cuerpo de una golondrina
prisionera entre manos de mujer.

Corazón que ha cuajado la amargura
en un infatigable recoger,
esta, recién nacida criatura,
esperando dos manos de mujer.

Ya este pavor se me hace mas profundo,
ya este vaso de amor se va a romper:
yo ando loco buscando por el mundo

unas manos ardientes de mujer.

HASTIO

Toledo, Lilian

¡Yo no sé si te quise, pero ahora me cansas!
me molestan tus pasos que escudriñan mis pasos
y tus manos alertas que detienen mis gestos...
Me molestan tus frases irónicas y amargas,
y me llenan de tedio tus anhelos inciertos.

Yo no sé si te quise, pero ahora me cansas...
me cansan tus preguntas y también tus respuestas,
crees saber lo que pienso cuando no pienso nada,
tienes el tacto de cerrarme todas las puertas
cuando las quisiera tener todas abiertas...
Ya no sé si fue siempre como ahora: costumbre,
costumbre de sentarnos los dos juntos a la lumbre.
En un río revuelto de quinientas palabras,
con las manos unidas y las almas distantes...

Yo no sé si te quise, pero ahora, me cansas...
me molesta hasta el roce de tu paso en la
                                    [alfombra,
las canciones que cantas, y tu acento enervante,
y tus manos alertas que detienen mis gestos...
y este tacto imposible de cerrarme las puertas,
cuando yo las quisiera todas ellas abiertas...

LAS TRES DONCELLAS

Uhland, Ludwig

En lo alto de un castillo, tres doncellas
la vista vuelven hacia el hondo valle;
su padre en un corcel se acerca a ellas;
ciñe la cota su robusto talle.
—¡Padre y señor, muy bien venido seas!

¿Qué traes a tus hijas?
Fuimos juiciosas como tú deseas.
—Hoy, hija mía de la saya gualda,
ausente, en ti pensé. Ya no cuán grato
te es el poder lucir tu rica falda;
tus gustos son las galas y el ornato:
del cuello arrebaté, de un caballero,
esta cadena de oro,
y en pago de ella dile muerte fiero—.
Tomó la joya la doliente niña,
y el blanco cuello se ciñó con ella.
Fuese al lugar donde ocurrió la riña,
y al muerto halló por la sangrienta huella.
—Aquí insepulto estás como un malvado,
y eres un caballero,
y en vida te llamé mi dueño amado—.
Entre sus brazos le llevó piadosa
hasta la iglesia del lugar vecino,
y le enterró en la tumba do reposa
su noble estirpe, de funesto sino.
Al cuello se estrechó con nudo fuerte
los rojos eslabones,
fiel a su dulce amor hasta en la muerte.

De lo alto de un castillo, dos doncellas
la vista vuelven hacia el hondo valle;
su padre en un corcel se acerca a ellas;
ciñe la cota su robusto talle.
—¡Padre y señor, muy bien venido seas!
¿Que traes a tus hijas?
Fuimos juiciosas como ¯ deseas.
—Hoy, hija mía de la blanca saya,
en ti pensé. La caza es tu alegría,
y tu mayor placer, tener a raya
la rauda fiera allá en la selva umbría.

Arrebaté de manos de un montero
este venablo agudo,
y de él en pago dile muerte fiero—.
De manos de su padre la doncella
tomó el venablo con su diestra fuerte;
al monte se partió la niña bella,
gritando por doquier: ¡dolor y muerte!,
y de los tilos en la parda sombra,
entre sus perros fieles,
halló a su amante sobre roja alfombra.
—Al verde tilo acudo y a la cita,
como te prometí, mi amado dueño—.
Clavada en el venablo, cual marchita
silvestre flor, cayó en eterno sueño.
Juntos yacieron, y la brisa arroja
sobre los dos amantes
su blando aroma y la caída hoja.

De lo alto de un castillo, una doncella
vuelve los ojos hacia el hondo valle;
su padre en un corcel se acerca a ella;
ciñe la cota su robusto talle.
—¡Padre y señor, muy bien venido seas!
¿Que traes a tu hija?
Juiciosa he sido como tu deseas.
—Hoy, hija mía de la blanca saya,
en ti pensé. Tu gusto son las flores,
y mas te agrada su corola gaya
que de costosas joyas los fulgores.

Quitéle a un atrevido jardinero
esta flor candorosa,
y en pago de ella dile muerte fiero.
—¿Cuál fue su desacato, padre mío,
que te movió severo a darle muerte?
Cuidar las flores en el huerto umbrío

413

era su afán. ¡Cuán triste es ya su suerte!
—Quiso negarme con palabra osada
la flor de más valía,
que destinaba al pecho de su amada—.
Tomó la flor la niña candorosa
y ornó con ella su virgíneo seno;
bajó al jardín do un tiempo tan dichosa
pasado había tanto rato ameno.
En el jardín se alzaba una colina
sembrada de azucenas;
sentada en ella, el rostro al suelo inclina.
—¡Dichosa yo, si, al par de mis hermanas,
pudiera darme desastrosa muerte!
Pero las hojas de la flor galanas
herir no saben de tan fiera suerte—.
Con yerta faz, mirando la flor bella,
vio cual se marchitaba,
y cuando se agostó, murió con ella.

SED DE TUS OJOS EN LA MAR ME GANA...

Sed de tus ojos en la mar me gana;
hay en ellos también olas de espuma,
rayo de cielo que se anega en bruma
al rompérsele el sueño de mañana.

Dulce contento de la vida mana
del lago de tus ojos; si me abruma
mi sino de luchar, de ellos rezuma
lumbre al cielo con la tierra hermana.

Voy al destierro del desierto obscuro,
lejos de tu mirada redentora,
que es hogar de mi hogar sereno y puro.

Voy a esperar de mi destino la hora;
voy acaso a morir al pie del muro
que ciñe al campo que mi patria implora.

EL BESO

Urbina, Luis G.

Era un cautivo beso enamorado
de una mano de nieve, que tenía
la apariencia de un lirio desmayado
y el palpitar de un ave en agonía.
Y sucedió que un día,
aquella mano suave,
de palidez de cielo,
de languidez de lirio,
de palpitar de ave...,
se acercó tanto a la prisión del beso,
que ya no pudo más el pobre preso
y se escapó; mas, con voluble giro,
huyó la mano hasta un confín lejano,
y el beso, que volaba tras la mano,
rompiendo el aire, se volvió suspiro.

EL DIA SILENCIOSO

El mar, pulido y claro, parece una turquesa:
añil en la distancia, cristal junto a la orilla.
El sol, que suavemente los horizontes besa,
como un vaho de oro sobre las aguas brilla.

A impulso de los remos la barca va traviesa;
con un lampo de plata la superficie astilla;
y luce, al pie del monte, que un verde seco
                                        [espesa,
la playa que se tiende radiante y amarilla.

Un alcatraz que llega con desmayado vuelo,

en la ola, como un rico tapiz de terciopelo,
la punta de las alas extiende y abre en cruz.

Ni un ruido, ni una queja, ni un ansia, ni un
[anhelo:
la vida, enamorada del opalo del cielo,
se place en el letargo de una embriaguez de luz.

CARLOTA

Usigli, Rodolfo

No, no tu voz, que suena en mis oídos
con la bondad elemental del agua,
que fluye como un mar de dulces gotas
hacia cada minuto de mi vida
y la besa y la limpia y la embalsama
como cuando era sólo tenue brisa
en las aguas fluviales de tu vientre.
No, no tu voz, que vive en mi mutismo
y que trasmitirá de mi recuerdo
a los oídos nuevos de mis hijos.

No tu humildad de luz y de montaña
que ignoran su nivel y transparencia
y son, sencillamente, lo que son.
No tu humildad azul de Viernes Santo
que besó la pezuña a la soberbia
del mundo en la miseria de los ricos
y en los sueños sin ojos de tu hijo.

No tu humildad, que amó parejamente
a todos porque todos existían.

No tu dulzura, no, que se vertía
del simple movimiento de tu vida
sobre aquellos poéticos animales
domésticos

—gatos y perros y quizá ratones—
que marchando a tu zaga por la calle
formaban una especie de cola para el traje
de la novia de un mudo subterráneo.
No tu dulzura, no, pastilla grata
que en mi vida de hombre ponía una
frescura que limpiaba el paladar
hasta que al fin se diluía en él
la cólera de ser que me persigue.
No tu dulzura, no, que endulzó ba!as,
ambiciones, rencores y fracasos
y me deja hasta hoy en los umbrales
de la vejez, un regusto de rosas.

  No es tu pobreza, no; no tu pobreza,
espejo en el que sólo se miraba
¿quién más que el pobrecito y quién mejor?
Tu pobreza esmaltada de mendigos,
pobres vergonzantes, de animales
que solamente eran, eran domésticos
en un tiempo de sangre y de zarpazo
porque tú los llevabas a la iglesia
de un alimento arrebatado al aire.

  No tu resignación, no tu sonrisa
que abría increíbles perspectivas
de esperanza y nostalgia confundidas
en una realidad que no tenía
otro sustento que la quieta espera.

  No tus manos activas, que evocaban
torcidos árboles, retorcidas ramas,
y en las que el beso del esposo muerto
dejó invisibles y flamantes surcos.

  No tu boca sin dientes por pobreza
en cuyo paladar, pura basílica

en encia n penitencia desgastadas,
se confundían caverna y catedral
que iluminaba un resplandor eterno.

No tu respeto, no: a quienes valíar
menos que tú, pero que comprendías
por cuanto sola y trashumante niña
recorriste la órbita del globo
y viste en todas partes que los hombres
que los seres humanos, para ser,
para sobrevivir a sus catástrofes,
a sus bajezas, a sus mentirosos
anhelos, al error original
de nacer, reclamaban el respeto
como herraduras un caballo.

No tu muerte tan tuya, tan pulida
por el dolor y el tiempo y el silencio;
tan eiemplar, tan dulce y tan discreta.
Tú la pediste, tu; como corona
de tu trabajo en este bajo mundo
antes de que se destruyera en ti la vida,
de que se degradara una existencia
cuyo mayor placer fue el sacrificio,
cuyo dolor mas grande fue tan sólo
no poder ayudar al que sufría,
fuera o no hijo de tu propia sangre.
Mi madre, sí; pero en la perspectiva
del tiempo que al pasar nos vuelve polvo,
me pareces mas bien madre del mundo;
yo soy el mundo sólo en lo mas bajo,
sólo en lo mas inútil, y así, hablo
de ese mundo que siempre se recrea
y que es Dios porque vive y porque muere.
No tu muerte inmortal, lección aurora

y monumento en mi memoria vivo.
No, madre: nada ha muerto en mi memoria
y todo en mi memoria sobrevive
de ti; sin ti no existe, así como no creo
que crear es mi sino y es mi límite.

Mitológico monstruo, de ti nazco,
pero de ti respiro y me prolongo
y de ti me alimento y por ti creo
—creo de creer y de crear a ciegas—.
Sólo tu voz, tu luz y tu pobreza,
tu humildad, tus silencios, tus esperas,
tu caridad, tu bondad, tu sonrisa,
tu muerte, que es de sencillez corona,
me explican porque vivo y por que lucho.
Pero no soy más que una limitada
proyección de tu vientre fecundísimo.
Ha de venir muy pronto un nuevo trigo
brotado de tu vientre, y ondearán
al aire las cabezas de mis hijos
y de sus hijos y las de sus hijos
como espigas doradas de tu siembra.

LOS HERALDOS NEGROS

Vallejo, César

Hay golpes en la vida, tan fuertes. ¡Yo no sé!,
golpes como del odio de Dios; como si ante ellos
la resaca de todo lo sufrido
se empozara en el alma. ¡Yo no sé!
Son pocos, pero son. Abren zanjas obscuras
en el rostro mas fiero y en el lomo mas fuerte.
Serán tal vez los potros de bárbaros Atilas,
o los heraldos negros que nos manda la Muerte.

Son las ondas caídas de los Cristos del alma,
de una fe adorable que el destino blasfema.
Estos golpes sangrientos son las crepitaciones
de algún pan que en la puerta del horno se nos
                                        [quema.
Y el hombre. Pobre. ¡Pobre! Vuelve los ojos,
                                        [como
cuando por sobre el hombro nos dan una
                                        [palmada;
vuelve los ojos locos, y todo lo vivido
se empoza, como un charco de culpa, en la
                                        [mirada.
Hay golpes en la vida, tan fuertes. ¡Yo no sé!

PIEDRA NEGRA SOBRE UNA PIEDRA BLANCA

Me moriré en París con aguacero,
un día del cual tengo ya el recuerdo.
Me moriré en París —y no me corro—,
tal vez un jueves, como es hoy, de otoño.
Jueves será, porque hoy, jueves que proso
estos versos, los húmedos me he puesto
a la mala y jamás como hoy me he vuelto,
con todo mi camino, a verme sólo.
César Vallejo ha muerto; le pegaban
todos sin que él les haga nada;
le dan duro con un palo y duro
también con una soga; son testigos
los días jueves y los huesos húmedos,
la soledad, la lluvia, los caminos...

LA VERDAD

Vega, Daniel de la

Te voy bebiendo castamente,
agua serena y cristalina,
en la humildísima corriente
de nuestra vida peregrina.

Para mí tiene sabor nuevo,
vieja verdad, llena de amores;
junto las manos y te bebo
como te beben los **pastores**.

Ya te he hallado, agua encendida,
y nunca más podré perderte.
Nos amaremos en la vida
para encontrarnos en la muerte.

Tu gesto es plácido y risueño;
te veo aquí en mi vida interna
amando todo lo pequeño,
como un amor de madre eterna.

Con ese pálido perfil
de un niño errante, dulce y puro,
bajo tu diestra juvenil
va despertando mi futuro. . .

EN TANTO QUE DE ROSA Y AZUCENA...

Vega, Garcilaso de la

En tanto que de rosa y azucena
se muestra la color en vuestro gesto,
y que vuestro mirar ardiente, honesto,
con clara luz la tempestad serena;
y en tanto que el cabello, que en la vena

por el hermoso cuello blanco, enhiesto,
el viento mueve, esparce y desordena,
coged de vuestra alegre primavera
el dulce fruto, antes que el tiempo airado
cubra de nieve la hermosa cumbre.

Marchitará la rosa el viento helado,
todo lo mudará la edad ligera
por no hacer mudanza en la costumbre.

ESTOY CONTINO, EN LAGRIMAS BAÑADO

Estoy contino en lágrimas bañado,
rompiendo siempre el aire con sospiros,
y más me duele el no osar deciros
que he llegado por vos a tal estado;
que viéndome do estoy, y lo que he andado
por el camino estrecho de seguiros,
si me quiero tornar para huiros,
desmayo viendo atrás lo que he dejado;
y si quiero subir a la alta cumbre,
a cada paso espántanme en la vía
ejemplos tristes de los que han caído

Y, sobre todo, fáltame la lumbre
de la esperanza con que andar solía
por la oscura región de vuestro olvido.

DEFINICION DEL AMOR

Vega, Lope de

Desmayarse, atreverse, estar furioso,
áspero, tierno, liberal, esquivo,
alentado, mortal, difunto, vivo,

leal, traidor, cobarde y animoso;
no hallar fuera del bien, centro y reposo,
mostrarse alegre, triste, humilde, altivo,
enojado, valiente, fugitivo,
satisfecho, ofendido, receloso;
huir el rostro al claro desengaño,
beber veneno por licor suave,
olvidar el provecho, amar el daño,
creer que un cielo en un infierno cabe,
dar la vida y el alma a un desengaño,
esto es amor; quién lo probó, lo sabe.

MADRE UNOS OJUELOS VI...

Vega, Lope de

Madre, unos ojuelos vi,
verdes, alegres y bellos.
¡Ay, que me muero por ellos
y ellos se burlan de mí!
Las dos niñas de sus cielos
han hecho tanta mudanza,
que la color de esperanza
se me ha convertido en celos.
Yo pienso madre, que vi
mi vida y mi muerte en ellos.
¡Ay que me muero por ellos
y ellos se burlan de mí!
¿Quién pensara que el color
de tal suerte me engañara?
Pero ¿quién no lo pensara
como no tuviera amor?
Madre, en ellos me perdí
y es fuerza buscarme en ellos.
¡Ay que me muero por ellos

y ellos se burlan de mí!

SONETO DE REPENTE

Un soneto me manda hacer Violante,
que en mi vida me he visto en tal aprieto.
Catorce versos dicen que es soneto:
burla burlando, van los tres delante.

Yo pensé que no hallara consonante,
y estoy a la mitad de otro cuarteto,
mas si me veo en el primer terceto
no hay cosa en los cuartetos que me espante.

Por el primer terceto voy entrando,
y aún parece que entré con pie derecho,
pues fin con este verso le voy dando.

Ya estoy en el segundo, y |aún| sospecho
que estoy los trece versos acabando.
¡Contad si son catorce, y ya está hecho!

AUN ES TIEMPO QUE VENGA

Vicuña, Cifuentes Julio

Aún es tiempo que venga la que he aguardado
[tanto.
Huyó la primavera, pasó el verano ardiente,
decoloró el otoño las hojas del acanto
y el cierzo no me trajo noticias de la ausente.

Enfermo de la vida, con su piadoso manto
me ha de abrigar, si viene, como a un convaleciente;
disipará las sombras del torvo desencanto,
tendrá mimos de hermana para enjugar mi frente.

Con su dulzura ingenua, el soñado amor mío,
confortador del alma, quién mi endeblez sostenga

será en las inquietudes del más allá sombrío.

¡Para vida tan corta, la espera es ya muy luenga!
¡La que evoqué en mis horas de soledad y hastío,
aún es tiempo que venga, aún es tiempo que venga!

BALADA DE AMOR

Villaespesa, Francisco

—Llaman a la puerta, madre. ¿Quién será?
—El viento, hija mía, que gime al pasar.
—No es el viento, madre. ¿No oyes suspirar?
—El viento que al paso deshoja un rosal.
—No es el viento, madre. ¿No escuchas hablar?
—El viento que agita las olas del mar.
—No es el viento. ¿Oíste una voz gritar?
—El viento que al paso rompió algún cristal.
—Soy el amor —dicen—, que aquí quiere
[entrar...
—Duérmete, hija mía, ... es viento no más...

¿CONOCE ALGUIEN EL AMOR?

¿Conoce alguien el amor?
¡El amor es sueño sin fin!
Es como un lánguido sopor
entre las flores de un jardín...
¿Conoce alguien el amor?
Es un anhelo misterioso
que al labio hace suspirar,
torna al cobarde en valeroso
y al más valiente hace temblar;
es un perfume embriagador

425

que deja pálida la faz;
es la palmera de la paz
en los desiertos del dolor...
¿Conoce alguien el amor?
Es una senda florecida,
es un licor que hace olvidar
todas las glorias de la vida,
menos la gloria del amar...
Es paz en medio de la guerra.
Fundirse en uno, siendo dos...
¡La única dicha que en la tierra
a los creyentes les da Dios!
Quedarse inmóvil y cerrar
los ojos para mejor ver;
y bajo un beso adormecer...
y bajo un beso despertar...
Es un fulgor que hace cegar,
¡es como un huerto todo en flor
que nos convida a reposar!
¿Conoce alguien el amor?
¡Todos conocen el amor!
El amor es como un jardín
envenenado de dolor...,
donde el dolor no tiene fin.
¡Todos conocen el amor!
Es como un áspid venenoso
que siempre sabe emponzoñar
al noble pecho generoso
donde le quieren alentar.
Al más leal hace traidor,
es la ceguera del abismo
y la ilusión del espejismo...
en los desiertos del dolor.
¡Todos conocen el amor!

¡Es laberinto sin salida,
es una ola de pesar
que nos arroja de la vida
como a los náufragos el mar!
Provocación de toda guerra...
sufrir en uno las de dos...
¡La mayor pena que en la tierra
a los creyentes les da Dios!
Es un perpetuo agonizar,
un alarido, un estertor,
que hace al más santo blasfemar...
¡Todos conocen el amor!

ASI TE QUIERO GUITARRA...

Villar, Amado

Así te quiero, guitarra,
trasnochadora y desnuda,
revuelta la cabellera
y afinada la cintura.
Vengan a saber de amores
el silencio y la penumbra,
mientras duermen las veletas
y los gallos echan plumas.
Salgo por mar y morena,
morena, salgo de punta
para cantar unas coplas
saladas con tus espumas.
No gobierno tempestades.
ni voces de gran altura.
Son que las peñas ablanda,
por estas cuerdas murmura.
Temblando en el aire triste
niña, mis manos te buscan,
como dos pájaros nuevos

en verano y a la lluvia.
Confundo las estaciones
y las horas por tu culpa.
Y de golpe te confundo
con el tiempo de la fruta.
Aunque sea medianoche,
me parece que madruga,
sin otros despertadores
ni luces que tu hermosura.
Ya la palabra me cortas,
ya los sentidos me nublas,
ya la carne me traspasas,
ya por mis venas circulas.
¡Abre pronto la ventana,
guitarra loca de músicas
y flores encarceladas
entre seis rejas obscuras!

R E Q U I E S C A T

Wilde, Oscar

Marchad con paso leve, que está cerca
ella bajo la nieve;
con voz queda si habláis, pues ella escucha
crecer las margaritas.
Su cabello dorado y encendido
ya lo empañó la herrumbre;
la que se erguía joven y lozana,
deshácese en el polvo.
Igual que un lirio y como nieve blanca,
ella advertía apenas
que fuese una mujer: tan dulcemente
dióle sazón la vida.
Maderas de ataúd, pesadas losas
yacen sobre su pecho;

a solas yo me entrego a la amargura,
pero ella descansa.
Guardad silencio y paz, que ya no oye
ni lira ni soneto.
Toda mi vida yace aquí enterrada.
Con más tierra, cubridla.

CANTO DE MI MISMO

(Fragmentos)

Whitman, Walt

Me celebro y me canto a mí **mismo**;
lo que me atribuyo podéis atribuíroslo,
pues cada átomo que me **pertenece** es como si os
[perteneciera.
Invito a mi alma,
mientras paseo observando tranquilamente una
brizna de   estival.
Mi lengua, cada gota de mi sangre está formada
de esta tierra, de este aire.
nacido aquí, como mis padres, abuelos y bisabuelos,
a los treinta y siete años, en perfecta salud, espero
no interrumpir mi canto hasta la muerte.
Hago un convenio con credos y escuelas,
los alejo mientras considero lo que son, pues no los
olvido,
me ofrezco al bien y al mal, dejo que hablen todos
[los azahares,
la naturaleza desatada con su energía primitiva.
Me place la leve humareda de mi propio aliento,
los ecos, las ondulaciones, los zumbidos, la raíz de
amor, los filamentos de seda, **los** zarcillos y las viñas,
mi inspiración y mi respiración, el latido de mi
[corazón,

el paso de la sangre y del aire a través de
mis pulmones.
el aroma de las hojas verdes y las hojas secas, el de
las negruzcas rocas costeras, y el del heno en los
pajares,
el sonido de mi voz, de mis ruidosas palabras,
arrojadas a los remolinos del viento,
algunos besos suaves, algunos abrazos,
la danza del sol y de la sombra sobre los árboles
cuando la brisa acaricia el ramaje,
la delicia de la soledad, en las apreturas de las
calles, en los campos o en las colinas,
la sensación de salud, el himno del mediodía, la
canción que entono al levantarme de la cama, y
encarándome con el sol.
. . . .
Deteneos hoy, día y noche, junto a mí, y conoceréis
la raíz de todos los poemas,
poseeréis todo lo bueno de la tierra y del sol,
(hay, además, millones de soles),
no quiero que toméis ya más cosas de segunda o de
tercera mano, ni que veáis a través de los ojos
de los muertos, ni que os alimentéis de los espectros
que habitan en los libros,
pero tampoco quiero que miréis a través de mis ojos,
ni que recibáis las cosas como si fueran mías,
debéis escuchar la voz de las cosas y conmoveros
según vuestra naturaleza.
. . . .
Estoy contento —veo, bailo, río, canto;
cuando mi afectuoso compañero, que ha dormido
junto a mí toda la noche, se marcha silenciosamente
al rayar el alba,
dejándome canastas llenas de blancas lencerías.

que alegran la casa con su abundancia,
¿someteré mi aceptación y mi afecto al examen de
mis ojos,
para que me digan el valor, muy detallado, de uno y
de dos, y quién ha sido el más beneficiado?
. . . .
Recuerdo que una vez, en una mañana transparente
como las del verano, estábamos tendidos en la hierba,
que pusiste tu cabeza entre mis rodillas,
volviéndote gentilmente hacia mí,
entreabriste mi camisa, hundiendo tu lengua hasta
mi corazón,
y te aproximaste tanto a mi barba como a mis pies.
Se esparcieron en seguida sobre mí la paz y la
sabiduría que superan a todos los argumentos de la
tierra,
y supe que la mano de Dios era una promesa para la
[mía,
y que el espíritu de Dios era hermano del mío,
y que los hombres son mis hermanos y las mujeres mis
hermanas.
. . . .

¿Ha pensado alguien que era una suerte haber nacido?
Quiero anunciarle, a él o a ella, que igualmente
venturoso es morir, pues yo lo sé.
Yo agonizo con los moribundos y nazco con los
infantes, y no estoy totalmente contenido entre mi
sombrero y mis zapatos,
manejo diversos objetos, no existen dos iguales y cada
uno es bueno,
buena es la tierra y buenos son los astros, y todo
lo que les es propio.
Yo no soy una tierra ni uno de sus elementos,
soy el compañero de todas las gentes, inmortales

y profundas como yo,
(ellas no conocen sus inmortalidades, pero yo sí).

. . . .

Me place ir de caza por las solitarias montañas,
caminar, sin rumbo, feliz con mi ligereza y alegría,
escoger, al caer la tarde, un lugar seguro para
pasar la noche,
encender el fuego y asar la caza recién muerta,
y dormirme sobre un montón de hojas, con mi perro
y mi fusil al lado.

. . . .

Llego con estruendosas músicas, con mis trompetas
y mis tambores,
no tan solo ejecuto marchas para los vencedores
reconocidos, sino también para los derrotados y
las víctimas.
¿No habéis oído decir cuán magnífico era ganar?
Yo os digo que también es bello sucumbir, que las
batallas se pierden con el mismo espíritu con que
se ganan.
Yo redoblo en honor de los muertos,
y para ellos doy con mi trompeta las notas más
sonoras y alegres.
¡Honor a los que cayeron!
¡A los que vieron hundirse en el mar sus navíos!
¡A los que con ellos se hundieron!
¡A todos los generales derrotados y a todos los
héroes!
¡Honor a los incontables héroes desconocidos,
iguales a los más famosos!

. . . .

¡Oh, tú, mar! también me entrego a ti. adivino
lo que dices,

distingo desde la playa tus encorvados dedos
invitándome,
me parece que rehusas retirarte sin haberme tocado,
debemos dar juntos un paseo, me desnudo, llévame
lejos de la tierra,
méceme en tus almohadas, desvanéceme en tus olas
oscilantes,
salpícame de amoroso líquido, y yo te imitaré.

Mar de olas desplegadas,
mar de profundo y convulsivo aliento,
mar de la sal de la vida y de las tumbas que no abren
las palas, aunque siempre dispuestas,
rugiente y feroz en las tempestades, mar caprichoso
y adorable,
yo soy como tú, soy también a la vez único y diverso.
. . . .
Soy Walt Whitman, un cosmos, el hijo de Manhattan,
turbulento, carnívoro, sensual, que come, bebe y
procrea,
no un sentimental, no un ser superior a todos los
hombres y mujeres, a apartado de ellos,
no más modesto ni inmodesto.
. . . .
Creo que una brizna de hierba no es inferior al
trabajo de las estrellas,
que la hormiga es igualmente perfecta, y un grano de
arena, y el huevo del reyezuelo,
y que el renacuajo es una de las más importantes
obras maestras,
y que la hiedra trepadora podría engalanar el
palacio de los cielos,
y que la articulación más minúscula de mi mano
compite con toda la ciencia mecánica,

que la vaca que rumía con la cabeza baja es
superior a cualquier estatua,
y que un ratón es algo tan milagroso que puede
conmover a sextillones de incrédulos.

. . . .

He emprendido un viaje eterno (venid a escucharme
todos) :
Me reconoceréis por mi impermeable, mis sólidos
zapatos, mi bastón cortado en el bosque,
ninguno de mis amigos se instala en mi sillón,
no acompaño a nadie a la mesa, a la biblioteca,
a la Bolsa,
pero conduzco a todos los hombres y a todas las
mujeres a la cima de una colina,
allí mi mano izquierda enlaza la cintura del amigo
y con la diestra le indico los paisajes, continentes
y carreteras.

. . . .

El joven mecánico es mi mejor amigo, él me conoce
bien,
el leñador que lleva su hacha y su cántaro me querrá
siempre, también con él,
el muchacho que trabaja en el campo se siente feliz
al oír mi voz,
mis palabras zarpan con los vapores, voy con
pescadores y marineros y los amo también.

. . . .

Los últimos destellos del día se detienen un
instante para mí.
Proyectan mi imagen después de las obras —verdadera
como ninguna— en el desierto sombrío.
Me empujan hacia la bruma y el crepúsculo.
Me aparto como el aire, muevo mi blanca cabellera
hacia el sol poniente,

Arrojo mi carne a los remolinos, y se esfuma en tenues hilos.
Me entrego al barro para crecer de nuevo en las hierbas que amo,
y si me deseáis de nuevo, mirad bajo las suelas de vuestros zapatos.
Difícilmente comprenderéis lo que soy y lo que significo,
pero seré siempre vuestra salud,
y purificaré y fortaleceré vuestra sangre.
Si no conseguís darme alcance en seguida, no os desaniméis,
buscadme de un sitio para otro,
ya estoy esperándoos en algún lugar.

ESENCIA DE ROSA
(La Siesta)

Zorrilla, José

Son las tres de la tarde, Julio, Castilla.
El sol no alumbra, que arde; ciega, no brilla.
La luz es una llama que abrasa el cielo;
ni una brisa una rama mueve en el suelo.
Desde el hombre a la mosca todo se enerva:
la culebra se enrosca bajo la yerba,
la perdiz por la siembra suelta no corre,
y el cigüeño a la hembra deja en la torre.
Ni el topo, de galbana, se asoma a su hoyo,
ni hoza la comadreja por la montaña,
ni labra miel la abeja, ni hila la araña.
La agua el aire no arruga, la mies no ondea,
ni las flores la oruga torpe babea;
todo el fuego se agosta del seco estío:

duerme hasta la langosta sobre el plantío.
Sólo yo velo y gozo fresco y sereno;
sólo yo de alborozo me siento lleno:
porque mi Rosa
reclinada en mi seno
duerme y reposa.
Voraz la tierra tuesta sol del estío,
mas el bosque nos presta su toldo umbrío.
Donde Rosa se acuesta, brota el rocío,
susurra la floresta, murmura el río.
¡Duerme en calma tu siesta, dulce bien mío!
¡Duerme entretanto,
que yo te velo; duerme,
que yo te canto!

I

Como le canta y mece la madre al tierno niño
que duerme en su regazo, mi amor te arrullará;
como para él la madre mil frases de cariño
inventa, mil cantares mi amor te inventara,
yo sé que siente, Rosa, tu corazón amante
los versos que te canto mientras dormida estás.
¿Qué quieres que te cuente? ¿Qué quieres que te
[cante?
¿Cuál es de mis canciones la que te gusta más?
¿Prefieres aquel cuento del silfo que tenía
en una red de tamo prisión en un rosal,
y al cual todas las noches a alimentar venía
la abeja que le amaba, con miel de su panal?
¿Prefieres una historia como la historia horrenda
de aquel que fue a su dama celoso a degollar,
cuya cabeza trunca guardó de amor en prenda
y a la cabeza le iba de noche un beso a dar?
Di cómo hablarte debo cuando tu sueño arrullo.

436

porque mi voz anhelo que te parezca tal
como la miel que daba, posada en un capullo,
la abeja de mis cuentos al silfo del rosal.
Mas duerme, vida mía, mientras te arrullo
yo de mi poesía con el murmullo.
Mientras la aura en tus rizos juega y te orea,
en contar tus hechizos mi alma se emplea.
Duerme, que te adormece fiel mi cariño,
como le canta y mece la madre al niño.
Duerme, que yo a millares pondré mi empeño
en inventar cantares para tu sueño.
La enramada nos presta su toldo umbrío,
susurra la floresta, murmura el río:
todo invita a la siesta; duerme, bien mío;
¡duerme entretanto,
que yo te velo: duerme,
que yo te canto!

II

Mis ojos no se sacian de verte y admirarte.
¡Cuán bella estás dormida! ¡Qué hermosa te hizo
[Dios!
No hay nada con que pueda mi idea compararte.
Dios te hizo así, y no quiso Dios como tú hacer
[dos.
Mas sé, aunque estás dormida, que escucha tu
[alma atenta
los versos que en tu oído depositando voy,
porque ellos son la copa donde mi amor fermenta,
y en ellos destilado mi corazón te doy.
Yo siento los latidos del tuyo mientras duermes
las pausas de tu suave vital respiración,
tus manos entregadas bajo la mía, inermes,
y tu hálito, que absorbe voraz mi aspiración.

Mientras que yo te canto, tú sientes cómo te amo:
mi amor no se lo ha dicho jamás a tu pudor;
mas sé que tu alma en sueños responde a mi
[reclamo,
mientras que yo te duermo con cantar de amor.
Y acaso sientes, Rosa, cuando tu sueño halago
con mis palabras, algo de la inmortal pasión
de la cabeza, que iba con un murmullo vago
a dar a su verdugo su beso de perdón.

Yo te amo como el mundo jamás ha amado,
con un amor profundo, de fe dechado:
aún más que aquella santa cabeza fría
al que de su garganta la segó un día.
Tu amor se nutre dentro de mis entrañas,
como el oro en el centro de las montañas.

Yo te amo y te envío de mis amores
la voz, como el rocío el alba a las flores.
Duerme: el bosque nos presta su toldo umbrío,
susurra la floresta, murmura el río;
yo velaré tu siesta; ¡duerme, bien mío!
¡Duerme entretanto,
que yo te velo: duerme,
que yo te canto!

III

¡Qué hermosa eres, Rosa! Naciste en Sevilla;
la gracia lo revela de tu incopiable faz:
tu cuerpo fue amasado con rosas de la orilla
de la campiña que hace Guad-al-kevir feraz.
Sus árboles han dado su sombra a tus pestañas;
tus párpados se han hecho con hojas de azahar;
la esencia de sus nardos se encierra en tus
[entrañas,
porque trasciende a ellos tu aliento al respirar.

438

Tus trenzas me recuerdan la perennal guirnalda
de plantas siempre verdes que toca tu ciudad;
tu cuello, lo gallardo de su gentil Giralda;
tu alma, de su cielo la azul serenidad.
¡Qué hermosa estás!... Mas... ¿Me oyes? Tu boca
                                        [me sonríe;
la lengua pugna en sueños palabras por formar.
Si son para mí, mi bien... qué me confíe
tu amor, en sueños al menos, que me pudiste
                                        [amar.
¡Pronúncialas, mi vida! Su plácido murmullo
dará a mi alma un néctar de dulcedumbre tal
como la miel que daba, posada en un capullo,
la abeja de mis cuentos al silfo del rosal.
Mas tu sonrisa, Rosa, desaparece:
¿qué idea ruin te acosa?, ¿qué te entristece?
Un ¡ay! sentir me dejas que no articulas,
da mi oído esas quejas que no formulas.
El cielo en tu risueño labio se abría;
¡vuelve a aquel dulce sueño que sonreía!
Duerme, mi bien, en calma, que yo te velo,
en tu faz de tu alma mirando al cielo.
Duerme: el bosque nos presta su toldo umbrío,
susurra la floresta, murmura el río;
todo invita a la siesta: ¡duerme, bien mío!
¡Duerme entretanto,
que yo te velo; duerme,
que yo te canto!

IV

¡Qué idea tan horrible! ¡Si en sueños halagüeña
no a mí me sonríese, sino a feliz rival!
¡Si al son de mis cantares, falaz, con otro sueña,
riéndose hasta en sueños de mi pasión leal!
¡Dios mío! Si en el centro del corazón me clava

de su desdén el frío desgarrador puñal...,
mi amor le daré siempre, como su miel le daba
la abeja de mis cuentos al silfo del rosal.
Rosa, podrás matarme, si es que me engañas;
no tu amor arrancarme de mis entrañas.
Del corazón que abrigas la dueña eres,
más nunca me lo digas si no me quieres.
¿Qué he de hacer yo si al cabo mi alma te adora?
Siempre seré tu esclavo, tú mi señora.
Duerme, que mi cariño te mece y canta
como la madre al niño que aún amamanta.
Duerme: —y si a la hora esta de tu amor frío
ya nada más me resta que tu desvío,
mi alma está a tus pies puesta; duerme: en Dios
                                              [fío.

Yo te amo tanto,
que tragarse a mis ojos
haré mi llanto.
Tú dormirás en calma, ¡de mi amor centro!
Mis lágrimas de mi alma correrán dentro.
Duerme: el bosque nos presta su toldo umbrío,
susurra la floresta, murmura el río;
duerme en calma tu siesta, que el duelo es mío;
¡duerme entretanto,
que yo te velo: duerme,
que yo te canto!

¿NO ES VERDAD, ÁNGEL DE AMOR?
(De "Don Juan Tenorio")

¿No es verdad, ángel de amor,
que en esta apartada orilla
más pura la luna brilla
y se respira mejor?

Esta agua que vaga llena
de los sencillos olores
de las campesinas flores
que brota esa orilla amena;
esa agua limpia y serena
que atraviesa sin temor
la barca del pescador
que espera cantando el día,
¿no es verdad, paloma mía,
que están respirando amor?
Esa armonía que el viento
recoge entre esos millares
de floridos olivares,
que agita con manso aliento
ese dulcísimo acento
con que trina el ruiseñor
de sus copas morador,
llamando al cercano día,
¿no es verdad, gacela mía,
que están respirando amor?
Y estas palabras que están
filtrando insensiblemente
tu corazón ya pendiente
de los labios de Don Juan,
y cuyas ideas van
inflamando en su interior
un fuego germinador
no encendido todavía,
¿no es verdad, estrella mía,
que están respirando amor?

Y esas dos líquidas perlas
que se desprenden tranquilas
de tus radiantes pupilas
convidándome a beberlas,

evaporarse a no verlas
de sí mismas al calor,
y ese encendido color
que en tu semblante no había,
¿no es verdad, hermosa mía,
que están respirando amor?

TABARE
(Fragmento)

Zorrilla de San Martín, Juan

CANTO PRIMERO

I

El Uruguay y el Plata
Vivían su salvaje primavera;
La sonrisa de Dios, de que nacieron,
Aún palpita en las aguas y en las selvas;

Aún viste al espinillo
Su amarillo tipoy; aún en la yerba
Engendra los vapores temblorosos,
Y a la calandria en el ombú despierta;

Aún dibuja misterios
En el *mburucuya* de las riberas,
Anuncia el día, y, por la tarde, enciende
Su último beso en la primera estrella;

Aún alienta en el viento
Que cimbra blandamente las palmeras,
que remece los juncos de la orilla,
Y las hebras del sauce balancea;

Y hasta el río dormido

Baja, en el rayo de las lunas llenas,
Para enhebrar diamantes en las olas,
Y resbalar o retorcerse en ellas.

II

Serpiente azul, de escamas luminosas,
Que, sin dejar sus ignoradas cuevas,
Se enrosca entre las islas, y se arrastra
Sobre el regazo virgen de la América,

Los troncos de sus ceibas,
El Uruguay arranca a las montañas
Que, entre espumas e inmensos camalotes,

El himno de sus olas
Resbala melodioso en sus arenas,
Mezclando sus solemnes pensamientos
Con el del blando acorde de la selva;

Y al grito temeroso
Que lanzan en los aires sus tormentas,
Contesta el grito de una raza humana,
Que aparece desnuda en las riberas.

Es la raza charrúa,
De la que el hombre apenas
Han guardado las ondas y los bosques
Para entregar sus notas al poema;

Nombre que aún reproduce
La tempestad lejana; que se acerca
Formando los fanales del relámpago
Con las pesadas nubes cenicientas.

Es la raza indomable,
Que alentó en una tierra,
Patria de los amores y las glorias,

Que al Uruguay y al Plata se recuesta;

La patria, cuyo nombre
Es canción en el arpa del poeta,
Grito en el corazón, luz en la aurora,
Fuego en la vida, y en el cielo estrella.

INDICE

A

450

452